KB273961

바이오혁명

게놈 · 복제 그리고 생맹탈출

바이오혁명

게놈 · 복제 그리고 생맹탈출

연합뉴스 기자 이주영 지음

가림출판사

바이오혁명

게놈 · 복제 그리고 생명탈출

2002년 7월 5일 제1판 1쇄 발행
2002년 8월 15일 제1판 2쇄 발행

지은이/이주영
펴낸이/강선희
펴낸곳/가림M&B

등록/1999. 1. 18. 제5-89호
주소/서울시 광진구 구의동 57-71 부원빌딩 4층
대표전화/458-6451   팩스/458-6450
홈페이지 http://www.galim.co.kr
e-mail galim@galim.co.kr

값 12,000원

ⓒ 이주영, 2002

ISBN 89-89107-29-6 13320

감사의 글

보잘 것 없는 이 책이 세상에 나올 수 있었던 것은 많은 분들의 보살핌 덕분입니다.

능력에 부치는 일에 도전할 용기를 주시고 힘이 되어 주신 하느님께 감사드립니다. 그리고 항상 말씀보다는 실천과 행동으로 자식들의 본보기가 되어주신 아버님과 어머님께 이 책을 바칩니다.

글을 쓴다는 핑계로 가정에 소홀한 저에게 항상 웃음과 격려로 힘이 되어 준 사랑하는 아내 강정희와 해맑은 웃음으로 피로회복제와 청량제가 되어 준 나의 딸 예림이에게도 진심으로 고마움을 느낍니다.

그리고 바쁜 시간 중에도 원고 검토작업과 조언을 아끼지 않으신 서울대학교 수의과대학 황우석 교수님과 한국생명공학연구원 박홍석 박사님께 각별한 감사 인사를 드리며, 많은 자료 요청에 흔쾌히 응해주신 과학기술부 공보실 관계자들께도 감사드립니다.

마지막으로 지난해 함께 고생하며 선진국가의 바이오 현황을 취재한 [연합뉴스]의 이창섭 차장께 감사드리며, 저의 집필작업으로 알게 모르게 피해를 입었을 [연합뉴스] 국제뉴스국 선후배 동료들께 미안함을 느끼며 감사의 인사를 전합니다.

　최근 몇 년간 신문 · 방송 등에 수많은 생명과학 기사가 보도되면서 '바이오혁명' 이니 '21세기는 바이오시대' 니 하는 말은 이제 진부하게 들릴 정도가 되었다. 하지만 과학도의 입장에서 볼 때 '바이오혁명' 은 '잘되면 좋고 안 되어도 그만' 인 사치스런 것이 아니라 21세기에 우리나라가 국가간 국제경쟁에서 살아남기 위해서 바로 지금 치열한 노력을 기울여야 하는 과제이다. 그러나 과학자로서 느끼는 바이오 육성의 시급함과는 달리 우리 국민의 인식은 아직도 너무 낮은 것 같아 안타까울 때가 많다.

　특히 각종 난치병 치료에 획기적인 발전을 가져올 것으로 기대되는 줄기세포를 얻기 위한 배아복제 연구조차 무조건 반대하는 목소리와 인간 개체복제까지도 찬성하는 목소리가 동시에 나오고 있는 현실에는 안타까움을 금할 수 없다. 그러나 생명과학의 본질과 미래에 대해 일반인들에게 널리, 정확하게 알리지 못한 책임이 1차적으로는 과학자들에게 있다는 점에서 나도 그 책임을 회피할 수 없다고 생각한다. 이런 상황에서 [연합뉴스]의 이주영 기자가 『바이오혁명』이라는 역저(力著)를 내놓은 것에 대해 깊이 감사하고 싶은 마음이다. 나도 과학의 대중화가 중요하다는 생각에서 가끔 신문에 글도 쓰고, 한 일간지에는 다른 교수님과 함께 정기적으로 글도 싣고 있지만 전문적인 과학을 일반인들이 이해하기 쉽게 쓴다는 것이 그리 녹록치 않은 일임을 잘 알고 있기 때문이다. 더구나 그 내용이 지금도 시시각각 발전하고 있는 첨단 생명과학이고, 필자가 생명과학을 전공하지 않은, 그것도 매일매일 바쁘게 새로운 것을 찾아 기사를 써야 하는 기자라는 직업인임을 생각하면 이 책에 얼마나 많은 시간과 노력을 쏟았을지 짐작할 수 있다.

　다른 사람을 평가한다는 것은 매우 어렵고 조심스런 일이다. 하지만 필자에 대해서는 내가 아는 기자 중에서 과학에 대한 애정과 정확한 내용을 전달하겠다는 직업인으로서의 노력에서만큼은 누구에게도 뒤지지 않는다고 평할 수 있다. 이 책을 보고 나는 나의 판단이 틀리지 않았음을 다시 느끼게 된다. 이 책에 필자가 그 동안 취재한 국내외 생명과학 분야에 대한 전문적인 지식은 물론 국내의 과학 발전을 바라는 필자의 마음이 고스란히 녹아 스며들어 있음을 발견했기 때문이다.

특히 필자는 이 책에서 일반인에게는 어렵게만 여겨질 첨단 바이오 연구들을 누구나 쉽게 이해할 수 있는 내용으로 탈바꿈시켰을 뿐만 아니라 전문가들이 간과했던 바이오 연구의 문제점들을 조목조목 지적하고 있다.

나도 그 동안 생명과학을 연구하는 과학자로서 기회가 있을 때마다 생명과학의 중요성을 강조해왔다. 그렇지만 내가 호소의 대상으로 삼은 것은 일반 국민들이라기보다는 정책입안자들이었다. 그러나 필자는 이 책에서 장기적으로 우리나라가 바이오 선진국이 되기 위해서는 연구자들의 노력과 정부의 투자도 중요하지만 이와 함께 일반 국민들의 생명과학에 대한 인식 수준이 향상되어야 한다는 점을 강조하고 있다.

생소한 용어이기는 하지만 필자가 강조하고 있는 '생맹(生盲) 탈출'은 앞으로 다가올 바이오 시대에 일반인들이 직면하게 될 문제와 그 해결책을 간단하고 명료하게 표현하는 아주 적절한 용어라고 생각된다.

그러므로 이 책이 생명과학에 관심이 없었거나 생명과학에 대해 막연한 두려움을 가지고 있던 사람들이 생명과학을 이해하고 '생맹'에서 탈출하는데 도움을 줌으로써 우리나라 생명과학 발전의 토대가 될 것으로 확신한다.

또 나 자신이 이 책을 계기로 과학자로서 과학대중화에 더욱 노력을 기울여야겠다는 다짐을 하면서 필자도 앞으로 더욱 정확하고 알기 쉬운 과학기사를 통해 국내 과학의 발전과 대중화에 기여해주기를 바란다.

2002년 6월

서울대학교 수의과대학 교수 **황 우 석**

이 책을 쓰게 된 것은 과학에 대한 기사를 10년 가까이 쓰면서 바이오 용어와 최근 연구동향을 알기 쉽게 정리한 책의 필요성을 절감했기 때문이다.

최근 21세기는 바이오시대가 될 것이라는 전망과 함께 바이오 관련 서적이 봇물처럼 쏟아지고 있지만 기자로서 기사를 쓸 때 참고할 만한 책을 찾기가 어려웠고 쉽게 쓰여진 바이오 책을 권해 달라는 주변 사람들에게 선뜻 추천할 만한 책을 찾을 수가 없었다. 이미 나와 있는 바이오 관련 책들은 수준이 너무 높거나 전문적이어서 일반인이 이해하기에는 어려운 경우가 너무 많았다. 나는 바이오과학에 관한 한 여느 독자들과 마찬가지로 문외한이다. 대학에서 고분자공학을 전공했으니 인문 · 사회 과학을 공부한 사람들보다야 과학상식이 다소 많을 수는 있겠지만 최신 생명과학 연구를 이해하는데 큰 도움이 되는 수준은 아니다. 그렇지만 문외한이라고 스스로 생각하는 내가 책을 쓰자니 첫째, 어려운 것을 아는 체 하면서 쓸 수가 없었고 둘째, 모르는 것을 무작정 책에 옮길 수도 없었다. 그래서 이 책은 생명과학에 대해 막연한 두려움을 가지고 있을 일반인들이 아무 부담 없이 다가설 수 있는 책이라고 자부한다. 특히 내가 기사를 쓰면서, 또는 기사를 읽으면서 느낀 전문용어에 대한 어려움을 감안해 용어를 쉽게 정리하려고 노력을 기울였다. 그러나 저자가 생명과학에 문외한이라는 것은 이 책의 큰 약점이 되기도 한다. 저자의 지식이 얕아 내용에 오류가 있을 수 있고 최신 연구정보가 누락되었을 수도 있지만 최신 바이오 정보를 비전문가 입장에서 일반인에게 전달하는데 초점을 맞춘 이 책의 장점이 이런 약점을 충분히 상쇄하고 남음이 있을 것으로 확신한다.

나는 이 책에서 21세기가 바이오시대가 될 것이라는 것을 중언부언 설명하려는 것은 아니다. 그것은 말 그대로 바이오 전문가나 미래학자가 할 일이기 때문이다. 단지 평소 바이오에 관심이 없었거나 관심은 있지만 어렵다는 생각 때문에 다가설 수 없었던 분들에게 바이오시대에 대해 다시 생각해볼 기회를 주고 이를 통해 생맹(生盲)에서 벗어나는데 조금이나마 도움이 되었으면 하는 바람이다.

2002년 6월 　 이　주　영

1 바이오 시대, 생맹(生盲)에서 탈출하자

2 인간게놈지도

③ 유전학의 출발, 멘델

④ 바이오과학과 윤리논쟁

⑤ 바이오과학과 경제

⑥ 인간복제를 공언하는 세계 과학계의 이단아들

7 한국의 바이오

부록

1 바이오시대, 생맹(生盲)에서 탈출하자

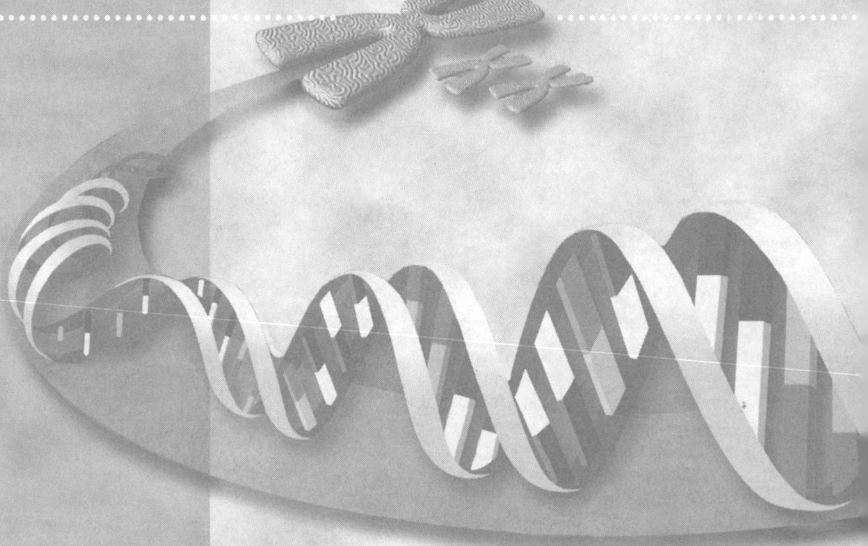

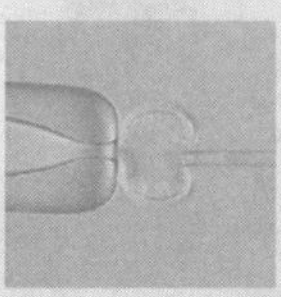

컴맹과 생맹

'생맹'이라는 말을 들어본 적이 있는가?

아마 '문맹'이나 '컴맹'이라는 말은 수없이 들어보았겠지만 '생맹'이라는 용어는 생소할 것이다.

'문맹'을 사전에서 찾아보면 「문맹(文盲) : 무식하여 글을 읽거나 쓸 줄을 모르는 상태 또는 그런 사람. 까막눈이」라는 설명이 나온다. 영어로는 illiteracy 또는 an illiterate person이다.

또 '컴맹'이라는 말을 사전에서 찾아보면 「컴맹(computer盲) : 어떤 사람이 컴퓨터를 전혀 다루지 못하는 상태 또는 그런 사람. 문맹이라는 말을 빗대어 만든 신조어임」이라고 설명되어 있다. 영어로는 computer-illiteracy 또는 com-illiteracy로 표현할 수 있을 것이다.

그러면 생맹은 무엇을 의미하는 것일까?

물론 이 말은 사전에는 나오지 않지만 모두들 어떤 의미인지 짐작할 수 있을 것이다. 사전에 나온 '컴맹'의 뜻풀이에 빗대어 '생맹'의 정의를 내리면 어떤 사람이 생명과학에 대한 이해력을 전혀 가지고 있지 못하는 상태 또는 그 사람. 문맹 또는 컴맹이라는 말을 빗대어 만든 '신조어임'이라고 할 수 있을 것이다. 영어로는 bio-illiteracy 또는 biotech-illiteracy 정도가 될 것이다.

그렇지 않아도 복잡한 세상에 왜 쓸데없이 '생맹'이라는 있지도 않은 말을 만들어 낼까 하는 생각이 들지도 모르겠다. 그러나 21세기 경제, 사회, 문화에서 생명과학이 차지하게 될 비중을 고려한다면 '바이오에 대한 무지'가 개개인에게 미칠 영향은 실로 막대할 것으로 예상된다. 따라서 그것이 '생맹'이라는 단어가 됐든 아니면 다른 어떤 용어가 됐든 생명과학에 대한 무지를 나타내는 말이 '컴맹'에 이어 한 시대를 대변하는 신조어로 등장하리라는 전망은 전혀 근거가 없는 억측은 아닐 것이다.

신조어가 등장하는 경우는 두 가지로 생각해볼 수 있다.

한 가지는 이미 사회적으로 널리 나타나고 있는 어떤 경향이나 현상 등을 설명하기 위해 신조어가 등장하는 경우이고, 또 한 가지는 가시적인 현상이 널리 나타나고 있지는 않지만 특정인이 어떤 개념을 묘사하기 위해 의도적으로 새로운 말을 만드는 경우이다.

우리가 알고 있는 신조어는 대체로 전자의 경우라고 할 수 있다. 물론 후자의 경우가 없는 것은 아니다. 후자의 예로 꼽을 수 있는 대표적인 용어는 바로 1990년대에 크게 유행했던 '시테크(時-Tech)'라는 말이다.

시테크는 경영컨설턴트인 윤은기 박사가 "시간은 돈이다"라는 말에 착안해 효율적인 시간 활용을 통해 기업을 발전시키고 개인의 능력을 계발하는 이론을 제시하면서 이를 '시테크이론'이라고 명명하면서 생긴 말이다. 물론 시테크 이전에 '재테크(財-Tech)'라는 말이 크게 유행하기도 했지만 시테크라는 말은 윤은기 박사가 활발한 강연과 방송활동을 통해 시테크이론을 전파하면서 기업과 관공서, 학교 등 기관은 물론 개인에 이르기까지 크게 유행하는 용어가 되었다.

그러나 '컴맹'을 포함해 'X-세대'나 'N-세대', '딩크족(DINK)' 등 대부분의 신조어들은 어떤 사회 현상이 먼저 나타나고 이를 표현하기 위한 수단으로 등장하는 경우가 많다.

컴맹이라는 말은 20년 전에는 전혀 상상하지 못하던 단어이다. 그 당시에는 컴퓨터 자체가 우리 주변에서 흔치 않은 기기였기 때문이다. 20년 전에는 PC는 아직 시장에 나와 있지도 않았고 미국에서도 대형 컴퓨터를 접할 수 있는 사람은 국방 관련 연구 종사자 등으로 제한되어 있었기 때문에 컴퓨터에 대해 몰라도 전혀 흠이 되지 않았다.

미국의 IBM이 처음으로 퍼스널 컴퓨터(Personal Computer : PC)라는 것을 내놓은 것이 1981년이다. PC는 이후 윈텔(WINTEL : 마이크로소프트사의 운영체계 윈도와 마이크로스프로세서 업체인 인텔의 합성어)이 위력을 발휘하면서 빠르게 보급, 확산되었으며 이에 따라 컴퓨터를 사용하는 능력은 사람들의 경쟁력을 가늠하는 지표처럼 여겨지게 되었다. 그러나 이제는 PC가 더욱 흔해져서 초등학생까지 컴퓨터와 인터넷을 즐길 수 있게 되면서 컴퓨터를 사용할 줄 모르는 것은 큰 흠이 되지만 컴퓨터를 사용할 줄 안다는 것은 전혀 내세울 만한 장기가 되지 못하는 그런 시대가 되었다.

이처럼 컴퓨터가 일반화되면서 컴퓨터를 사용할 줄 아는 사람과 사용할 줄 모르는 사람을 구별해야 할 필요성이 생김에 따라 등장한 말이 바로 컴맹이다. 그러나 '컴맹'이라는 말이 등장한 후 그 의미가 '컴퓨터를 사용할 줄 모르는 사람'이라는 의미로 고정된 것은 아니다. 컴맹의 의미도 컴퓨터가 사회에서 차지하는 위치가 변하면서 큰 변화를 거쳤다.

컴맹은 처음에는 단순히 컴퓨터를 쓸 줄 모르는 사람을 의미했었지만 컴퓨터가 각종 업무 처리에 필수적인 기기가 되면서 '컴맹'은 현실을 따라가지 못하는 한물간 퇴물이나 무능한 사람을 상징하거나 자기계발을 게을리 하는 사람을 뜻하는 것으로까지 의미가 확대되었다.

PC가 각종 업무에 도입되기 시작했을 때 대부분의 사람들은 컴퓨터에 대해 업무를 좀더 편리하게 만들어주는 문명의 이기(利器) 정도로 생각했다. 사람들은 그때까지 컴퓨터를 다룰 줄 알면 남보다 조금 앞서 갈 수는 있을 것이라고 생각했지만 컴퓨터를 다루지 못하는 것이 다른 사람에게 크게 뒤지는 요인이 될 것이라고는 생각하지 않았다.

그러던 것이 불과 10년도 채 안 되는 짧은 기간에 소위 'IT 혁명'이 전 세계를 휩쓸면서 컴퓨터는 일상생활에서 필수품이 되었고, 컴퓨터를 다루는 것도 남보다 앞서 가기 위해 필요한 특기(特技)가 아니라 누구나 당연히 갖추고 있어야 할 기본기(基本技)가 되었다.

컴맹의 의미가 단순히 '컴퓨터라는 기계를 다룰 줄 모르는 사람'에서 기본기조차 갖추지 못한 사람을 칭하는 말로 의미가 크게 확대된 것이다. 그러나 컴맹의 의미 확대는 여기서 그치지 않았다. 컴퓨터가 모든 사회생활에서 필수품이 되면서 컴맹의 의미는 더욱 근본적인 인간의 행태를 나타내는 말로 계속 확장되었다. 즉 사회의 발전과 변화에 대한 인지속도가 늦거나 변화 자체를 거부하거나 수동적인 반응을 보이는 부류를 나타내는 의미까지 내포하게 된 것이다.

사회 발전과 변화에 대한 사람들의 반응은 여러 가지가 있을 수 있다.

먼저 스스로 창의력을 발휘해 사회 변화를 유도해나가는 선구자가 있을 수 있다. 하지만 이는 일반인들과는 거리가 먼 얘기다. 사회 구성원 대부분은 선구자들이 이끌고 있는 변화에 대해 어떤 반응을 보이는 입장이다.

사회 구성원 중에는 남보다 앞서 변화를 감지하고 이를 받아들여 자기 발전의 계기로 삼는 사람들이 있을 것이다. 하지만 이 역시 우리 사회에서 그렇게 많은 비중을 차지하지 못한다. 그렇기 때문에 이런 사람들은 앞서 나아가는 사람이라는 평가를 받을 수 있다.

가장 많은 비중을 차지하는 사람은 처음에는 주변에서 일어나는 변화에 대해 둔감했다가 그 변화가 자신의 업무나 생활에 어떤 영향을 미친다거나 그 변화를 스스로 이용할 필요가 생긴다거나 하는 특별한 계기가 있어야 변화를 느끼고 인정하는 사람들이다.

이런 사람들이 변화에 대해 어떤 반응을 보이고 어떻게 대처하느냐 하는 것에도 큰 차이가 있다. 어떤 사람들은 변화를 인지하는 즉시, 또는 변화에 적응할 필요성이 생기는 즉시 따라가기 위해 노력할 것이다. 물론 노력하는 과정에서 발전의 속도나 결과는 개인별로 차이가 있을 것이다. 하지만 우리 주변에서 가장 많이 볼 수 있는 사람들이 이런 사람들이라는 것만은 확실하다.

그런가 하면 변화 자체를 억지로 인정하지 않거나 변화는 인정하면서도 그 변화를 자신과는 관계 없는 것으로 합리화하면서 변화에 따라가기를 거부하는 사람들도 있을 것이다.

컴퓨터에 대한 반응은 사람들이 사회적 변화에 어떻게 반응하는지를 잘 보여주는 예라고 할 수 있다. 컴맹은 변화에 대한 사람들의 반응유형 중 마지막에 제시한 유형에 속한다고 할 수 있다.

변화를 인정하지 않거나 변화에 적응하기를 거부해 컴퓨터를 배우지 않는 사람이 대표적인 컴맹이며, 또 변화를 인정하고 따라가려는 의지가 있어도 의지대로 되지 않아 컴맹에 머무는 사람도 있을 수 있다.

앞에서도 얘기했듯이 컴퓨터가 필수품이 된 지금은 컴맹의 의미가 단순히 컴퓨터라는 문명의 이기를 다룰 줄 모르는 사람이라는 뜻을 넘어 발전하는 사회에 적응하지 못하거나 적응하기를 포기한 사람 또는 사회 발전을 인정하고 받아들이기를 거부하는 사람으로까지 의미가 넓어지고 있다.

컴맹에 대해 이처럼 다소 장황하게 이야기하는 것은 앞으로 일어날 사회적 변화와 그에 대한 대응 방식에 따라 사회 구성원이 직면하게 될 상황도 컴맹이라는 단어의 등장과 의미 변화 등과 유사할 것으로 전망되기 때문이다.

즉 컴맹이 사회의 주류에서 서서히 밀려나고 있는 것처럼 바이오과학과 바이오산업이 사회를 이끌어가는 추진엔진이 되는 미래사회에서는 생맹 또한 사회 발전에 적응하지 못하거나 적응할 능력이 없는 사람으로 낙인찍히면서 주류에서 밀려날 운명에 처하게 될 가능성이 크다는 것이다.

이런 전망은 단순한 추측에 의한 것이 아니다. 신문과 방송 보도에서는 과학분야에서 가장 큰 비중을 차지하던 IT(정보기술) 관련 기사가 바이오기사에 밀려나고 있으며 세계적인 화학회사와 IT기업들이 앞다 튀 바이오분야에 뛰어들고 있는 등 21세기가 바이오테크시대가 될 것이라는 조짐은 주변에서 쉽게 찾아볼 수 있다.

세계의 많은 석학들과 경제 관련 연구소들 또한 한결같이 21세기는 바이오시대가 될 것이라는 전망을 내놓고 있다.

여기서 바이오시대에 대한 김대중 대통령의 연설을 한 가지 예로 들어보자. (이 부분은 김대중 대통령이 2000년 10월 6일 청와대에서 진 념 재정경제부 장관, 서정욱 과학기술부 장관, 신국환 산업자원부 장관 등 관계부처 장관들로부터 바이오산업 발전 방향을 보고받는 자리에서 한 말이다.)

"많은 전문가들은 바이오산업(BT)이 정보산업(IT)과 더불어 21세기 최대 규모의 시장을 형성하는 것은 물론, 인류문명에 새로운 시대를 가져오는 전기가 될 것으로 예상하고 있다. 정보화가 빠르게 진행되는 시점에서 제4의 물결로 대변되는 바이오산업 시대에 본격 대응해 나아가야 할 것이다.

바이오산업은 우리 경제가 고유가 시대에 대응해 에너지 저소비형 산업구조로 재편할 수 있는 대표적인 산업분야이다. 앞으로 우리 경제는 4대 개혁의 완성과 정보화 강국, 바이오산업화가 삼위일체로 추진되어 세계 일류국가로 도약해 나갈 것이다.

정부는 바이오산업을 뒷받침하기 위해 헌법기관인 '국가과학기술자문회의' 직속으로 '바이오 기술산업 위원회'를 설치해 업계와 연구계의 노력이 충분한 결실을 볼 수 있도록 가능한 모든 지원을 다하겠다. 또 바이오 기술개발과 산업화를 촉진하기 위한 중장기 비전과 실천계획을 수립해 이를 차질 없이 추진해 나갈 것이다."

한 국가의 대통령이 나서서 바이오산업 육성을 강조하고 있는 것은

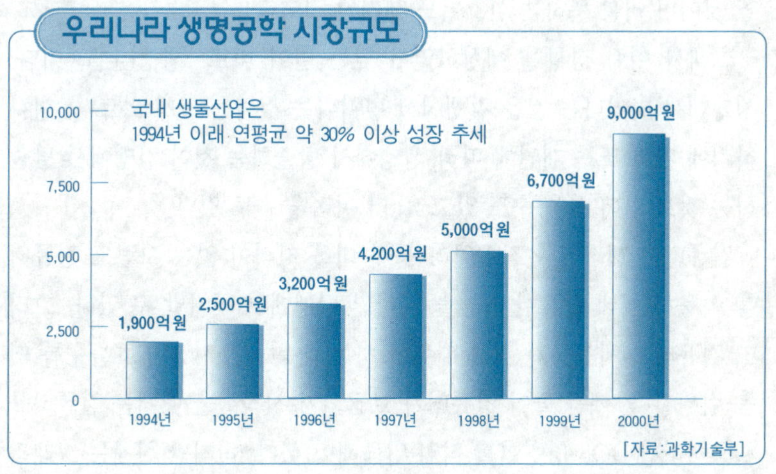

앞으로 바이오산업이 국가경제에서 그만큼 중요한 위치를 차지할 것이라는 사실을 반증하는 것으로 풀이할 수 있다.

『바이오테크 혁명(리처드 올리버 지음)』과『바이오 비즈니스(한상기·일본인터워크종합연구소 바이오동향연구회 공저)』등 21세기가 바이오시대가 될 것임을 전망하는 저서들도 계속 쏟아져 나오고 있다. 이들 저서들은 하나같이 바이오산업이 21세기 중추산업으로 떠오를 것으로 전망하면서 바이오에 대한 이해력을 갖는 것이 IT시대에 컴퓨터를 사용할 줄 아는 것 이상으로 중요해질 것임을 강조하고 있다.

그러나 한 가지 다행스러운 일은 바이오시대가 아직 본격적으로 시작되지 않았다는 점이다. 바이오시대는 지금이 바로 태동기라고 할 수 있다. 따라서 현재 바이오 관련 분야에서 일하는 사람이 아니라면 바이오산업에 대한 이해가 부족한 것이 흠이 되지는 않는다.

하지만 이런 상황은 앞으로 1년, 아니 한 달이 다르게 빠르게 변할 것으로 예상된다. 결국 몇 년 안에 컴맹과 마찬가지로 생명과학에 대한 이해 부족 때문에 시대에 뒤처지는 사람으로 낙인찍히는 일이 발생할 것이며 이를 뜻하는 신조어도 생겨날 것이다.

그래서 이런 상황을 예상하면서 만든 말이 바로 '생맹(生盲)'이다. 생맹에서 벗어나는 것은 컴맹에서 벗어나는 것과는 크게 다르다. 생각하기에 따라 또는 개인에 따라 생맹에서 탈출하는 것이 컴맹에서 탈출하는 것보다 더 쉬울 수도 있고 또 더 어려울 수도 있다.

컴퓨터의 제작이나 작동원리 등에 대한 지식이 없는 사람도 컴퓨터를 사용하는 데 필요한 기능을 익히면 컴맹에서 벗어날 수 있다. 그리고 컴퓨터를 사용하기 위해 배워야 하는 내용들은 시간이 흐를수록 더욱 쉬워진다. 예를 들어 컴퓨터가 보급되기 시작했을 때에는 컴퓨터를 사용하려면 DOS 명령어를 직접 입력해야 했다. 하지만 현재는 그래픽 사용자 인터페이스(GUI)가 발달해 DOS 명령어를 전혀 몰라도 컴퓨터를 이용하는 데에는 아무런 어려움이 없다. 앞으로 음성인식 기술 등이 더욱 발전하면 현재 컴퓨터를 사용하기 위해 익혀야 하는 기능을 배우지 않고도 쉽게 컴퓨터를 사용할 수 있는 시대가 올 것이다.

그러나 생맹은 컴맹과는 근본적으로 성격이 다르기 때문에 생맹에서 벗어나는 방법 또한 컴맹에서 벗어나는 것과는 크게 다르다. 생맹은 컴맹과 달리 생명과학 분야에 종사하는 사람이 아니라면 순전히 사고(思考)의 문제, 지식의 문제라고 할 수 있다. 생맹에서 벗어나기 위해 특별한 기술 또는 기능을 익힌다거나 DNA 염기서열 분석 방법과 복제과정 등을 배울 필요는 없다. 따라서 생맹은 컴맹과 달리 쉽게 드러나지 않을 수도 있고, 생맹이기 때문에 겪어야 할 어려움이 IT시대에 컴맹이 겪었던 문제들처럼 피부에 와 닿지 않을 수도 있다.

생맹에서 벗어나기 위해 특정 기능이나 기술 등을 익히지 않아도 된다는 점은 오히려 생명과학에 생소한 일반인들에게는 희망적인 면이 될 수도 있다. 다시 말해서 책이나 언론보도 등에 주의를 기울여 바이오 기술 연구와 관련 산업의 동향에 대한 기본적인 지식을 습득하고 현재의 흐름을 파악하려는 노력을 하는 것만으로도 어느 정도는 생맹에서 벗어날 수 있기 때문이다. 또 본격적인 바이오시대가 아직 시작되지 않았기 때문에 생맹을 극복할 수 있는 시간적 여유가 있다는 점도 희망적인 부분이다.

하지만 어떤 일을 할 때 실행에 옮기면서 부딪히는 구체적인 문제들보다는 그 일에 착수하기 전, 그리고 진행하는 과정에서 과거에 가지고 있던 고정관념 등을 깨고 사고방식을 바꾸는 것이 더욱 큰 걸림돌이 되는 경우가 많다는 것을 고려하면 생맹에서 탈출하는 것이 그렇게 만만한 일은 아닐 것이다.

생명현상에 대한 지식을 가지고 있다고 해서 단순하게 생맹이 아니라고 할 수는 없다. 생물학에 대한 지식이 생맹을 가늠하는 잣대라면 고등학교에서 생물 교과 과정을 충실히 배운 학생이나 대학에서 생명과학을 공부하는 학생이나 모두 생맹이 아니라고 할 수 있을 것이다. 그러나 종속과목강문계(種屬科目綱門界)가 무엇인지 알고 누가 체세포복제 방식으로 세계 최초로 포유류 동물을 복제하는 데 성공했는지 등의 단편적인 생명과학 지식을 알고 있다고 해서 생맹에서 벗어난 것은 아니다.

그보다는 분자생물학을 근간으로 한 현재의 게놈과 유전자 연구에 대한 기본적인 이해를 바탕으로 이런 연구가 인류 생활에 어떻게 활용될 수 있으며 그 과정에서 발생할 수 있는 문제점은 무엇인지, 그리고 이런 연구들이 경제적으로는 어떤 영향을 미칠지 등을 스스로 판단할 수 있는 능력을 갖추는 것이 무엇보다도 중요하다.

물론 이런 것은 생명현상과 바이오 기술에 대한 이해를 토대로 연일 신문지상과 방송에서 보도되고 있는 최근의 연구 동향에 대해 주관적으로 가치판단을 할 수 있는 소양을 갖추었을 때 가능하다.

예를 들어 배아줄기세포는 현재 대표적인 난치병으로 꼽히고 있는 알츠하이머병이나 파킨슨병, 암 등을 치료할 수 있는 미래 의학의 기대주로 각광받고 있다. 또한 그에 대한 연구 결과도 세계 각국에서 봇물처럼 쏟아지고 있다. 이들 연구에 대한 언론 보도를 살펴보면 수년 안에 난치병의 예방이나 치료가 가능해질 것이라는 착각마저 들게 된다.

그러나 냉정하게 말하면 몇 년 안에 배아줄기세포를 이용해 알츠하이머병이나 파킨슨병을 정복할 수 있을 것이라는 전망은 말 그대로 착각이라고 할 수 있다. 배아줄기세포를 이용한 질병치료가 가능해지려면 학문적으로, 그리고 사회적으로 극복해야 할 장애물이 너무나 많기 때문이다.

우선 배아줄기세포를 이용한 질병치료법을 실용화할 때 처음으로 야기될 수 있는 문제는 바로 생명윤리 논란이다. 배아줄기세포를 얻으려면 수정란이나 체세포 복제를 통해 만든 배아를 죽여야 하기 때문에 윤리적으로 큰 문제가 될 수 있다는 것이다. 그래서 이러한 문제를 피하기 위해 환자 자신이나 성인의 몸에서 성체줄기세포를 뽑아내 치료에 이용하는 연구도 활발하게 진행되고 있으나 배아줄기세포보다는 활용성이 크게 떨어지는 것으로 알려지고 있다.

또 배아줄기세포를 질병치료에 필요한 특정 세포나 장기로 발전시키는 기술 또한 아직 미비한 상태라는 것도 문제이다. 예를 들어 당뇨병을 치료하기 위해서는 배아줄기세포로부터 췌장 도세포(島細胞)를 배양해낼 수 있어야 한다. 또 알츠하이머병을 치료하기 위해서는 뇌 신경세포를 배양해낼 수 있어야 한다. 배아줄기세포가 질병치료에 필요한 특정 세포나 장기로 발달하는 데에는 복잡한 신호전달체계가 관여한다. 그러나 현재 인류의 과학 수준은 배아줄기세포에서 이런 세포나 장기의 형성을 유도하는 신호전달체계에 대해서는 이해가 매우 낮은 형편이다.

이 밖에도 배아줄기세포에 대한 연구가 어려운 만큼 배아줄기세포를 이용해 개발되는 치료법이나 의약품의 가격이 매우 비쌀 것으로 예상된다는 점도 문제이다. 아무리 좋은 치료법이라도 그것을 이용할 수 있는 사람이 소수의 부유층으로 한정된다면 그 치료법 자체가 빈부의 격차를 더욱 크게 하고 계층간 갈등을 초래하는 원인이 될 수 있다.

이런 점을 생각한다면 배아줄기세포 연구를 통해 뇌 세포나 신경세포 등을 배양하는 데 성공함으로써 당장 알츠하이머병이나 파킨슨병 치료에 혁명적 발전이 예상된다는 식의 언론 보도가 이 병을 앓고 있는 환자나 가족들에게 있어 얼마나 허황된 꿈인지를 알 수 있다. 또한 그 같은 연구결과를 내놓은 장본인이 주식시장 등에 등록된 기업일 경우 그런 연구 정보에 따라 그 회사의 주식을 사고 파는 것이 얼마나 위험한 일인지도 자명한 일이다.

이런 판단은 배아줄기세포 연구가 무엇이고 그에 수반된 문제는 무엇이 있는지에 대한 기본적인 이해가 있어야 가능하다. 2000년과 2001년 코스닥을 휩쓸고 지나간 바이오 벤처에 대한 '묻지마 투자'와 거품 붕괴 현상은(이 현상은 우리나라뿐만 아니라 미국 등 선진국도 마찬가지였다) 근본적으로 일반인들의 바이오기술에 대한 이해부족 때문에 발생한 것으로 볼 수 있다.

이는 한 가지 예에 불과하다. 앞으로 바이오기술이 인류생활에 미치는 영향은 날로 증대될 것이다. 특히 경제적 파급효과는 IT 혁명을 훨씬 능가할 것이라는 전망이 지배적이다. 이는 곧 생맹이 IT시대의 컴맹 이상으로 큰 의미를 갖게 되는 때가 올 날이 머지 않았다는 것을 의미한다.

))))) 생맹탈출, 어떻게 할 것인가?

그러면 생맹에서 탈출할 수 있는 방법은 무엇일까? 생맹 탈출에도 노력과 투자가 필요한 것만은 분명하다. 그러나 안타깝게도 바이오 분야에는 IT 분야처럼 컴맹에서 벗어나게 해주는 각종 컴퓨터 교육 프로그램 같은 것이 아직 존재하지 않는다.

하지만 앞에서도 밝혔듯이 생맹에서 벗어나는 것은 컴퓨터를 배우는 것처럼 특별한 기기를 다루는 훈련을 하거나 고등학교나 대학의 생물학이나 유전학 관련 서적을 탐독한다고 해서 될 일은 아니다. 더욱이 직장인일 경우에는 그런 지식을 습득하기 위해 많은 시간을 투자하는 것도 어렵다.

생맹 탈출에 무엇보다 중요한 것은 창의적인 사고방식이라고 할 수 있다. 현재 진행되고 있는 첨단 바이오 연구의 흐름을 이해하는 데 필요한 기본적인 지식을 얻기 위해 노력할 필요는 있지만 그런 배경 지식이 쌓인다고 해서 자동적으로 생맹에서 벗어나는 것은 아니다. 먼저 생명공학에 대한 지식을 획득하고 이를 토대로 최신 연구동향을 이해한 뒤 바이오과학 발전이 사회·경제적으로 미치는 파급효과와 그로 인해 예상되는 문제점을 스스로 전망할 수 있어야 비로소 생맹에서 벗어났다고 할 수 있을 것이다.

물론 바이오기술의 사회·경제적 파급효과와 문제점을 전망하는 것은 매우 어려운 일이다. 바이오 관련 분야를 연구하는 전문가만이 할 수 있는 일일 수도 있다. 그러나 전문가만이 생맹에서 벗어난 사람이라는 뜻은 절대 아니다. 그런 능동적인 노력을 기울여야만 개개인이 바이오기술 발전에 대한 독자적인 가치관과 판단기준을 정립할 수 있고, 바이오에 대한 자신만의 판단기준이 있느냐 없느냐가 바로 생맹 여부를 가늠하는 기준이 될 것이라는 뜻이다.

바이오시대의 도래는 IT시대가 그랬던 것처럼 많은 사람들에게 기회와 좌절을 안겨줄 것이다. 그러나 바이오시대가 기회를 안겨줄 것인지, 좌절을 안겨줄 것인지는 개인의 선택에 달려 있다. 또 어차피 가야 할 길이라면 남보다 먼저 가는 것이 올바른 선택일 것이다. 발전하는 기술과 변화하는 사회를 앞에 놓고 이를 애써 외면하거나 발전과 변화가 멈추기를 바랐던 컴맹의 실수를 21세기 바이오시대에 되풀이해 생맹으로 남는 일이 있어서는 안 되겠다.

생맹에서 탈출하는 것은 개인적인 차원뿐만 아니라 사회적·국가적인 차원에서도 매우 중요하다. 생명과학이 21세기에 개인과 기업은 물론 국가의 성패를 좌우하는 핵심요인이 될 것이라는데 대해서는 아무도 이견이 없을 것이다.

그러나 이런 인식이 아직은 널리 확산되어 있는 것은 아니다. 현재 우리나라의 사정을 보면 생명과학 분야 종사자들로부터 시작된 이런 인식이 일부 바이오벤처 등 경제 주체들에게 확산되고 있다. 그래서 생명과학과 바이오산업을 관장하는 정부의 일부 부처에서도 이를 인식해 바이오 발전 방안을 서둘러 내놓고 있다.

그러나 한 사회와 국가가 어느 한 분야에서 세계 선진국들과 경쟁할 수 있는 강력한 경쟁력을 갖추어 나아가는 것은 전문가 집단과 일부

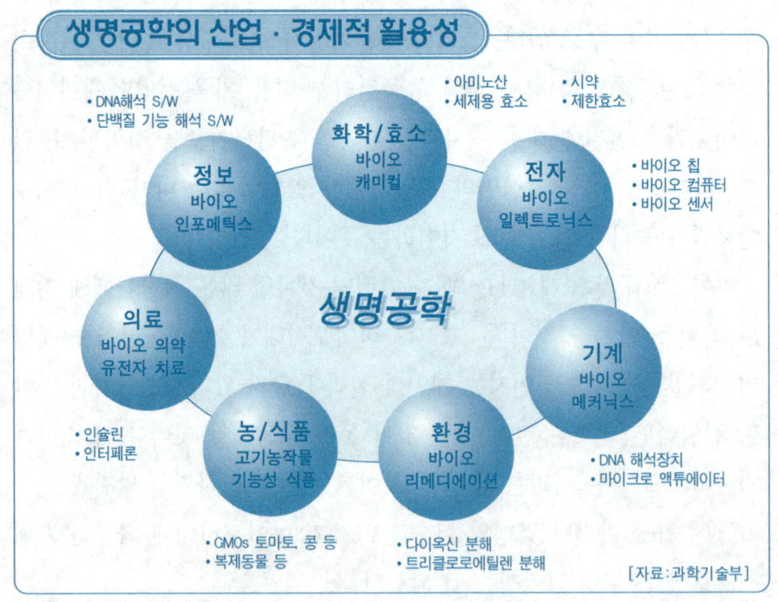

경제 주체, 정부 일각의 인식과 노력만으로는 부족하다.

물론 현재 우리나라가 정부와 학계, 그리고 기업들이 힘을 합쳐 인류 문명에서 또 한 번의 혁명으로 기록될 바이오테크 혁명에 대비해야 한다는 점에 대해서는 어느 정도 공감대가 형성되고 있다. 학계에서도 자기 분야의 중요성만을 강조하는 이기적이고 근시안적인 태도에서 벗어나 장기적인 국가발전에 필요한 연구의 우선 순위를 스스로 정해야 할 것이며, 정부는 부처별로 산발적으로 수행되고 있는 각종 바이오 관련 발전 계획을 통합하고 조정해 총체적인 발전 방안을 마련해야 할 것이다. 또 경제계에서도 눈앞의 이익만을 쫓지 말고 바이오시대라는 큰 틀에서 경쟁력을 갖추어 나아갈 수 있도록 바이오기술에 대한 장기적인 투자를 확대해야 할 것이다.

그러나 이것만으로는 부족하다. 1960년대 이후 우리나라에서는 경제개발을 하면서 빠른 시일 안에 선진기술을 습득해 제품을 생산하는 일종의 '중간진입전략' 을 구사해왔다. 이 전략은 경쟁이 치열하지 않았을 때에는 어느 정도 효과를 볼 수 있었다. 그러나 후발 개발도상국의 도전이 강해지는 반면 우리나라가 선진국 수준을 뛰어넘는 독자적인 기술을 개발하는데 어려움을 겪으면서 한계에 부딪혔다.

이 한계는 바로 기초가 튼튼하지 못한 데에서 비롯된 것으로 볼 수 있다. 다른 분야에서도 마찬가지지만 생명과학에서도 기초를 튼튼히 하는데 가장 중요한 것은 사회 구성원들의 생명과학에 대한 인식 수준 향상과 생명과학 인력 인프라 육성이다.

생명과학에 대한 인식을 높이는 것은 생명과학에 대한 사회적 지원을 강화하는 데 필요할 뿐 아니라 생명과학 연구가 올바른 방향으로 나아가도록 하는 데에도 매우 중요하다. 또 생명과학에 대한 인식이 높아질수록 생명과학에 참여하는 우수한 인력의 숫자도 함께 증가할 것이다. 결론적으로 사회구성원 하나하나가 생명과학에 대한 인식 수준을 높여 나가는 것, 즉 생맹에서 탈출하는 것은 곧 우리나라가 21세기 바이오시대에 경쟁력을 강화해 나가는 토대가 될 것이다.

그러면 생맹에서 벗어나려면 무엇을 어떻게 해야 할 것인가? 생명과학 전반에 대해 고등학교 생물 수준 이상의 지식을 쌓고 현재 세계 각국에서 진행되고 있는 많은 연구의 현황을 파악하는 것은 그 분야에 종사하지 않는 사람으로서는 사실상 불가능하다. 또 그렇게까지 할 필요도 없다고 생각된다.

바이오 분야도 매우 광범위하다. 저마다 그 중에서 관심 있는 분야, 그리고 중요한 분야부터 조금씩 시야를 넓혀 가면서 필요에 따라 깊이를 더하는 노력을 기울이면 될 것이다. 이런 관점에서 볼 때 현재 가장 활발하게 연구되고 있고 미래 사회에 대한 영향이 가장 클 것으로 예상되는 분야에 대해 우선적으로 전반적인 지식을 습득하는 것이 미래의 바이오시대를 준비하는 가장 좋은 방법이 될 것이다.

어느 분야에 먼저 손을 대야 할 것인지는 사람마다 다를 수 있다. 그러나 많은 전문가들이 바이오시대에 가장 중요한 위치를 차지할 것으로 꼽고 있는 분야는 바로 유전자 연구와 게놈, 그리고 체세포와 배아줄기세포 등 복제 관련 연구이다. 물론 게놈과 복제 연구 자체도 세부적으로 보면 분자생물학과 세포생물학, 유전공학 등 여러 가지 학문과 최첨단 정보기술(IT) 등이 결합되어 있기 때문에 결코 쉽게 접근할 수 있는 내용은 아니다. 게놈과 복제 연구는 일반인들이 이해하기 어려운 과정으로 가득 차 있지만 일반인이 그런 과정을 자세히 알 필요는 없다.

그러나 게놈과 복제는 세부적인 연구 방법 등은 이해하기 매우 어려운 반면 그런 연구의 결과물들이 인간 생활에 가장 큰 영향을 미칠 것으로 전망되는 분야는 질병치료와 신약 개발 등 건강과 깊은 관련이 있는 분야들이다. 게놈과 복제에 누구나 많은 관심을 가지고 있고 특히 최근 일반인들의 관심이 고조되고 있는 건강 및 질병과 깊은 관련이 있다는 것은 일반인들이 이들 분야에 흥미를 가지고 쉽게 접근할 수 있다는 얘기가 될 것이다.

이 책에서 주로 다루고자 하는 내용도 바로 게놈과 복제이다. 앞으로 이 책에서는 게놈과 복제에 대해 중점적으로 살펴보면서 이들 연구가 갖는 의미와 사회·경제적인 영향, 그에 따라 초래될 것으로 예상되는 사회·윤리적인 문제 등을 다룰 것이다.

먼저 살펴볼 내용은 게놈 연구의 대명사가 된 국제 공공연구 컨소시엄 인간게놈프로젝트(HGP)와 미국의 바이오벤처 셀레라 제노믹스가 완성한 인간게놈지도이다. 인간게놈지도가 만들어짐으로써 새로 밝혀진 사실은 무엇이며 새로 등장한 수수께끼는 무엇인지 살펴볼 것이다. 또 인간게놈지도가 미래 질병치료와 산업에는 어떤 영향을 미칠 것이며 그 과정에서 우려되는 윤리적인 문제점은 무엇인지 생각해볼 것이다. 이와 더불어 인간게놈프로젝트와 셀레라 제노믹스의 치열한 경쟁이 빚어낸 흥미로운 뒷이야기와 두 기관의 주역들의 면면도 들여다볼 것이다.

이론물리학이나 천문·우주 과학처럼 수억 달러가 들어가는 연구과제가 즐비한 거대과학과는 달리 소규모 실험실 과학으로 인식되던 생명과학 분야에서 총예산이 30억 달러에 이르는 인간게놈프로젝트(HGP)가 진행될 수 있었던 배경과 민간 벤처기업인 셀레라 제노믹스가 뒤늦게 인간게놈지도 작성에 뛰어들어 큰 업적을 남기고 생명과학을 대표하는 세계적인 바이오벤처로 발돋움한 것은 우리나라에도 시사하는 바가 크다고 하겠다.

또 한 가지 주목해야 할 연구분야는 바로 생명복제이다. 사실 생명복제는 게놈연구보다 먼저 전 세계적으로 바이오 붐을 일으킨 주역이다. 1997년 2월 영국의 로슬린연구소는 사상 처음으로 체세포 복제 방식으로 포유동물인 양을 복제해 새끼 양 '돌리(Dolly)'가 태어났다고 발표해 인간복제 가능성에 대한 우려와 함께 세계적으로 바이오 열풍을 일으켰다. 그후 인간게놈프로젝트가 전면에 등장하면서 복제에 대한 일반인들의 관심이 비교적 약해지기는 했지만 최근 인간 배아줄기세포 연구의 윤리논쟁과 관련 연구의 합법화 문제가 세계 각국에서 논쟁의 핵심으로 등장하면서 다시 관심이 높아지고 있다.

바이오 분야의 윤리논쟁 중심에는 바로 복제가 있다. 난치병 치료용 배아줄기세포 제조를 위한 배아복제도 문제이지만 복제인간을 만들어내겠다고 공언하는 엉뚱한(?) 과학자들이 엄연히 존재한다는 사실도 문제이다. 그렇다고 이런 문제 때문에 복제연구 자체를 금지할 수는 없다는 것이 세계 각국 전문가들의 공통된 견해이다. 그 이유는 배아복제가 난치병 치료에 획기적인 발전을 가져올 것으로 기대될 뿐만 아니라 경제적인 파급효과도 상상하기 힘들 정도로 클 것으로 전망되고 있기 때문이다.

이 밖에 게놈과 유전자 연구에 관한 윤리논쟁, 유전학의 출발점이라고 할 수 있는 멘델의 완두콩 재배실험 이야기, 바이오산업이 미래 중심산업으로 발돋움하고 있는 현황, 인간게놈지도가 질병치료에 미칠 영향, 실리콘밸리에 이어 미래 산업의 핵심으로 떠오르고 있는 미국과 영국의 바이오밸리, 인간복제를 주장하는 과학자들 등에 대해서도 살펴볼 것이다.

또 마지막으로 우리나라의 바이오 연구와 바이오산업에 대해서도 생각해볼 것이다. 이 책의 주요 부분이 미국과 영국 등 소위 바이오 선진국을 위주로 내용이 구성되어 있지만 우리나라도 바이오 분야의 방관자일 수는 없다. 우리나라는 바이오 분야에 대한 국가적인 뒷받침이나 민간분야의 투자가 선진국에 비해 크게 뒤떨어져 있지만 국내 연구자들의 연구나 외국의 연구팀에서 활약하고 있는 한국 과학자들의 활동상을 보면 우리나라가 이들 선진국과 경쟁하는 것이 결코 불가능하지 않다는 생각을 하게 된다.

이 책은 바이오 전문가가 아닌 기자가 다년간에 걸쳐서 국내외 바이오 분야를 포함한 과학분야를 취재하면서 알게 된 사실들과 느낀 점을 토대로 국내외의 바이오 현황을 정리한 것이다. 따라서 깊이가 있는 지식을 원하는 전문가 입장에서 보면 내용의 깊이가 부족할 수도 있고, 폭넓은 지식을 원하는 일반인의 입장에서 보면 어렵게 느껴질 수도 있다.

또 이 책이 지금까지 누차 강조한 생맹에서 벗어날 수 있는 지름길을 제시할 수는 없을 것이며, 교과서 역할은 더더욱 할 수 없을 것이다. 그러나 독자들에게 앞으로 도래할 바이오시대에 대한 관심을 불러일으키고 독자들이 생맹에서 탈출하는 데 단편적으로나마 도움이 되는 지식을 전달할 수 있기를 바란다.

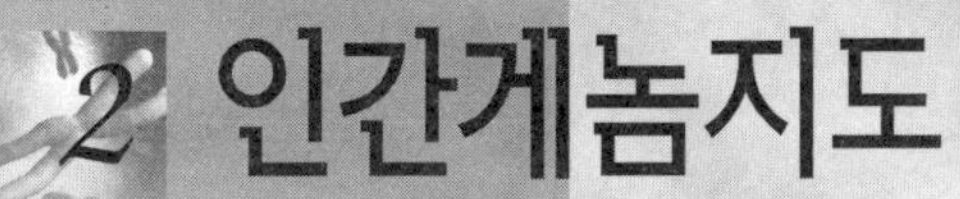 2 인간게놈지도

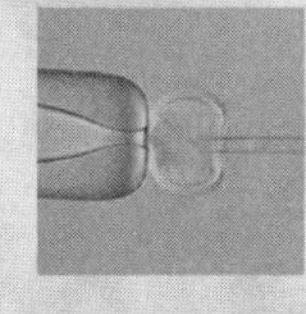

무승부 만들기

지금까지 세계 각국에서 수행된 수많은 과학 연구 중에서 인간게놈지도 연구만큼 일반인들의 관심을 많이 끈 것도 드물 것이다. 인간게놈지도 작성은 이 같은 뜨거운 관심에 걸맞게 인류 과학사에서 가장 위대한 업적 중에 하나라는 찬사를 받고 있다.

그러나 무엇보다도 인간게놈지도에 많은 사람들의 관심이 집중된 이유는 과학적인 중요성 외에도 아마 연구과정에 인간게놈프로젝트(HGP : Human Genome Project)라고 하는 거대한 국제 공공연구 컨소시엄과 셀레라 제노믹스(Celera Genomics)라고 하는 미국의 생명공학 벤처기업간에 치열한 경쟁이 있었기 때문일 것이다.

경쟁이 있었으니 마땅히 승패도 있었을 것이다. 연구 관계 자체에 대해서 만큼이나 양측의 경쟁관계가 언론에 집중 조명되었기 때문에 승패에 관해서도 사람들의 관심이 매우 높았던 것 또한 사실이다. 그러나 인간게놈지도가 완성되고 한참이 지났지만 어느 누구도 어느 쪽이 이겼다는 말을 속시원하게 해주는 사람이 없다.

그 이유는 무엇일까? 이들의 경쟁 과정을 살펴보면 승패를 가리는 일이 그리 간단한 문제가 아님을 알 수 있다.

승패를 가리기 위해서는 먼저 인간게놈프로젝트와 셀레라 제노믹스가 2000년 6월과 2001년 2월에 각각 인간게놈지도 초안과 완성본을 공동으로 발표하게 된 배경은 무엇이며, 공동발표가 이들의 경쟁에서 어떤 의미가 있는 것인지 살펴볼 필요가 있다.

2000년 6월 26일 오전 10시 미국의 백악관에서는 과학계, 특히 생물과학계 입장에서 볼 때 매우 의미가 큰 한 행사가 열렸다. 그러나 이 행사는 백악관의 관례에서 볼 때도 아주 이례적인 행사였다.

빌 클린턴 당시 미국 대통령이 TV 카메라 앞에 직접 나서서 생명과학 분야의 연구결과를 생방송으로 발표한 것도 이례적이었지만 토니 블레어 영국 총리를 인공위성으로 연결해 축제 분위기를 연출한 것도 과학 분야의 행사로는 전례를 찾기 어려운 일이었다.

이 이벤트의 주제는 인간게놈지도 초안이 완성되었다는 것을 발표하는 것이었다. 인간게놈지도 작성을 위해 미국, 영국, 일본, 중국, 독일, 프랑스 등 6개국을 중심으로 1990년에 출범한 국제공공 컨소시엄 인간게놈프로젝트와 1998년에 설립된 미국의 생명공학 벤처기업 셀레라 제노믹스가 마침내 인간게놈을 이루고 있는 23쌍 염색체의 31억 개에

▲ 콜린스 NHGRI 소장(오른쪽)과 벤터 셀레라 제노믹스 사장(왼쪽).
프랜시스 콜린스 NHGRI 소장과 크레이그 벤터 셀레라 제노믹스 사장이 2000년 6월 26일 백악관에서 인간게놈지도 초안을 발표하며 함께 웃고 있다.

이르는 염기쌍이 어떤 순서로 배열되어 있는지 밝혀 냈다는 것을 공식 선언한 것이다.

클린턴 대통령은 인간게놈프로젝트의 총책임자 격인 프랜시스 콜린스 미국 국립 인간게놈연구소(NHGRI) 소장과 크레이그 벤터 셀레라 제노믹스 사장을 양쪽에 세워 놓고 "오늘 우리는 신이 인간의 생명을 창조하면서 사용한 '언어'를 배우기 시작했다"며 이들의 업적을 추켜세웠다.

이날의 주제는 분명히 인간게놈지도 초안의 완성을 발표하는 것이었고 이는 인류 과학사에서 '달 착륙'에 비견될 만큼 획기적인 업적으로 평가될 쾌거임에 틀림없었다. 하지만 전 세계의 과학자들 중에는 인간게놈프로젝트와 셀레라 제노믹스의 연구 결과를 한자리에서 동시에 발표하는 것이 어쩐지 부자연스러운 데가 있다고 느끼는 과학자들이 많았다.

인간의 유전자는 인류 공동의 재산이라며 30억 달러라는 막대한 공공기금을 투입해 연구를 해온 인간게놈프로젝트와 게놈정보를 이용해 돈을 버는 게 목적인 셀레라 제노믹스의 태생적 차이 때문에도 그렇고 그 동안 서로 신랄하게 비난을 주고받았던 불편한 관계를 고려해봐도 이들의 공동발표는 전혀 예상 밖이었다.

이 때문에 이날 자리를 함께 했던 인간게놈프로젝트 연구진과 셀레라 제노믹스 연구진은 물론 이들의 관계를 잘 알고 있던 세계 각국의 많은 과학자들은 클린턴 대통령을 사이에 두고 환하게 웃는 프랜시스 콜린스 NHGRI 소장과 크레이그 벤터 셀레라 제노믹스 사장을 보면서 쓸쓸한 미소를 지을 수밖에 없었다.

이날 행사는 인간게놈지도가 완성단계에 이르렀다는 과학사에 남을 위대한 업적을 전 세계에 발표한다는 표면적 의미 외에 3년 동안 치열하게 전개되어 온 인간게놈프로젝트와 셀레라 제노믹스의 인간게놈지도 작성 경쟁이 결국 '무승부'로 끝났다는 석연치 않은 선언을 하는 자리라는 의미도 있었기 때문이다.

사실 콜린스 NHGRI 소장과 벤터 셀레라 제노믹스 사장이 함께 참석한 가운데 인간게놈지도 초안 완성을 공동으로 발표하는 일은 백악관 행사가 있기 한 달 전만해도 예상하기 어려운 것이었다. 그럼에도 불구하고 공동발표가 성사된 것은 미국과 영국 정부 등 인간게놈프로젝트를 지원해온 측의 치밀한 계산과 노력 덕분이라고 할 수 있다.

셀레라 제노믹스가 인간게놈지도 작성을 시작한 것은 인간게놈프로젝트보다 9년이나 늦은 1998년이었다. 뒤늦게 인간게놈지도 작성에 뛰어든 셀레라 제노믹스가 초고속 전자동 염기서열분석기와 슈퍼컴퓨터를 내세워 무서운 속도로 인간게놈프로젝트를 추격하자 미국과 영국 정부 등 인간게놈프로젝트측은 크게 긴장했다.

특히 셀레라 제노믹스가 연구 결과에 대해 특허를 신청해 게놈정보를 독점하겠다는 입장을 공공연히 밝히면서 미국 정부는 인간게놈지도 작성 경쟁을 최소한 '무승부'로 만들기 위한 계획을 세우기 시작했으며 인간게놈지도 초안 완성을 한 달 20여 일 남겨 놓은 2000년 5월 초 이 계획을 구체적으로 실행하기 시작했다.

게놈지도와 유전정보에 대한 특허를 등록해 독점하겠다는 셀레라 제노믹스의 전략은 인간게놈정보는 인류 공동의 재산이기 때문에 이에 대한 연구결과도 모든 국가의 모든 연구자가 공유해야 한다는 인간게놈프로젝트의 이념에 정면으로 배치되는 것이었다.

따라서 인간게놈프로젝트 입장에서는 셀레라 제노믹스가 연구결과를 단독으로 발표하고 그에 대한 특허를 신청하는 것을 반드시 막아야 했던 것이다. 아니 그보다는 인간게놈지도 작성이라는 위대한 업적을 셀레라 제노믹스에 고스란히 넘겨줄 수 없다는 것이 더 중요한 이유였는지도 모른다.

2000년 5월 7일 미국 북서부 메릴랜드주의 록빌에 있는 애리 패트리노스 박사의 집에서는 생명과학 분야에서 큰 의미가 있는 만남이 이루어지고 있었다.

이날 미국 에너지부(Department of Energy : DOE) 내의 게놈연구 총책임자인 패트리노스 박사의 초대로 자리를 함께 한 두 명의 저명한 과학자는 피자와 맥주를 앞에 놓고 마주앉아 이야기를 나누고 있었다.

이들은 서로에 대해 너무나 잘 아는 사이였지만 이들의 분위기는 일요일 오후에 친구들끼리 만나 맥주를 즐기는 그런 것은 아니었다. 얼굴을 마주한 두 과학자 사이에는 뜨거운 경쟁심과 서로에 대한 불신이 뒤얽혀 팽팽한 긴장감마저 흐르고 있었다.

이 두 과학자는 바로 인간게놈지도 작성으로 생명공학 벤처기업의 대명사로 떠오른 셀레라 제노믹스의 크레이그 벤터 사장과 미국과 영국이 중심이 된 6개국 공공컨소시엄인 인간게놈프로젝트의 책임자인 프랜시스 콜린스 NHGRI 소장이었다.

두 사람의 만남은 가까운 주변 사람들조차 전혀 예상하지 못한 일이었다.

콜린스 소장과 벤터 사장은 인간게놈지도를 먼저 완성하기 위해 치열한 경쟁을 벌이고 있었고 특히 2000년 5월 당시는 인간게놈지도 초안 완성을 얼마 남겨 놓지 않은 시점이어서 서로에 대해 인신 공격성 비난까지 서슴지 않는 등 사이가 극히 좋지 않았기 때문이다.

패트리노스 박사가 이들의 만남을 주선한 것은 그가 게놈 연구의 베테랑 과학자로서 콜린스 박사와 벤터 박사를 모두 잘 알고 있었기 때문이다. 패트리노스 박사는 후에 두 사람의 만남을 회상하며 "이들이

그날처럼 긴장한 모습을 본 적이 없었다”며 긴박했던 두 사람의 분위기를 전했다.

앞에서도 언급했듯이 이들이 만나게 된 배경에는 셀레라 제노믹스와 인간게놈프로젝트의 인간게놈지도 작성 경쟁을 무승부로 마무리짓기 위한 미국과 영국 정부측의 치밀한 계산이 깔려 있었다.

인간게놈프로젝트 입장에서 볼 때, 아니 HGP를 구성하고 지원하는 미국과 영국, 일본 등의 입장에서 볼 때 뒤늦게 인간게놈지도 작성에 뛰어들면서 인간게놈프로젝트보다 먼저 결과를 내놓겠다고 선언하고 나선 셀레라 제노믹스는 눈엣가시 같은 존재였다.

미국 정부가 인간게놈지도를 작성하기 위해 인간게놈프로젝트를 공

인간게놈지도 연구 추진일지

공공부문 인간게놈프로젝트 (HGP)		민간부문 셀레라 제노믹스
인간게놈프로젝트 첫 제안	1985	
공공자금 지원 합의, HGP 공식 출범	1990	
영국, 게놈캠퍼스 개소	1993	
	1994	크레이그 벤터 민간연구소(TIGR) 출범
2005년 완료 목표로 전면적 게놈 해독작업 시작	1995	
HGP, 완료목표 2003년으로 수정	1998	벤터, 2001년 완료 목표로 독자적인 인간 게놈프로젝트를 위해 셀레라 제노믹스 설립
첫 인간 염색체 분석 완료	1999	
	2000	셀레라 인간 게놈 초안 90% 완성 발표
인간게놈 첫 초안 발표 (6월 26일)		
	2001	초안완성(2월 12일)
최종 완성 목표 연도	2003	

식 출범시킨 것은 1990년 10월이며, 인간게놈프로젝트가 완료시점으로 잡은 2005년까지 투입되는 연구자금도 30억 달러가 넘는다. 참여 과학자도 정부 차원에서 인간게놈프로젝트에 참여한 미국과 영국, 일본, 독일, 프랑스, 중국 등 6개국을 포함해 세계 18개국에서 수천 명에 이른다.

그런데 크레이그 벤터 사장이 1998년에 벤처기업 셀레라 제노믹스를 창업하면서 인간게놈프로젝트가 15년간 30억 달러를 들여 제작하겠다고 발표한 인간게놈지도를 3년 안에 단 2억 달러를 들여 완성하겠다고 선언했으니 이를 바라보는 인간게놈프로젝트측의 시선이 고울 리가 없었다.

셀레라 제노믹스가 처음부터 인간게놈프로젝트에 위협적인 존재가 된 것은 아니었다. 사실 셀레라 제노믹스가 인간게놈지도 작성 계획을 발표했을 때 세계 과학계에서 셀레라 제노믹스에 대해 진지하게 관심을 기울이는 사람은 거의 없었다. 관심은커녕 게놈 연구계에서 인간게놈프로젝트측 과학자들로부터 비주류 취급을 받아온 크레이그 벤터 회장은 동료 과학자들 사이에서 거의 미치광이 취급을 받았을 정도였다.

인간게놈프로젝트측을 비롯해 당시 주류에 속하던 과학자들은 셀레라 제노믹스가 DNA 염기서열 분석에 사용하고 있던 '숏건방식(shotgun method)'에 대해 근본적으로 정확성을 확보하기 어려운 방법이라며 셀레라 제노믹스의 연구에 흠집을 냈다. 그들은 벤터 사장 개인에 대해서도 '과대망상증 환자'에서 '히틀러 같은 인간'이라는 식의 인신 공격성 비난을 퍼부었다.

DNA의 이중나선구조를 밝혀낸 공로로 1962년에 노벨상을 받았으며 미국 정·관계에서의 막강한 영향력을 이용해 인간게놈프로젝트의 강력한 후원자가 된 제임스 D. 왓슨 박사는 벤터 사장이 초고속 DNA

염기서열분석기와 슈퍼컴퓨터에 의지해 게놈지도를 작성하고 있는 것에 대해 "벤터는 원숭이도 작동할 수 있는 기계들을 가지고 따분한 조립작업을 하고 있다"고 비꼬기도 했다.

그러나 이런 상황은 시간이 흐르면서 셀레라 제노믹스의 DNA 염기서열 분석작업이 속도를 더해가고 인간게놈프로젝트와의 격차가 점점 좁혀지는 등 벤터의 공언이 허황된 꿈만은 아니라는 것이 드러나면서 빠르게 변하기 시작했다.

여기에 벤터 사장은 2000년 1월 10일 셀레라 제노믹스 연구팀이 이미 인간게놈의 90%를 해독했으며 게놈지도 초안을 인간게놈프로젝트보다 5년이나 앞선 2000년 여름까지 완성하겠다고 선언했다. 이 선언은 셀레라 제노믹스가 인간게놈지도 작성 경쟁에서 인간게놈프로젝트에 승리할 수 있다는 자신감을 보인 것으로 풀이되었다.

이후 인간게놈프로젝트는 물론 인간게놈프로젝트의 주축을 이루는 미국 정부와 영국 정부에는 초비상이 걸렸다.

만약 셀레라 제노믹스가 인간게놈프로젝트보다 먼저 인간게놈지도를 완성한다면 인류 역사상 가장 위대한 과학적 이정표를 세웠다는 업적을 셀레라 제노믹스에 빼앗기는 것은 물론 인간게놈프로젝트 입장에서는 자존심에 큰 상처를 입는 것이기 때문이다.

인간게놈프로젝트측은 특히 셀레라 제노믹스가 인간게놈지도 자체에 대해 특허를 출원하거나 유전자 검색작업을 통해 찾아낸 유전자들에 대한 권리를 독점해 버릴 경우 인류의 소중한 공동유산인 게놈정보가 한 민간기업의 이윤을 위해 사용되는 불행한 사태가 발생할 수 있다는 점을 크게 우려했다.

이렇게 상황이 다급해지자 인간게놈프로젝트는 나름대로 연구속도를 높이는 한편 미국 정부와 영국 정부가 인간게놈지도는 전 세계 과

학자들에게 무료로 완전히 공개되어야 한다는 원칙을 천명하고 나서
는 등 셀레라 제노믹스에 압력을 가하기 시작했다.

빌 클린턴 미국 대통령과 토니 블레어 영국 총리는 2000년 3월 14일
동시에 발표한 공동성명에서 "인간게놈프로젝트의 연구결과가 전 세
계의 과학자들에게 완전히 공개되어야 한다는 데 합의했다"며 "인간게
놈정보에 대한 제한 없는 접근은 인류의 질병 위험을 감소시키고 전
세계인들의 건강을 향상시키는 것은 물론 삶의 질을 높여줄 것"이라고
밝혔다.

미국 정부와 영국 정부가 인간게놈정보의 무료 공개 원칙을 천명한
것은 바이오 정보사업으로 막대한 이윤을 낼 수 있을 것으로 기대하고
있던 셀레라 제노믹스의 입장에서는 청천벽력과 같은 소식이었다.

인간게놈프로젝트의 연구 결과가 셀레라 제노믹스의 연구결과보다
먼저 무료로 세계 각국의 연구자들에게 공개되면 인간게놈지도 정보
에 대한 유료서비스를 통해 수익을 올리려던 셀레라 제노믹스의 계획
(물론 이 부분은 셀레라 제노믹스의 전체 수익모델에서는 일부분에 해당한
다)에 큰 차질이 빚어질 것이 분명하기 때문이다.

실제로 미국과 영국이 "모든 게놈정보는 무료로 공개되어야 한다"는
원칙을 발표한 당일 미국 나스닥(NASDAQ)에 상장되어 있던 셀레라
제노믹스의 주가는 주당 189달러에서 149.25달러로 21%나 곤두박질
쳤다.

프랜시스 콜린스 미국 국립인간게놈연구소장 또한 인간게놈지도 완
성의 업적을 셀레라 제노믹스에 빼앗겨서는 안 된다는 중압감에 시달
린 것은 물론 정부측으로부터 벤터 사장과의 싸움을 하루빨리 해결하
라는 압력을 받고 있었다.

클린턴 대통령은 당시 보좌관을 통해 콜린스 소장에게 인간게놈프로

젝트와 셀레라 제노믹스의 갈등문제를 조속히 해결하라는 메모를 전달한 것으로 알려졌다.

바로 그때 미국 에너지부 내의 게놈연구 책임자이면서 콜린스 소장과 벤터 사장 모두와 개인적으로 친분이 두터운 패트리노스 박사가 이들의 만남을 주선한 것이다.

두 사람은 서로에 대한 뿌리깊은 불신에도 불구하고 이후에도 여러 차례 만나 게놈지도 작성 경쟁을 어떻게 마무리할 것인지를 논의했다.

그 결과가 바로 2000년 6월 26일 백악관에서 열린 공동 기자회견이었다. 이는 곧 콜린스 소장과 벤터 사장이 속마음은 어떻든 간에 결국 게놈지도 초안을 완성하는 경쟁에서 서로 무승부를 기록한 것으로 하는데 합의했음을 뜻한다.

인류의 공동재산인 게놈정보를 독점해 경제적 이익을 취하려 한다는 비난과 게놈정보 무료공개를 천명하고 나선 정부의 압력에 직면한 벤터 사장과 게놈지도 완성이라는 역사적인 업적을 셀레라 제노믹스에 넘겨줄 위기에 처한 콜린스 소장이 '무승부'를 선택한 것은 어쩌면 당연한 결과인지도 모른다.

이들의 억지 무승부는 2001년 2월 11일 인간게놈지도 완성과 이에 대한 분석 결과를 초안과 마찬가지로 공동으로 발표하는 것으로 이어졌다.

인간게놈프로젝트와 셀레라 제노믹스는 각각 자신들의 연구 결과를 영국의 과학전문지 〔네이처(2001. 2. 15.자)〕와 미국의 과학전문지 〔사이언스(2001. 2. 16.자)〕에 따로 발표하는 자존심 싸움을 벌이면서도 발표행사 자체는 이번에도 공동 기자회견으로 함으로써 다시 한 번 무승부를 선택한 것이다.

그러나 인간게놈프로젝트와 셀레라 제노믹스의 대결이 외견상 무승부로 끝난 것으로 결론지어졌지만 전후 사정을 잘 아는 사람들은 이들의 무승부를 인정하지 않은 경우도 많으며 무승부에 대한 과학계의 분석 또한 가지각색이다.

연구기간과 연구자금, 연구인력 등으로 볼 때 실질적으로는 셀레라 제노믹스가 일방적으로 승리한 것이라는 견해가 우세한 것이 사실이다. 하지만 셀레라 제노믹스가 인간게놈지도를 그렇게 빨리 완성할 수 있었던 것은 인간게놈프로젝트가 10년 가까이 쌓아올린 연구방법에 대한 노하우와 자료들이 있었기 때문에 가능했다는 주장도 만만치 않다.

그러나 많은 전문가들은 이들의 승패를 한마디로 잘라 말하는 것은 사실상 어려울 뿐 아니라 굳이 이들의 승패를 가르려 하는 것 자체가 호사가들의 호기심을 충족시키기 위한 것일 뿐 과학적으로는 별 의미가 없다고 지적하기도 한다.

물론 누가 만든 게놈지도가 더 정확한지에 따라 결정되는 과학적 의미에서의 승패는 앞으로 분명히 가려질 것이다. 현재 전 세계에서 많은 과학자들이 인간게놈프로젝트와 셀레라 제노믹스가 인터넷을 통해 공개한 인간게놈지도를 토대로 연구를 하고 있으며, 이 과정에서 어느 쪽의 게놈지도가 더 정확한지 밝혀질 것이기 때문이다.

하지만 인간게놈프로젝트와 셀레라 제노믹스가 인간게놈지도 작성 경쟁을 통해 과학계는 물론 일반 대중 사이에서 생명과학에 대한 관심을 불러일으키고 21세기 바이오시대의 도래를 크게 앞당겼다는 점에서는 모두 승자라고 할 수 있을 것이다.

소규모 실험실 과학으로만 간주되어온 생명과학을 수억 달러 이상이 투입되는 입자가속기(粒子加速器 ; particle accelerator)나 거대 천체망원경 등을 필요로 하는 이론물리학, 천문·우주 과학 등의 기존의 거대과학과 어깨를 나란히 할 수 있는 거대과학의 반열에 올려놓은 것은 누구도 부인할 수 없는 인간게놈프로젝트의 업적이라고 할 수 있다.

셀레라 제노믹스가 뒤늦게 게놈지도 작성에 뛰어들어 '숏건방식'이라는 획기적인 DNA 염기서열 분석법으로 인간게놈프로젝트를 압박하

HGP와 셀레라 제노믹스의 DNA 염기서열 분석방법 비교 그래픽

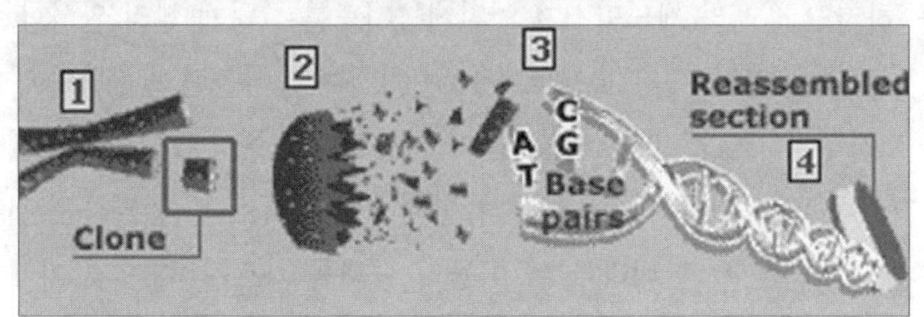

HGP의 DNA 해독방식

1. 모든 염색체를 먼저 20,000개 정도의 구역으로 나눠지도록 만든 뒤 각 구역을 복제한다.
2. 복제한 염색체 조각을 컴퓨터를 이용해 분쇄한다.
3. 염기서열분석시험을 반복해 수십억 염기쌍의 순서를 결정해 나간다.
4. 처음 나눈 구역을 하나하나씩 차례로 재조합해 전체 게놈을 완성한다.

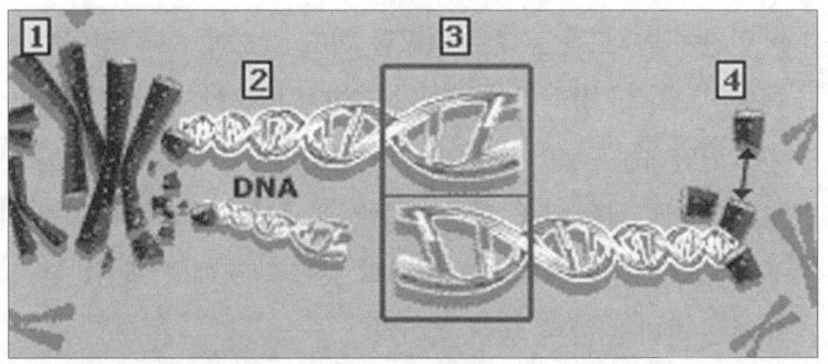

셀레라 제노믹스의 DNA 해독방식(Whole Genome Shotgun method)

1. 염색체를 영역별로 나눈 뒤 수백만 조각으로 자른다.
2. 각각의 조각의 염기서열을 분석한다.
3. 분석된 염기서열을 슈퍼컴퓨터로 조사해 서로 겹치는 부분을 찾아 맞춘다.
4. 모든 염색체를 재조합한다.

고 결과적으로 게놈지도의 완성시기를 크게 앞당긴 점 또한 과학사에 남을 중요한 업적으로 평가될 것이다.

인간게놈프로젝트와 셀레라 제노믹스의 인간게놈지도 작성 경쟁은 '경쟁'이라는 방식이 효율성을 높이는 좋은 방법이라는 것을 입증했을 뿐만 아니라 미래 과학에도 시사하는 바가 크다. 인간게놈지도 작성은 크레이그 벤터라는 한 사람의 창의성과 강력한 추진력이 수억 달러의 비용이 들어가는 초대형 연구프로젝트의 효율성을 크게 향상시킬 수 있다는 것을 입증한 좋은 예라고 할 수 있기 때문이다.

또 두 연구팀의 인간게놈지도 작성 속도가 막바지로 갈수록 눈부시게 빨라질 수 있었던 것은 바로 바이오기술(BT)과 정보기술(IT)이 결합되면서 초기보다 더욱 신속하게 염기서열을 결정하고 분석할 수 있었기 때문이다.

앞으로 각기 다른 분야의 학문과 기술이 결합되는 경향은 훨씬 다양하고 빠르게 진행될 것으로 예상되며, 이 같은 결합으로 관련 연구의 속도가 빨라지는 경향 또한 더욱 뚜렷해질 것으로 보인다. 이에 따라 의학과 제약 등 질병 치료 분야는 물론 농업과 재료과학 등 모든 분야에 바이오기술과 정보기술이 접목되면서 지금까지 전혀 예상치 못한 획기적인 발전이 이루어질 수 있을 것으로 예상된다.

인간게놈지도의 완성

인간게놈지도 완성의 의미는 무엇인가?

인간게놈 연구를 위한 국제공공 컨소시엄인 인간게놈프로젝트
(HGP)와 미국의 바이오 벤처기업인 셀레라 제노믹스는 2000년 6월 26
일 인간게놈지도 초안을 완성했다고 선언했다.

두 연구팀은 이어 2001년 2월 12일에는 인간게놈지도 완성본과 이
들 자료에 대한 유전자 검색 등 예비 분석을 마치고 그 결과를 백악관
공동 기자회견과 과학저널을 통해 발표했다.

인간게놈프로젝트는 인간게놈지도의 완성본과 이에 대한 분석결과
를 영국의 과학전문지 〔네이처(Nature)〕 2001년 2월 15일자에 발표했으

▲ 유전자 탐험

▲ 유전자지도가 완성된 생물체들:
　초파리, 선충, 사람, 균(왼쪽부터 시계방향)

[자료:사이언스]

며, 셀레라 제노믹스는 자신들의 인간게놈지도 연구결과를 미국의 과학전문지 [사이언스(Science)] 2월 16일자에 발표했다. 이 두 기관은 또 각각의 연구결과를 인터넷을 통해 전 세계 과학자들에게 공개했다.

인간게놈프로젝트와 셀레라 제노믹스가 '인간게놈지도 완성'을 발표한 후 전 세계 언론과 과학계의 반응은 실로 열광적이었다. 전 세계의 크고 작은 민간기업들은 물론 각국의 정부들까지 앞다퉈 게놈 연구에 대한 막대한 투자 계획을 발표하는 등 전 세계가 바이오 열풍에 휩싸였다.

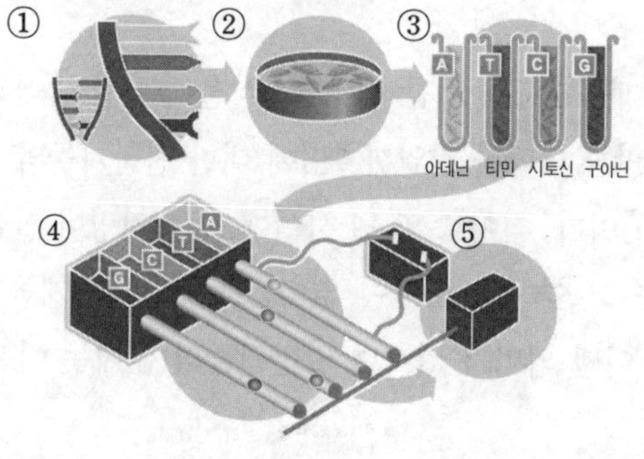

① **DNA를 잘게 자른다**
방대한 양으로 배열되어 있는 DNA를 특별한 효소를 이용하여 다루기 쉬운 크기로 잘게 자른다. 각각의 염색체를 자르는 방법과 전체 게놈을 자르는 방법이 있다.

② **복제**
잘라진 조각들을 박테리아를 이용하여 수백만 개로 복제, 충분한 연구재료 확보.

③ **표지 붙이기**
복제된 조각들을 네 가지 특별한 용액에 나누어 넣는다.
각각의 용액에는 유전자 문자에 해당하는 아데닌, 티민, 시토신, 구아닌의 끝 부분을 인지해 낼 수 있는 화학물질이 있다.
일단, 문자의 위치가 확인되면 형광물질로 된 표지를 붙인다.

④ **분리**
표지가 붙여진 조각들을 얇은 겔로 채워진 튜브에 삽입한다.
전류를 흘리면 조각들은 튜브 끝쪽으로 서서히 밀려나간다. 작은 조각들은 큰 조각들보다 빨리 이동하여 크기에 따라 배열된다.

⑤ **해독**
조각 분리 후 각각은 다음에 있는 것보다 염기쌍 하나가 더 많게 된다. 각 조각 끝에 붙어 있는 형광물질 표지를 레이저를 이용해 읽어내면, 이 DNA 조작의 유전자 염기서열을 알 수 있다.

특히 일부 과학자들과 언론들이 전망 또는 희망 사항으로 내놓은 '인간게놈지도 완성 후'의 인류 생활상은 마치 인간이 신처럼 모든 생명현상을 좌지우지할 수 있는 시대가 곧 열릴 것 같은 느낌마저 들게 만들었다.

이들이 예상한 미래상에서는 '인간의 평균수명이 머지 않아 120세로 늘어날 것이다'라는 것에서부터 '갓 태어난 아기의 유전자를 검사해 수십 년 뒤에 걸릴 병을 미리 진단하고 그 유전자를 정상유전자로 대체한다', '암은 물론 당뇨병, 알츠하이머병, 파킨슨병 등 현재의 의학 수준에서는 불치병 내지 난치병으로 불리는 질병들을 유전자 치료법으로 예방하고 치료하는 것이 가능해진다'는 것까지 현재 기준으로는 기적으로밖에 볼 수 없는 희망사항들이 마치 눈앞에 닥쳐온 일처럼 그려졌다.

과연 인간게놈지도가 인간의 생활방식을 그처럼 순식간에 바꾸어 놓을 수 있을 만큼 대단한 것일까? 이에 대한 전문가들의 대답은 분명한 "아니오(No)"이다. 적어도 몇 년 사이에 그런 전망이 실현될 수 없다는 데 대해서는 그 누구도 이견이 없다. 그러면 인간게놈지도의 완성은 과학적으로 어떤 의미가 있으며 일반인들의 삶에는 어떤 영향을 미치는 것일까?

2001년 불완전한 상태이기는 하지만 HGP와 셀레라 제노믹스가 인간게놈지도 완성을 발표한 지 벌써 1년이 넘는 시간이 흘렀다.

그리고 발표 전후 전 세계를 휩쓸었던 흥분이 서서히 가라앉고 막연했던 환상의 안개가 걷히기 시작하면서 진짜 밝혀진 것은 무엇이고 새로 등장한 수수께끼는 무엇이며, 인간게놈지도가 인류의 현재와 미래에 주는 진정한 의미가 무엇인지도 조금씩 드러나고 있다.

사실 인간게놈지도의 완성을 바라보는 학계의 공통된 시각은 인류의 전체 과학사(科學史)에서도 가장 중요한 업적 중 하나로 꼽힐 만한 것임에는 틀림없다는 것이다. 하지만 이들은 동시에 인간게놈지도의 진정한 가치는 현재보다는 적어도 십 수년 이상 먼 미래에 더욱 빛을 발할 것이라고 지적한다. 이런 전망은 인간게놈지도가 질병치료와 신약개발 등 의학분야는 물론 경제적 측면에서 미치게 될 영향에서도 마찬가지이다.

특히 의학전문가들은 인간게놈지도가 완성되기는 했지만 이를 토대로 수년 안에 암과 각종 심장질환, 알츠하이머병과 파킨슨병 같은 퇴행성 신경질환 등 난치병에 대한 혁명적인 치료법이 개발될 가능성은 거의 없다고 지적하고 있다.

셀레라 제노믹스가 완성한 인간게놈지도 연구결과를 게재한 미국의 과학전문지 〔사이언스(2001. 2. 16.자)〕는 당시 사설에서 "인간게놈은 '생명의 책(Book of Life)'이라고 불리고 있다"며 "하지만 인간게놈은 책이라기보다는 도서관이라고 할 수 있다"고 지적했다.

〔사이언스〕는 또 "이 도서관에서 우리 자신의 정체성과 복잡한 생명체계 속에서 우리가 차지하고 있는 위치를 밝혀내는 데 도움이 되는 많은 책을 발견할 수 있다"고 인간게놈지도 완성의 의미를 평가했다.

〔사이언스〕가 인간게놈지도에 대해 '생명의 책'이라기보다는 '도서관이라고 할 수 있다'라고 비유한 것은 인간게놈지도에 담겨 있는 정보의 양이 책에 견주는 것보다는 도서관에 비유하는 것이 더 적절할 정도로 방대할 뿐만 아니라 그 속에 숨겨져 있는 유용한 정보(유전자)를 찾아내고 그 정보의 의미를 파악해 인류의 생활 향상에 활용하는 것이 그만큼 어렵다는 것을 지적한 것으로 볼 수 있다.

인간게놈프로젝트 연구진이 완성한 인간게놈지도를 게재한 영국의 〔네이처(2001. 2. 15.자)〕는 "인간게놈 염기서열은 모든 인간을 이루고 있는 10조 개의 세포 내부 중심에 있는 유전정보를 모두 담고 있다"며 "이 유전정보는 인류의 기원과 진화에 대한 이해를 넓혀주고 질병과 싸우는 새로운 방법을 제시해 줄 것"이라고 전망했다.

대부분의 과학자들은 인간게놈지도 완성이 인류의 달 착륙에 견줄 만한 현대 과학의 위대한 업적 중 하나라며 높이 평가하고 있다. 그러나 이들은 또한 인간게놈지도가 완성됨으로써 인류는 생명현상에 대한 명쾌한 해답을 얻었다기보다는 앞으로 수십 년 동안 전 세계 과학계가 매달려도 풀기 어려운 엄청나게 많은 수수께끼를 새로 떠 안게 되었다고 지적한다.

우리는 이제 '인간게놈지도' 라는 거대한 도서관의 문을 열고 첫발을 들여놓은 것이다.

이곳에서 우리에게 필요한 정보가 들어 있는 책을 찾아내고 그 책의 내용을 해석해 낸 뒤 이를 우리에게 이롭게 이용하는 것은 지금부터 전 세계 과학계가 해야 할 일이며 여기에서 앞서가는 과학자와 기업체, 국가가 21세기 바이오시대를 이끌어가는 선구자가 될 것이다.

게놈, 염색체, DNA 그리고 유전자

게놈과 유전자는 도대체 무엇이며 완성된 인간게놈지도에서 밝혀진 것은 무엇이고 새로이 떠오른 수수께끼는 무엇인가? 또 이런 정보는 인류에게 어떤 의미가 있는 것일까?

인간의 몸은 수십 조 개의 세포로 이루어져 있다. 모든 세포의 중심에는 핵막에 둘러싸인 핵이 있다(핵막 없이 핵이 세포 내에 분산되어 있는 세포도 있으며, 이를 원핵세포라 한다. 원핵세포는 대장균과 박테리아, 녹조류 등 단세포 생물에 많다. 인체 세포 중에서는 적혈구가 핵막이 없는 대표적인 원핵세포라고 할 수 있다). 이 핵 속에는 얽혀 있는 실타래 같은 염색체라는 것이 있으며, 염색체의 숫자는 생물의 종에 따라 다르다.

인간의 세포에는 염색체가 23쌍, 즉 46개가 있다.

이 염색체 속에는 생물의 생로병사(生老病死)와 관련된 모든 유전자가 들어 있으며, 게놈은 염색체 속에 들어 있는 유전정보 전체를 뜻하는 말이다. 인간의 염색체 속에는 유전자가 적게는 3만 개에서 많게는 15만 개까지 있을 것으로 추정되고 있으나 아직 정확하게 파악되지 않고 있으며 이를 밝혀 내는 데에도 수년간의 연구가 필요할 것으로 보인다(HGP와 셀레라 제노믹스는 인간게놈지도 분석결과 유전자 숫자는 2만 6000 ～ 3만 9000 개로 예상된다고 밝혔다).

유전자는 생물이 태어나서 성장하고, 병에 걸리고, 늙고, 사망하는 것은 물론 일상생활 속에서 먹고 마시는 것 등 모든 생리현상을 조절

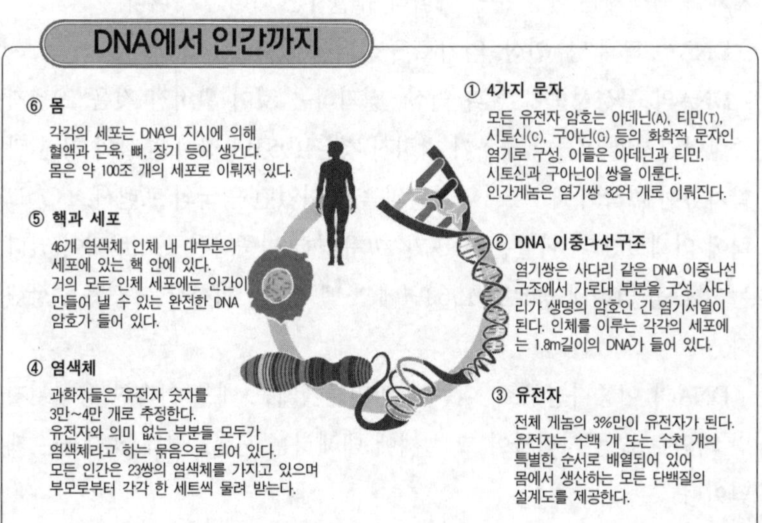

하고 통제하는 생명현상의 소프트웨어라고 할 수 있다.

사실 생명체 내에서 일어나는 여러 가지 생명현상에 직접 관여하는 것은 유전자라기보다는 단백질이라고 할 수 있다. 하지만 이런 단백질을 만드는 데 필요한 재료와 제조방법 등에 관한 정보는 모두 유전자에 들어 있다. 즉 유전자 속에는 단백질을 만들 때 재료(20가지 아미노산)는 어떤 것을 쓸 것이며 이 아미노산들을 어떤 순서로 몇 개를 연결해 단백질을 만들 것인지 등의 정보가 상세히 기록되어 있다. 이런 점에서 보면 유전자는 좁은 의미로는 단백질 설계도라고도 할 수 있다.

그러면 유전자, 아니 염색체는 어떤 물질로 이루어져 있을까?

염색체와 유전자를 구성하는 물질은 초등학교 시절부터 귀에 못이 박힐 정도로 들어온 DNA(디옥시리보핵산. DeoxyriboNucleic Acid)라는 물질이다. 때문에 DNA는 종종 유전자 또는 염색체라는 말과 혼용되기도 한다. 그러나 DNA는 염색체를 이루고 있는 물질의 이름일 뿐 DNA 자체가 염색체는 아닐 뿐만 아니라 유전자는 더더욱 아니다.

DNA는 크게 당, 인산, 염기로 구성되어 있다.

DNA의 구성성분이 당과 인산, 염기라는 것이 밝혀진 것은 19세기 중반이었지만 이들의 구조가 밝혀진 것은 1953년 당시 25살의 청년 과학자였던 미국의 제임스 D. 왓슨과 37살이었던 영국의 프랜시스 C. 크릭에 의해서였다. 이들은 DNA가 그 유명한 이중나선구조로 되어 있다는 사실을 밝혀낸 공로로 1962년에 노벨 생리·의학상을 공동 수상했다.

DNA의 이중나선구조, 이는 일반인들에게도 매우 친숙한 용어이지만 의외로 많은 사람들이 그 실체에 대해서는 혼란스럽게 생각하는 개념이다.

이중나선구조는 발판이 고무로 되어 있는 사다리를 생각해보면 쉽게 이해할 수 있다. 이 사다리는 발판이 고무로 되어 있기 때문에 사다리 위아래의 양쪽 끝을 잡고 서로 반대 방향으로 비틀면 용수철을 잡아당겨 늘여놓은 것처럼 꼬여 있는 모양이 될 것이다. 이 상태가 바로 DNA의 이중나선구조다.

사다리가 용수철을 늘여놓은 것처럼 꼬여 있기 때문에 나선구조라 하고 사다리 양쪽에 있는 기둥 두 개가 함께 꼬여 있기 때문에 이중나선구조가 되는 것이다. 만약 기둥이 하나이고 이 하나의 기둥이 용수철을 늘여놓은 것처럼 꼬여 있다면 이는 단일나선구조가 된다. 유전정보의 해석과 단백질 제조과정에서 중요한 역할을 하는 RNA(리보핵산. RiboNucleic Acid)는 이런 단일나선구조로 되어 있다.

DNA의 이중나선구조에서 사다리 기둥에 해당하는 부분은 당(sugar)과 인산(phosphate) 분자로 만들어져 있으며, 고무 발판에 해당하는 부분이 유전정보가 저장되는 아데닌(adenine : A)과 구아닌(guanine : G), 시토신(cytosine : C), 티민(thymine : T) 등 네 가지 염기이다.

당과 인산으로 된 기둥은 이들 네 가지 염기를 붙잡아두는 지지체(支持體) 역할을 하며 아데닌과 구아닌, 시토신, 티민 등 네 가지 염기는 저장되는 유전정보의 내용에 따라 특별한 순서로 배열된다.

이 네 가지 염기가 배열되어 있는 특별한 순서는 정자와 난자가 만나 수정되어 세포 분열이 시작되는 순간 결정된다. 그러나 염색체를 이루는 31억 쌍의 염기에 모두 유전정보가 담겨 있는 것은 아니다. 31억 쌍의 염기 배열 순서 가운데 특정 부분에 단백질에 대한 정보가 들어 있는데 이 부분이 바로 유전자에 해당되며 유전자가 부모로부터 자녀들에게 유전정보를 전달해주는 역할을 하는 것이다.

네 가지 염기에 유전정보가 저장되는 것은 2진법을 이용하는 디지털 방식과 비슷하다고 할 수 있다. 컴퓨터 프로그램과 응용 소프트웨어,

음성 및 화상 파일 등 디지털 세계에서는 0과 1이라는 숫자의 나열 속에 모든 정보가 담겨 전달되듯이 인간의 유전정보를 전달하는 DNA에서는 아데닌(A)과 티민(T), 시토신(C), 구아닌(G) 등 네 가지 문자가 생명을 프로그램하는 데 사용되는 알파벳 역할을 하는 것이다.

DNA를 구성하는 네 가지 염기들은 각자 짝이 있다. 아데닌(A)은 티민(T)과, 그리고 시토신(C)은 구아닌(G)과 결합하며 정상적인 상황에서 아데닌이 시토신이나 구아닌과 결합하거나 시토신이 아데닌이나 티민과 결합하는 경우는 없다.

이 염기들은 아데닌과 티민, 시토신과 구아닌으로 서로 쌍을 이루면서 당과 인산으로 된 기둥을 연결 고리로 이용해 긴 사슬을 형성하고 있다가 세포가 분열할 때는 염기쌍 사이의 결합이 끊어지면서 하나의 기둥에 염기가 하나씩 달려 있는 RNA와 같은 단일나선구조를 형성한다.

단일나선구조로 갈라진 DNA 가닥에는 아데닌이 있는 곳에 새로운 티민이 와서 결합하고 시토신이 있는 곳에 새로운 구아닌이 와서 결합하여 완전한 DNA 이중나선구조 2쌍이 다시 만들어지게 된다. 이렇게 만들어진 2쌍의 DNA는 세포가 갈라질 때 각각 하나씩 딸세포(daughter cell)의 핵 속에 들어가 모세포의 유전정보가 딸세포에 그대로 전달되는 것이다.

아데닌, 구아닌, 시토신, 티민 등 네 가지 염기가 DNA상에서 배열되어 있는 순서를 DNA 염기서열이라고 하며 HGP와 셀레라 제노믹스가 완성한 인간게놈지도는 인간의 게놈을 이루고 있는 23쌍 염색체 전체의 DNA 염기서열을 결정해 지도를 완성했다는 의미이다.

인간게놈프로젝트와 셀레라 제노믹스가 완성한 인간게놈지도에서 밝혀진 것은 무엇이며 새로 등장한 수수께끼는 무엇일까? 두 연구진의 연구 결과를 [네이처]와 [사이언스]의 분석기사를 중심으로 알아보기로 하자.

인간게놈은 염색체 23쌍에 31억 6470만 개의 염기쌍으로 이루어져 있다(일반적으로는 염기쌍 수는 30억이라고 하는데 이 숫자에 중요한 의미가 있는 것은 아니다). 또 이 속에 포함된 유전자는 저마다 크기가 다르기는 하지만 평균적으로 3000개의 염기(3kb)가 모여 하나의 유전자를 이루고 있는 것으로 추정되고 있다.

유전자는 정자와 난자가 만나 수정될 때부터 마지막 호흡이 끝나는

숫자로 본 인간게놈지도

1. 전체 염기쌍(A, T, C, G) 숫자 : 31억 6470만 개
2. 유전자의 평균 크기 : 염기 3000개(3kb)(현재까지 알려진 유전자 중 가장 큰 것은 염기 240만 개로 된 것임)
3. 인간의 유전자 수 : 3만~3만 5000개
4. 모든 개인 사이의 DNA 염기서열은 99.9% 일치
5. 이미 발견된 유전자 가운데 50% 이상은 기능이 규명 안 됨
6. 인간게놈에서 단백질 정보를 담고 있는 부분은 2% 미만
7. 정크 DNA(단순반복부위)가 전체 게놈의 50% 차지(애기장대 11%, 선충 7%, 과실파리 3%)
8. 각 염색체에서 발견된 유전자 수 : 1번 염색체가 2968개로 최다, Y염색체는 231개로 최소
9. 인간게놈에서 확인된 단일염기다형성(SNP) : 140만 개
10. 남성의 유전자 변이가 여성보다 2배 많음

사망 시점까지 잠시도 쉬지 않고 작동한다. 작동해야 할 유전자가 작동하지 않거나 작동하지 않아야 할 유전자가 지나치게 작동하게 되면 사람은 질병에 걸리게 되며 우리 몸을 이루고 있는 세포 안에서 유전자 작동이 끝나는 시점이 바로 사망 시점이라고 할 수 있다.

정자와 난자의 DNA가 수정과 동시에 결합해서 만들어진 DNA 속에는 태아의 성별과 피부색은 물론 머리카락의 색과 모양, 눈동자의 색, 귀와 코의 크기 등 외모와 몸 안의 장기 위치, 크기, 기능, 심지어는 수십 년 후에 걸릴 수도 있는 특정 질병의 종류까지 인간의 모든 생명현상에 대한 정보들이 들어 있다.

수정란은 이 DNA 속에 들어 있는 유전자의 지시에 따라 세포 하나가 수많은 세포 덩어리 상태인 배아로 발전하고 태아로 성장하면서 인간의 모습을 갖춰나가게 된다. 태아가 세상에 태어난 후 호흡기로 직접 호흡을 시작하는 것에서 몸 안에서 심장이 뛰고 간과 신장이 작동하는 등 각종 신진대사가 일어나고 기본적인 생명유지 활동이 계속되며 기쁠 때는 웃고 슬플 때는 눈물을 흘리는 감정현상에 이르기까지 모든 것이 유전자의 지시 없이는 불가능한 일이다.

인간게놈프로젝트와 셀레라 제노믹스가 2001년 2월 인간게놈지도 완성을 선언한 것은 인간 염색체를 이루는 31억 6470만 개의 염기쌍이 어떤 순서로 나열되어 있는지를 모두 결정했다는 것을 의미한다. 그러나 사실 두 연구진이 31억 6470만 쌍의 염기서열을 모두 밝혀낸 것은 아니다. 또 모두 밝혀낼 필요도 없다는 것이 과학자들의 설명이다. 이유는 게놈 염기서열 모두가 과학적으로 의미가 있는 것이 아니기 때문이다. 인간게놈프로젝트와 셀레라 제노믹스 연구진은 실제로는 과학적으로 의미가 있는 부분에 대해서만 DNA 염기서열을 결정했으며 이는 전체 게놈의 99%를 해독한 것에 해당한다.

 ## 인간의 유전자 수에 대한 과학자들의 내기

세계적인 유전학 권위자들 역시 인간의 유전자 숫자에 관한 한 어떤 것이 정답인지 아직 확신하지는 못하고 있는 것으로 보인다. 2001년 7월 미국의 뉴욕주 콜드 스프링 하버에서 열린 국제게놈회의에 참석한 세계 각국의 저명한 게놈 연구 과학자들은 인간의 유전자 수를 놓고 서로 돈을 걸고 내기를 벌여 화제가 되었다.

회의에 참석한 과학자들이 서로 돈을 내서 모아놓은 뒤 유전자 숫자가 완전히 밝혀진 후 가장 정확한 숫자를 알아맞힌 사람에게 돈을 모두 주기로 했다. 2001년 7월 7일까지 모두 165명의 과학자가 이 내기에 참여해 자신이 추정하는 인간 유전자 수와 자신이 걸고 싶은 돈의 액수를 적어 냈다.

이 내기에서 게놈 전문가들이 추정한 인간의 유전자 숫자는 2만 7462개에서 15만 3478개까지 매우 다양하게 나왔으며 정확한 숫자가 밝혀졌을 때 이를 맞춘 사람에게 주어질 돈은 모두 6만 1,710달러가 모아졌다.

회의 참석자들이 모두 세계적인 게놈 전문가들이라는 점을 고려할 때 가장 작은 추정치와 가장 큰 추정치의 차이가 5.5배 이상이 된다는 점이 매우 흥미롭다.

인간게놈프로젝트의 프랜시스 콜린스 박사도 이 내기에 참여해 인간의 유전자 수는 4만 8011개라는 데에 1달러를 걸었으며 미국 메릴랜드주 록빌에 있는 게놈연구소(TIGR)의 존 퀘켄부시 박사는 자체 연구 결과를 토대로 11만 8259개에 돈을 걸었다. 또 미국 캘리포니아에 있는 유명한 생명공학 벤처기업인 인사이트의 샘 라브리 박사는 15만 3478개에 돈을 걸어 이번 내기에서 인간의 유전자 수가 가장 많을 것으로 예상하고 있는 과학자로 기록되었다.

게놈 연구의 국제적 권위자들이 모여 돈을 건 이번 내기의 승부는 인간게놈프로젝트(HGP)가 인간게놈지도 연구의 최종 결과를 발표하는 2003년에 판가름이 나게 된다. 그러나 저명한 과학자들이 자신의 과학적 통찰력과 이름을 걸고 내기를 한 것에서 이처럼 답(인간의 유전자 숫자)의 범위가 넓게 나타났다는 것은 곧 인간 유전자에 대한 인류의 이해 정도가 아직도 보잘 것 없는 수준이라는 것을 반증하는 것으로 볼 수 있다.

인간게놈프로젝트와 셀레라 제노믹스가 완성한 인간게놈지도에서는 인간의 유전자 수와 유전자 분포 등에서 기존 학설과 다른 연구 결과들이 많이 쏟아져 나와 학계의 비상한 관심을 모으고 있다.

가장 큰 관심과 논란의 대상이 된 연구결과는 인간의 전체 유전자 숫자에 관한 것이다.

인간게놈프로젝트는 자신들이 완성한 게놈지도를 분석한 결과 인간의 유전자는 3만~4만 개 정도로 추정된다고 밝혔으며, 셀레라 제노믹스는 2만 6000~3만 9000개 정도로 추정했다. 두 연구진이 비슷한 연구 결과를 내놓았고 이들의 연구 방법과 이용 자료가 지금까지 수행된 인간 유전자 숫자에 관한 다른 연구들보다 정확성에서 뛰어나다는 점을 고려할 때 이들의 주장은 신빙성이 있다는 평가를 받고 있지만 인간의 유전자가 3만 개 안팎이라는 주장은 기존의 학설과는 큰 차이가 있는 것이다.

인간의 유전자 수는 인간게놈지도 연구가 아니더라도 많은 과학자들 사이에서 오래 전부터 논쟁거리가 된 연구 주제였다. 그 동안 세계적인 유전자 연구 학자들이 내놓은 추정치는 2만 5000개에서 15만 개 정도까지 저마다 큰 차이를 보이고 있다. 하지만 인간게놈지도가 완성되기 전까지 많은 과학자들은 여러 가지 가설 중에서도 인간의 유전자는 대략 8만~10만 개라는 것을 정설로 여겨왔다.

그러나 인간게놈프로젝트와 셀레라 제노믹스가 제시한 2만 6000~3만 9000개라는 유전자 숫자는 유전자가 1만 8000개로 밝혀진 선충(C. Elegans)과 1만 3000개로 밝혀진 과실파리(Fruit fly)의 2배 정도에 지나지 않는 것일 뿐만 아니라 효모(6000개)나 결핵균(4000개)과도 큰 차이

생물체	연도	분석이 완료된 염기쌍(백만)	전체분식 비율	예상 유전자수	염기쌍 100만 개당 유전자수
효모	1996	12	93	5800	483
선충	1998	97	99	1만 9099	197
과실파리	2000	116	64	1만 3601	117
애기장대	2000	115	92	2만 5498	221
인간(HGP)	2001	2693	84	3만 1780	12
인간(셀레라 제노믹스)	2001	2654	83	3만 9114	15

[자료:사이언스]

가 없는 것이다. 또 식물 중에서 유전자지도가 이미 완성된 대표적인 실험용 식물인 애기장대(Arabidopsis thaliana)의 2만 5000개와도 비슷한 것이다.

이 같은 연구결과가 발표되자 세계 과학계에서는 물론 일반인들 사이에서도 인간의 유전자 수가 이처럼 적다는 것이 무엇을 의미하는 것인지, 이들의 연구결과가 과연 옳은 것인지에 대한 격렬한 논쟁이 벌어졌다.

일부에서는 인간의 유전자 숫자가 애벌레나 과실파리, 그리고 하찮은 식물과 비슷하다는 것은 인간의 존엄성을 크게 훼손시키는 잘못된 연구결과라며 반발하기도 했다.

그러나 이 연구에 참여한 연구진들은 이 결과는 인간의 존엄성을 훼손하는 것이 아니라 오히려 그 동안 과학계가 예상했던 것보다 인간의 생명현상이 훨씬 더 복잡하고 오묘하다는 것을 반증하는 것이라고 주장했다.

인간게놈프로젝트의 프랜시스 콜린스 박사와 셀레라 제노믹스의 크레이그 벤터 박사는 이에 대해 "인간의 유전자가 3만 개 안팎으로 과실파리의 2배 정도밖에 안 된다는 것은 놀라운 사실"이라며 "이는 인간의 몸을 만들고 작동시키는 인체의 생물학이 얼마나 복잡한 것인지, 그리고 DNA 암호가 의미하는 것을 완전히 이해하는 것이 얼마나 어려운 것인지를 잘 보여주는 것"이라고 지적했다.

벤터 박사는 또 "우리가 DNA 암호의 의미를 완전히 밝혀 내는 데에는 100년이 걸릴 수도 있다"며 "어쩌면 우리는 영원히 그 의미를 완전히 이해하지 못할 수도 있다"면서 인간게놈에 대한 경외감을 표하기도 했다.

인간게놈프로젝트에 참여한 세계적인 유전학 권위자인 미국의 화이트헤드생의학연구소의 에릭 랜더 교수는 "많은 사람들이 인간의 유전자 수가 과실파리의 2배 정도에 불과하다는 사실에 당혹스러워 할 것이며 일부는 인간의 존엄성이 훼손됐다고 생각할 수도 있다"고 말했다.

그러나 그는 "비슷한 유전자 수에도 불구하고 인간이 벌레보다 복잡한 구조를 가지고 있는 이유는 여전히 미스터리로 남아 있다"며 "이 비밀을 푸는 것은 앞으로 과학계가 규명해야 할 과제"라고 강조했다.

미국 국립암연구소의 세포 제어 및 발암 연구실 책임자를 맡고 있는 재미교포 과학자 김성진 박사(사진)는 이에 대해 "유전자 수가 예상보다 적다는 것은 각각의 유전자 기능이 예상했던 것보다 훨씬 복잡하다는 것을 뜻한다"며 "이들 유전자의 복잡한 기능을 밝혀 내는 것은 포스트 게놈연구에서 중요한 부분을 차지하게 될 것이며 이 작업은 지금까지 과학계가 예상했던 것보다 훨씬 어려운 과정이 될 가능성이 있음을 시사하는 것"이라고 말했다.

현재로서는 인간게놈프로젝트와 셀레라 제노믹스가 내놓은 인간 유전자 수가 가장 정확한 것으로 인정받고 있기는 하지만 이들의 발표가 있은 뒤에도 세계 각국에서 다른 연구팀들이 이와는 다른 연구결과를 제시하고 있다. 따라서 인간의 유전자 수에 대한 논쟁은 인간게놈프로

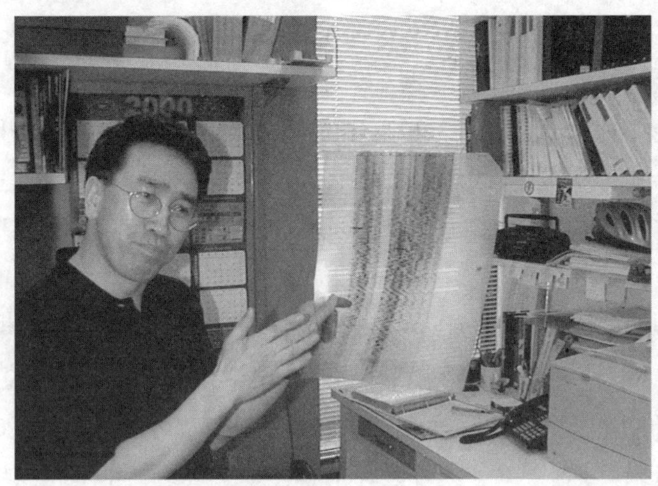

▲ 인간게놈지도에 대해 설명하는 김성진 박사

젝트가 인간게놈지도 분석을 100% 완료해 정확한 유전자 숫자를 발표
하게 될 2003년, 어쩌면 그 후까지도 계속될 것으로 전망된다.

　미국 오하이오주립대학의 연구진은 인간게놈지도 완성이 발표된 지
5개월이 지난 2001년 7월 초 슈퍼컴퓨터를 이용해 인간게놈프로젝트
연구진이 작성한 인간게놈지도의 유전자 정보를 다시 분석한 결과 인
간의 유전자 수는 6만 6000개 이상인 것으로 분석되었다고 주장했다.

　이들은 과학전문지 〔게놈생물학(Genome Biology)〕의 인터넷 홈페이
지를 통해 발표한 연구보고서에서 인간게놈프로젝트와 셀레라 제노믹
스는 유전자를 찾기 위해 2개의 유전자 데이터베이스를 사용했으나 자
신들은 훨씬 많은 데이터를 활용했기 때문에 자신들의 연구결과가 훨
씬 정확하다고 주장했다. 이들은 유전자 검색에 인간게놈프로젝트와
셀레라 제노믹스가 사용한 두 가지 유전자 데이터베이스 외에 열 한
가지 유전자 데이터베이스를 추가로 사용했으며 그 결과 인간의 유전

자 수는 모두 6만 6000개 이상인 것으로 나타났다고 밝혔다.

즉 인간게놈프로젝트와 셀레라 제노믹스가 유전자 검색작업을 할 때 표준지표로 너무 적은 양의 데이터베이스를 사용했기 때문에 염기서열 가운데 실제로는 유전자에 해당하는 부분도 유전자가 아닌 것으로 해석되었으며 이에 따라 인간의 유전자 수가 터무니없이 적게 나왔다는 것이다.

하지만 영국의 인간게놈프로젝트 연구 책임기관인 생거센터의 팀 허바드 박사는 오하이오주립대학 연구진의 주장에 대해 "오하이오주립대학 연구진의 분석은 실제 실험을 통해 나온 것이 아니라 단순히 컴퓨터를 이용해 분석한 것에 불과하다"면서 "컴퓨터가 유전자로 분석한 것이 정말로 유전자인지는 확신할 수 없다"고 반박했다.

⑴》 게놈에 나타난 개인간 차이점은?

인간게놈지도에 나타난 인간 개개인의 공통점과 차이점은 무엇일까?

인간게놈지도 분석결과 지구상의 모든 사람들은 DNA 염기서열로만 보면 99.9%가 똑같은 것으로 나타났다. 99.9%라는 개념이 정밀과학 분야 등을 제외하면 일반적으로 두 가지가 '같다' 또는 '동일하다'는 의미로 사용되는 것을 생각하면 '모든 인간은 평등하다'는 진리가 바로 게놈 속에서 증명되고 있는 셈이다. 그러나 인간과 침팬지도 DNA 염기서열로만 보면 98.4%가 같은 것으로 밝혀졌으니 생명현상에 있어서 0.1%의 차이가 결코 작지 않은 것임을 알 수 있다. 결국 DNA 염기서열이 99.9% 일치한다는 것은 지구상의 모든 사람들 사이에 나타나는 인종과 외모, 질병 등의 많은 차이가 0.1%의 DNA 염기서열 차이에서 비롯되었다는 것을 의미한다.

0.1%의 DNA 염기서열 차이라는 것은 어느 정도의 차이일까? 게놈을 이루고 있는 염기쌍은 모두 31억 6470만 개이고 0.1%는 염기쌍 1000개마다 하나씩 차이가 있을 수 있다는 것이므로 지구상의 모든 개개인 사이에는 DNA 염기서열에서 316만 4700곳에 차이가 있다는 것을 의미한다고 할 수 있다.

이처럼 개인 사이에 존재하는 DNA 염기서열의 차이를 단일염기다형성(SNP : Single Nucleotide Polymorphism)이라고 한다. 인간게놈프로젝트와 셀레라 제노믹스 연구진은 각각 완성한 게놈지도에서 이미 140만 개 이상의 단일염기다형성을 발견했다고 발표했다. 316만 개의 전체 단일염기다형성 가운데 절반 정도가 벌써 확인된 셈이다. 그러나 단일염기다형성 확인이 중요하기는 하지만 현재 상태에서 인류 생활에 큰 혜택을 줄 수 있는 것은 아니다. 이유는 이들의 연구에서 확인된 단일염기다형성, 즉 개인간 DNA 염기서열 차이가 실제로 사람의 몸에서 어떤 차이를 유발하는지 현재로서는 알 수 없기 때문이다. 단일염기다형성을 찾아내고 각각의 차이가 어떤 기능의 차이로 이어지는지를 밝혀 내는 것은 현대 과학이 앞으로 포스트 게놈 연구에서 규명해야 할 중요한 과제 중의 하나이다.

단일염기다형성이 중요한 연구과제로 떠오르는 이유 중 하나는 이런 정보가 미래의학 혁명으로 불리는 '맞춤의학(Tailored Therapy = Tailored medicine)' 실현에 반드시 필요하기 때문이다. 앞으로 먼 미래의 이야기가 되겠지만 단일염기다형성에 대한 연구가 비약적으로 발전해 단일염기다형성이 인체에서 어떤 기능을 하고 개개인마다 어떤 차이점을 만들어내는지가 밝혀지면 질병을 치료할 때 이런 정보를 활용해 환자 개인의 유전자 특성에 꼭 맞는 의약품이나 치료법을 적용하는 글자 그대로의 '맞춤의학' 실현이 가능해질 것이다.

이 같은 전망에 따라 과학자들은 완성된 인간게놈지도를 토대로 전 세계적으로 활발하게 수행되고 있는 포스트 게놈 연구에서 단일염기 다형성 연구가 큰 비중을 차지할 것으로 예상하고 있으며 각국 정부와 세계적인 제약 기업들도 이에 대한 투자를 대폭 확대하고 있다.

⫸ 정크(junk) DNA는 정말 '쓰레기'인가?

인간게놈프로젝트와 셀레라 제노믹스 연구진이 완성된 게놈지도를 분석하면서 크게 놀랐던 부분 중의 하나는 그 동안의 연구에서 유전정보가 담겨 있지 않는 것으로 간주되어 소위 '정크(쓰레기) DNA'로 불려온 부분이 인간게놈 속에 너무 큰 비중을 차지하고 있다는 것이다. 즉 DNA 염기서열에서 일반적으로 단백질에 대한 정보가 담겨져 있어 유전자라고 일컬어지는 부분인 '엑손(exon)' 부위가 전체 DNA 중에서 2%도 안 되는 것으로 나타난 반면 똑같은 염기서열이 반복되는 소위 '정크 DNA'는 전체 DNA의 50% 이상이나 차지하고 있는 것으로 밝혀진 것이다.

'정크 DNA'는 DNA 염기서열을 분석하던 과학자들이 A, C, G, T가 수없이 반복될 뿐 특별한 정보가 담겨 있지 않은 것으로 보이는 부분을 지칭하기 위해 만들어낸 용어이다. 초기 게놈 연구에 참여하던 과학자들은 정크 DNA가 특별한 정보를 담고 있지 않으면서 단순히 유전자들을 연결하고 모양을 유지해주는 일종의 구조체의 역할을 하는 것으로 추정했었다.

그러나 사상 처음으로 완성된 인간게놈지도에서 정크 DNA의 비율이 50% 이상으로 밝혀지자 과학자들은 이를 매우 충격적인 사실로 받아들이고 있으며 정크 DNA의 기능에 대해서도 새로운 시각으로 접근해야 한다는 주장을 내놓고 있다. 인간의 DNA에서 정크 DNA가 50% 이상이라는 것은 지금까지 과학계가 밝혀낸 동식물 게놈과 비교해볼 때 월등히 높은 수치이다. 지금까지 밝혀진 동식물 게놈의 경우 정크 DNA의 비율은 많아야 10% 안팎이었다. 겨자의 경우 전체 DNA에서 정크 DNA가 차지하는 비율은 11%였으며, 선충은 7%, 과실파리는 3%만이 정크 DNA인 것으로 밝혀졌다.

인간게놈에서 아무런 의미가 없다고 간주되고 있던 정크 DNA가 전체의 50% 이상으로 예상보다 훨씬 큰 비중을 차지하는 것으로 드러남에 따라 과학자들은 정크 DNA의 기능에 대해 새로운 시각에서 큰 관심을 보이고 있다. 특히 과학자들은 DNA 염기서열 중에서 단백질에 대한 유전정보가 들어 있지 않은 부분인 '인트론(intron)' 부분이 주변에 있는 유전자의 작동 여부를 결정하는 스위치 역할을 하거나 유전자들의 상호작용을 제어하는 기능을 할 가능성도 있을 것으로 추정하고 있다.

지금까지 무의미하다고 여겨왔던 정크 DNA와 그 중에서도 인트론 부분의 기능을 밝히는 것은 인간의 유전자 수가 예상보다 훨씬 적다는 연구결과와도 밀접한 관계가 있을 것으로 추정된다.

인간게놈프로젝트와 셀레라 제노믹스 연구진의 주장대로 인간의 유전자가 모두 3만~4만 개에 불과할 경우 유전자 하나가 단 하나의 단백질을 만든다는 이론은 성립할 수 없다. 인체 내에서 만들어지는 단백질은 근육과 살을 구성하는 단백질에서 수많은 호르몬에 이르기까지 수십만 가지에 이르는 것으로 추정되고 있기 때문이다.

즉 유전자 하나가 주변의 정크 DNA나 인트론 부분에 들어 있는 어떤 정보의 작용을 받아 때에 따라 다르게 여러 가지 기능을 하거나 정크 DNA의 작용으로 2개 이상의 유전자가 동시에 상호작용을 하면서 여러 개의 단백질을 만들고 다양한 기능을 해야만 3만~4만 개의 유전자로 인체에서 일어나는 수많은 생명현상을 설명하는 것이 가능해진다는 주장이다.

이 때문에 많은 과학자들은 인간게놈지도 완성으로 인해 과학계가 새로 풀어야 할 과제 중에 하나로 정크 DNA와 인트론 부분의 의미와 기능을 밝히는 것을 꼽고 있다.

다시 말해서 이 부분 또한 앞으로 게놈정보를 의학에 활용하거나 산업화에 접목시키기 위해서는 반드시 규명해야 할 부분이라는 것이다. 이에 따라 정크 DNA와 인트론의 의미와 기능을 규명하는 연구 분야도 세계 각국이 치열한 연구 경쟁을 벌이는 포스트 게놈의 주요 각축장이 될 것으로 전망된다.

◀◀◀◀ 유전자 분포의 불규칙성

인간의 염색체는 모두 23쌍, 46개가 있다. 그러면 이들 염색체 하나하나에는 유전자가 과연 몇 개씩 포함되어 있을까? 물론 앞에서도 알아본 바와 같이 인간의 전체 유전자 숫자가 정확하게 파악되지 않았기 때문에 염색체 하나에 몇 개의 유전자가 들어 있는지 정확히 알 수는 없다. 그러나 인간게놈프로젝트와 셀레라 제노믹스가 지금까지의 연구결과를 정리해 발표한 염색체별 유전자 숫자는 전체 유전자가 염색체에 어떤 비율로 분포되어 있는지를 가늠할 수 있는 지표가 될 수 있을 것이다.

두 연구팀이 인간게놈지도 완성과 함께 각 염색체에 들어 있는 유전자 수를 분석해 발표한 결과에 따르면 23쌍의 염색체 중 크기가 가장 큰 1번 염색체에는 2968개의 유전자가 들어 있어 유전자가 가장 많이 들어 있는 것으로 나타났으며, 남자의 성염색체인 Y염색체에는 231개의 유전자밖에 없어 유전자가 가장 적게 들어 있는 것으로 나타났다.

이처럼 각 염색체에 들어 있는 유전자 숫자가 큰 차이를 보이는 것은 곧 유전자가 DNA 염기서열 위에 규칙적으로 배열되어 있는 것이 아니라 어떤 염색체 위에는 유전자가 많이 몰려 있고 어떤 염색체에는 유전자가 드문드문 존재한다는 것을 의미한다.

다른 동식물의 게놈지도가 완성되어야 알 수 있겠지만 유전자의 분포가 매우 불규칙하다는 것도 인간의 특성인 것으로 추정된다. 인간게놈프로젝트와 셀레라 제노믹스 연구진은 다른 동식물의 게놈에서는 유전자들이 게놈 전체에 걸쳐 비교적 규칙적으로 분포되어 있었으나 인간 게놈에서는 유전자 분포가 매우 불규칙한 것으로 나타났다고 밝혀 유전자 분포의 불규칙성이 인간만의 특성일 가능성이 있음을 시사했다.

))) 유전자 변이의 남녀 차이

인간게놈프로젝트와 셀레라 제노믹스 연구진의 연구에서 밝혀진 또 다른 흥미로운 연구결과는 유전자의 변이가 여성에서보다 남성에서 훨씬 많이 발생한다는 것이다.

즉 유전자에 변이가 발생하는 비율이 남성의 경우 여성보다 2.1배나 높은 것으로 나타난 것이다. 학계에서는 이에 대한 해석을 놓고 재미있는 논쟁이 벌어지기도 했다.

일부 과학자들은 유전자 변이가 생물의 진화에 중요한 역할을 한다는 점을 고려할 때 남성에서의 유전자 변이가 여성보다 2배 이상 많다는 것은 남성이 여성보다 인간 진화에 훨씬 많이 기여했다는 것을 뜻한다는 해석을 내놓았다.

그러나 다른 과학자들은 유전자 변이는 진화에 기여할 수도 있지만 반대로 수많은 유전질환의 원인도 될 수 있기 때문에 남성에서 유전자 변이가 쉽게 일어난다는 것은 곧 유전질환의 책임이 여성보다 남성에게 훨씬 많다는 것을 뜻한다며 맞서기도 했다.

23번 염색체인 성염색체가 XY인 경우가 남성이고 XX인 경우가 여성이다. 그러나 남성을 결정하는 Y염색체는 X염색체에 비해 그 크기가 매우 작다. 그럼에도 불구하고 남성의 유전자 변이 발생 비율이 여성보다 2.1배나 높다는 것은 Y염색체가 후손으로 전달되는 과정에 현재 인간이 밝혀 내지 못한 어떤 비밀이 숨겨져 있을 가능성을 시사하는 것으로 볼 수 있다.

➠ 인간게놈지도 완성은 의학혁명으로 이어질까?

많은 사람들이 인간게놈지도 완성이 의학과 제약 등의 분야에 혁명적인 발전을 가져올 것이라고 기대하는 것은 과연 얼마나 타당성이 있는 것일까?

불행하게도 이에 대한 과학계의 답은 대체로 부정적이다. 물론 시간의 문제이기는 하다. 장기적으로는 인간게놈지도와 포스트 게놈 연구가 의학과 제약 등 질병 치료에 큰 발전을 가져올 것이라는 데에는 이견이 없지만 단기적으로는 획기적인 발전이 실현될 가능성은 매우 낮다는 것이다.

과학자들은 인간게놈지도가 완성되었다고 해서 많은 언론과 일부 학자들이 제시한 것과 같은 각종 질병의 유전자치료와 암 예방 및 치료 등 꿈에 가까운 장밋빛 청사진들이 가까운 시일 안에 현실화될 가능성은 거의 없다는 의견을 내놓고 있다. 그만큼 게놈 연구의 결실을 인류가 누리기 위해서는 극복해야 할 과제가 아직 너무나 많이 남아 있다는 의미이다.

인간게놈지도 완성은 31억 6470만 쌍의 A, T, G, C 염기가 어떤 순서로 나열되어 있는지를 밝혀 낸 것일 뿐 염기서열 속에는 모두 몇 개의 유전자가 들어 있는지, 어느 부분에 유전자가 있는지, 유전자 각각의 기능은 무엇인지 등 게놈정보를 의학과 제약, 산업에 활용하기 위해 필요한 수많은 수수께끼가 아직 풀리지 않고 있다.

〔사이언스〕지가 사설에서 지적한 것처럼 인간게놈지도 완성은 누구나 집어들고 읽어 내려갈 수 있는 '생명의 책'을 손에 넣은 것이 아니라 생명의 비밀이 적혀 있는 책과 별다른 의미가 없는 책 등 수천, 수만 권의 책이 무작위로 진열되어 있는 도서관의 문을 열고 들어간 것이라고 볼 수 있다. 또 현대과학은 생명의 비밀이 적혀 있는 책이 어떤 언어로 쓰여 있는지와 책 일부분의 의미를 파악할 수 있는 몇 가지 단어를 알고 있을 뿐 전체적인 내용을 파악하기에는 수준이 너무 낮은 상태이다.

그러나 너무 비관적인 전망에 얽매여 실망할 필요는 없다. 10여 년 전 인간게놈지도 작성이 시작되었을 때 과학계는 인간게놈지도 작성 자체가 너무나 무모한 계획이라며 반대의 목소리를 높였었다. 당시 노

벨상 수상자를 포함한 많은 과학자들이 인간게놈지도 작성은 현실적
으로 가능하지도 않을 뿐만 아니라 인류에게 실익도 없는 연구이며 그
같은 '연구를 위한 연구'에 수십 억 달러의 세금을 투입하는 것은 낭비
일 뿐이라며 거세게 반대했었다.

특히 인간게놈지도가 원래 완료 목표시점으로 정했던 2005년보다
훨씬 빨리 완성되거나 이런 어마어마한 프로젝트에 셀레라 제노믹스
같은 소규모 벤처기업이 중간에 뛰어들어 단 3년 만에 인간게놈지도를
완성하리라고는 아무도 상상하지 못했다.

10년 전만 해도 그만큼 게놈 연구에 대한 인식이 부족했을 뿐만 아
니라 연구 재원과 시설, 장비 등 모든 것이 게놈 연구 자체가 불가능해
보일 정도로 부족하고 열악했던 것이다. 그러나 연구가 진행되면서 각
종 첨단 기기가 개발되고 혁신적인 정보기술(IT)과 결합되면서 모든
상황이 급격히 변했다. 전자동 초고속 염기서열분석기가 개발되고 게
놈 데이터 분석에 슈퍼컴퓨터가 이용되는 등 10년 전에는 상상도 못
하던 일들이 가능해졌으며 이로 인해 게놈지도 작성은 마무리 단계로
치달을수록 가속도가 붙게 되었다.

앞으로 펼쳐질 포스트 게놈 연구에서도 이 같은 양상이 똑같이 재현
될 가능성이 높다. 특히 연구 장비와 연구 기법의 등장으로 연구환경
이 한 달, 1년, 5년 후가 다르게 발전하면서 게놈과 관련한 모든 연구
의 속도가 더욱 빨라질 것이며 그 결과를 산업과 의학 등에 활용하는
분야에서도 현재 우리가 예상하고 있는 것보다 훨씬 혁신적인 방식으
로 신속하게 이뤄질 가능성이 많다.

3개 염색체 지도 작성과 유전자 검색 완료

DNA 염기서열 작성 다음은 유전자 검색

"구슬이 서 말이라도 꿰어야 보배."

이 속담은 인간게놈 연구에도 그대로 적용할 수 있는 말이다.

인간게놈지도를 만들 때 가장 먼저 해야 할 기초적인 작업은 23쌍의 인간 염색체를 이루고 있는 DNA의 30억 염기쌍이 어떤 순서로 연결되어 있는지를 하나하나 밝혀 내고 이를 순서대로 나열해 놓는 것이다.

이렇게 나열된 염기서열 전체를 좁은 의미로 인간게놈지도라고 하는 경우도 있다. 그러나 이 상태로는 그것이 무엇을 의미하는 것인지 전혀 알 수 없기 때문에 글을 모르는 어린아이를 컴퓨터 앞에 앉혀 놓고 영문 키보드를 치도록 해서 분량이 수만 페이지나 되는 책을 만드는 것이나 마찬가지라고 할 수 있다. 다만, 이때 사용한 키보드가 숫자와 알파벳, 각종 기호 등으로 이루어져 있는 것이 아니라 아데닌(A), 티민(T), 시토신(C), 구아닌(G) 등 네 가지 문자로만 이루어져 있다는 것이 다를 뿐이다.

인간게놈프로젝트(HGP) 연구진과 셀레라 제노믹스 연구진이 밝혀 낸 A, T, C, G라는 문자가 끝없이 연결된 인간게놈의 DNA 염기서열 속에서 어느 부분이 유전자인지, 그리고 그 유전자의 기능은 무엇이며 어떤 단백질을 만들어내는지 등을 밝혀 내지 못한다면 어렵게 완성한 인간게놈지도는 '꿰지 않은 구슬'에 불과할 것이다

인간게놈프로젝트와 셀레라 제노믹스가 2001년 2월 인간게놈지도를

완성한 것은 어마어마한 양의 구슬을 한 창고에 모두 모으는 데 성공한 상태라고 할 수 있다. 이제부터 이 구슬들을 색깔별로, 혹은 크기별로 분류하고 아름답게 꿰어서 보배로 만드는 작업이 남은 것이다.

구슬을 꿰는 작업의 첫 단계는 인류가 알고 있는 유전자 정보(유전자에 해당하는 염기서열 정보)를 총동원해서 23쌍의 염색체를 이루고 있는 긴 DNA 사슬에서 어느 부분이 유전정보가 담겨 있는 유전자 부분인지 찾아내고 표시를 하는 작업(annotation)이다.

이 작업이 완료되어야 말많은 인간의 유전자 수에 대한 논쟁도 끝이 나게 되고 이 과정에서 발견된 각각의 유전자가 어떤 기능을 하는 것인지를 밝혀 내는 연구도 가능해질 것이다. 또 유전자의 기능이 밝혀지고 거기서 만들어지는 단백질의 구조가 밝혀져야만 이것을 각종 질병을 치료하는데 활용하는 연구도 더욱 활기를 띠게 될 것이다

인간게놈지도에 대한 분석작업은 인간게놈프로젝트와 셀레라 제노믹스가 모두 경쟁적으로 수행하고 있지만 그 결과를 공표하는 방법에서는 큰 차이를 보이고 있다

인간게놈프로젝트는 그 동안 꾸준히 주장해온 것처럼 연구결과를 전 세계의 모든 과학자들에게 무료로 공개해야 한다는 원칙에 따라 매일매일 인터넷에 연구결과를 공개하고 있다. 그러나 셀레라 제노믹스는 연구결과를 데이터베이스로 만들어 기업과 연구자들에게 유료로 제공하고 있기 때문에 그 결과에 대한 접근이 쉽지 않다.

따라서 여기서는 연구 현황을 파악할 수 있는 인간게놈프로젝트의 염색체별 유전자 검색작업에 대해서만 알아보기로 하겠다

인간게놈프로젝트는 23쌍 염색체에 대해 각각 담당 연구기관을 지정해 염기서열을 완성하고 유전자 검색 등 분석작업을 동시에 진행하고 있다. 조금 더 정확히 말하면 1번부터 22번 염색체, 그리고 성염색

체인 23번 염색체를 구성하는 X염색체와 Y염색체, 그리고 세포질 내 소기관에 속하면서도 DNA를 가지고 있는 미토콘드리아 염색체에 대해 책임 연구기관을 선정해 연구를 하고 있는 것이다

지금까지 염색체의 염기서열이 완성되고 기초적인 유전자 검색 작업이 완료된 염색체는 23쌍 염색체 중 크기가 가장 작은 것에 속하는 20번부터 22번까지의 3개 염색체이다.

제일 먼저 염색체 염기서열 작성과 분석작업이 완료된 것은 염색체 가운데 두 번째로 크기가 작은 22번 염색체였다. 생거센터와 미국의 펜실베이니아대학을 주축으로 구성된 5개국 공동연구팀은 1999년 12월에 22번 염색체의 유전자지도를 완성했다고 발표했다. 이는 곧 인간 게놈프로젝트가 10여 년 간 심혈을 기울여온 유전자 사냥이 마무리 단계로 들어서고 있음을 의미하는 것이기도 했다.

그리고 2000년 5월에는 일본 이화학연구소(RIKEN)와 미국의 엘리노어 루스벨트 연구소, 독일의 막스플랑크분자유전학연구소가 함께 염색체 가운데 크기가 가장 작은 21번 염색체의 염기서열 분석과 분석작업을 마쳤으며, 20번 염색체에 대한 연구는 영국의 생거센터를 중심으로 한 연구팀에 의해 2001년 12월 마무리되었다.

지금까지 염색체 염기서열 분석이 끝나고 기초적인 유전자 검색이 마무리된 3개 염색체에서는 무엇이 밝혀졌으며 어떤 의미가 있는 것인지 간략하게 알아보기로 하자.

·))) 질병유전자가 많은 22번 염색체

1999년 12월 1일 영국의 BBC 방송은 특별 프로그램을 편성해 22번

염색체의 DNA 염기서열 분석과 유전자 검색이 완료되었음을 알렸다.

영국의 생거센터와 미국의 펜실베이니아대학 등 5개국의 공동연구팀이 사상 최초로 인간 생명의 비밀이 담겨 있는 23쌍 염색체 가운데 22번 염색체의 DNA 지도를 완성한 것이다.

▲ 영국의 웰컴트러스트 생거센터의 연구 장면

BBC는 22번 염색체 지도의 완성을 획기적이고 역사적인 업적이라고 높이 평가하면서 "이제 생물학은 새로운 세계로의 진입을 위해 혁명적인 도약을 하고 있다"고 지적했다.

22번 염색체는 크기가 56Mb, 즉 5600만 개의 염기쌍으로 이루어져 있어 23쌍의 인간 염색체 중에서는 크기가 21번 염색체(50Mb)에 이어 두 번째로 작은 구조를 가지고 있다. 하지만 22번 염색체에는 유전자에 결함이 발생할 경우 광범한 질병과 기능장애를 유발할 수 있는 질병 관련 유전자들이 많이 들어 있는 것으로 알려져 있다.

이 염색체에는 인간의 면역체계 이상에 관련된 선천성 심장병과 정신 기능장애, 그리고 백혈병 같은 일부 암과도 연관이 있는 유전자가 들어 있는 것으로 추정되고 있으며 정신분열증에 관련된 유전자도 22번 염색체에 있을 것으로 추정되고 있다.

인간게놈프로젝트(HGP)의 인간게놈지도 작성을 총지휘하고 있는 프랜시스 콜린스 미국 국립인간게놈연구소(NHGRI) 소장은 "예전 같았으면 10년이 걸렸을 정신분열증 유발 유전자 검색작업이 22번 염색체 지도의 완성으로 이제 몇 달이면 가능하게 됐다"며 22번 염색체 해독의 중요성을 강조했다

　　연구진은 22번 염색체 지도를 완성한 뒤 이미 개별적인 연구 등을 통해 구축한 각종 유전자 데이터베이스를 이용해 새로운 유전자 검색 작업을 벌여 545개의 기능유전자(functional gene)와 유전자 모양은 하고 있으면서 단백질 생산 명령은 내리지 못하는 유사유전자(pseudo-gene) 134개를 찾아냈다.

　　그러나 인간게놈지도가 포스트 게놈 연구의 토대가 되듯이 22번 염색체 지도의 완성 또한 연구의 끝이 아니라 유전자 검색과 기능 연구의 시작을 의미한다. 왜냐하면 22번 염색체를 이루고 있는 DNA 염기서열이 완성되고 대략적인 유전자 검색 및 위치 확인이 완료된 것일 뿐 많은 유전자의 정확한 구조와 기능은 대부분 수수께끼로 아직 남아 있기 때문이다.

　　이 연구결과를 게재한 영국의 과학전문지 〔네이처〕의 편집자인 마크 패터슨 박사는 22번 염색체 지도 완성에 대해 "하나의 인간 염색체 전체의 DNA 염기서열을 완성한 것은 곧 엄청난 걸작"이라며 높이 평가했다.

　　그는 "22번 염색체 지도 완성으로 인류는 매우 새로운 관점에서 염색체의 완전한 모습을 볼 수 있게 되었다"며 "이는 새로운 행성의 표면과 풍경을 처음으로 볼 수 있게 된 것과 마찬가지"라고 말했다. 또 "행성이 있고 그곳에 염색체가 있다는 사실은 전부터 알고 있었다. 또 그곳에 있는 일부 유전자에 대해서도 알고 있었다"며 "그러나 이제는 보다 완벽하고 보다 자세한 그림을 접하게 되었다"고 덧붙였다.

　　22번 염색체 지도 작성을 위한 국제 공동연구를 지휘한 영국의 생거센터의 이언 던햄 박사는 "이제부터 할 일은 발견된 유전자들의 기능을 알아내고 새로운 유전자를 찾아 지식의 단절된 부분을 완성하는 것"이라고 말했다.

22번 염색체 지도 작성 작업을 재정적으로 지원한 웰컴 트러스트 (Wellcome Trust)의 마이클 덱스터 박사는 "사상 처음으로 인간의 염색체가 전체적으로 어떻게 생겼는지를 알게 됐으며 이 발견으로부터 앞으로 수세기에 걸쳐 이용될 새로운 지식을 우리는 유도해 낼 수 있을 것"이라고 말했다.

22번 염색체 지도에 참가한 김웅진 박사

▲ 김웅진 박사

22번 염색체 연구에는 캘리포니아공대(CalTech) 게놈연구소장으로 재직중인 김웅진 박사가 우리나라 과학자 중에서는 유일하게 주도적으로 참여해 화제를 모았다.

김 박사는 서울대 미생물학과를 졸업하고 미국의 UCLA에서 분자생물학 박사 학위를 취득한 1989년부터 캘리포니아공대 게놈연구소에서 연구원으로 활동했으며, 1996년부터는 이 연구소의 소장 겸 생물학과 연구교수로 재직하고 있다.

또 게놈 연구결과를 질병 진단과 치료 등에 적용하기 위해 2000년 4월 서울대 교수들과 함께 생명공학벤처회사인 팬제노믹스(PanGenomics)를 설립해 서울에 본사를 두고 자신은 미국 내 지사장을 겸하고 있다

김 박사는 2001년 3월 동아사이언스가 개최한 게놈 관련 세미나에 참석하기 위해 귀국해 22번 염색체 지도 완성과 인간게놈지도 연구에 대한 자신의 견해를 밝혔다.

그는 22번 염색체에 대해 이 염색체는 인간의 면역체계에 관여하고 있어 선천성 심장병과 정신분열증 등 다양한 질병과 연관된 유전자가 많이 분포되어 있는 것으로 알려져 있어 학계의 관심이 집중되어 있다며 22번 염색체 지도가 완성됨으로써 질병 관련 유전자를 찾아내는 것이 한결 손쉬워질 것이라고 예상했다.

김 박사는 이어 이제는 게놈 관련 연구에서 유전자의 다양성 연구에 많은 투자가 이뤄질 것이며 연구의 중심적인 방향도 유전자 연구에서 단백질 기능 연구로 전환될 것이라면서 전자산업과 나노기술, 컴퓨팅 기술이 생명공학에 접목될 것이라고 전망했다.

21번 염색체는 인간의 23쌍 염색체 가운데 크기가 가장 작다. 크기가 너무 작기 때문인지는 모르지만 다른 염색체들은 XX나 XY처럼 반드시 염색체 2개가 쌍을 이루어야 사람이 살 수 있지만 21번 염색체는 XXX처럼 3개로 이루어져 있어도 생명에는 지장이 없다

다만 21번 염색체가 XXX로 되어 있는 사람은 기형과 정신지체 같은 장애를 가지고 태어나게 되며 대체로 40세를 전후해 사망하게 된다. 이것이 바로 다운증후군이다.

21번 염색체는 다운증후군으로 인해 일반인들에게도 비교적 널리 알려져 있지만 이 밖에도 알츠하이머병, 백혈병, 당뇨병 등 20개 이상의 질병 관련 인자가 이 염색체에서 발견되어 다른 어떤 염색체보다 의학적 주목을 많이 받고 있다

21번 염색체 지도 작성에서 주도적인 역할을 한 것은 일본 이화학연구소(RIKEN)이다. 일본 이화학연구소는 미국의 엘리노어 루스벨트 연구소, 독일의 막스플랑크분자유전학연구소 등과 함께 21번 염색체 지도를 완성해 2000년 5월 18일자 [네이처]에 발표했다.

연구팀은 21번 염색체의 DNA 염기서열 분석과 유전자 검색 작업을 통해 225개의 유전자를 확인했다. 이 염색체의 유전자 검색이 모두 끝난 것은 아니지만 유전자가 225개밖에 발견되지 않은 것은 학계에서 볼 때 상당히 의외의 결과였다. 22번 염색체에서

▲ RIKEN 요코하마 게놈과학센터의 와다 아키요시 소장

▲ 박홍석 박사

　21번 염색체 지도 작성을 주도한 일본 이화학연구소 연구팀에서도 한국인 과학자 한 명이 핵심적인 역할을 담당했다. 현재 한국생명공학연구원 연구원이며 인간유전체 기능연구사업단에서 연구를 하고 있는 박홍석 박사가 바로 그 주인공이다.

　일본 교토대학에서 유전학 박사 학위를 취득한 그는 1995년 생명공학연구소에서 인간게놈을 연구하기 위해 귀국했으나 국내의 열악한 연구 현실 때문에 1997년에 일본 이화학연구소 게놈과학연구센터로 자리를 옮겨 인간게놈프로젝트에 참가했다. 그는 이곳에서 팀장으로 2년 11개월간 일하면서 인간게놈 DNA 염기서열을 분석하기 전에 인간 염색체를 잘게 나눠 염색체의 지도를 작성하는 매핑작업(mapping)을 맡아 염색체 지도의 신뢰도를 99.997%까지 높이는데 크게 기여했다.

　그는 국내 게놈연구 활성화를 기대하며 2000년에 다시 한국생명공학연구원으로 돌아왔다. 그리고 요즘에는 유전적으로 인간과 가장 가까운 동물인 침팬지의 게놈을 연구하는데 여념이 없다. 한국과 미국, 일본 등 6개국 공동연구팀이 추진하고 있는 '침팬지 유전체연구 국제컨소시엄'에 참여해 침팬지 게놈지도를 구축하고 있는 것이다. 이들은 침팬지 게놈의 매핑작업을 마치고 그 결과를 2002년 1월 3일자 [사이언스]에 발표했으며, 현재는 침팬지 염색체의 DNA 염기서열을 결정해 인간 염색체 염기서열을 비교하기 위한 연구를 진행중이다

　그가 귀국 후 지금까지 느낀 것은 인간 게놈연구에 관한 한 우리나라의 현실과 미래가 희망적이거나 낙관적이기보다는 아쉽고 안타까운 점이 더 많다는 것이다. 우리나라가 정부차원에서나 민간차원에서나 미국과 영국, 일본에 비해 투자 규모가 작은 것은 어쩔 수 없지만 전체적인 방향을 제시하고 힘을 모아주는 정책이 제대로 마련되지 않고 있기 때문에 '선택과 집중'이 제대로 안 되고 있다는 것이다.

　물론 이 문제는 하루아침에 해결될 수 있는 문제는 아니다. 우리나라 학계의 고질병이라고 할 수 있는 나눠 먹기식 때문에 그나마 부족한 투자재원이 중요한 게놈연구에 투입되지 않고 있는 점도 문제이고 학문과 산업 발전의 방향과 방법을 정하는 정책적인 밑그림을 그리는 정부의 역할 또한 미진한 것이 사실이다. 정부가 충실한 정책을 마련하고 생명공학계와 산업계가 이를 적절히 활용해 생명공학 기기와 장비, 인력 양성 등 게놈 연구 인프라를 갖추어 나아갈 때 선진국과의 경쟁도 가능해질 것이다.

545개의 유전자가 발견된 데 이어 21번 염색체에서도 유전자가 225개 밖에 나오지 않자 그 동안 인간의 유전자가 10만 여 개일 것으로 추정 해온 과학계에서는 추정치가 너무 많은 것이 아니냐는 의문이 본격적 으로 제기되기 시작했다. 이와 함께 이때부터 인간 전체 유전자 수가 4 만 개 안팎일 것이라는 주장이 강력히 제기되었다.

■》》》 인간광우병의 열쇠 – 20번 염색체

골다공증에 걸린 뼈처럼 사람의 뇌에 스펀지처럼 구멍이 뚫리면서 서서히 죽어 가는 크로이츠펠트-야콥병(CJD)이 처음으로 보고된 것은 1900년대 초반이었다. 크로이츠펠트-야콥병이라는 병명은 이 병을 1900년 처음으로 학계에 보고한 한스 크로이츠펠트와 1920년 역시 독 자적으로 이 병을 연구한 알퐁스 야콥의 이름을 딴 것이다.

이후 지금까지 많은 과학자들과 의사들이 크로이츠펠트-야콥병의 비밀을 풀기 위해 많은 노력을 기울여 왔다. 이 과정에서 노벨상 수상 자가 2명이나 나올 만큼 큰 진전도 있었지만 이 병은 지금까지도 명확 한 감염 및 발병 경로가 밝혀지지 않고 있으며 뚜렷한 치료법 또한 없 는 상황이어서 수수께끼의 질병으로 남아 있다.

그러나 이 병에 세상의 이목이 집중하게 된 것은 1990년대 유럽에서 광우병이 등장하면서부터이다. 유럽에서 드물게 나타나던 광우병은 2000년 영국을 중심으로 유럽 전역으로 확산되었고 2001년에는 일본 에서도 광우병이 확인되는 등 광우병 파동이 전 세계를 휩쓸었다. 게 다가 이 병이 인간에게 감염되어 인간광우병을 일으킬 수도 있다는 주 장이 제기되면서 세계의 쇠고기 시장이 얼어붙는 등 에이즈(후천성면역

결핍증) 등장 이후 가장 주목받은 병이 되었다

인간광우병은 발병 증세가 크로이츠펠트-야콥병과 비슷해 변형 크로이츠펠트-야콥병(vCJD)으로 불린다. 크로이츠펠트-야콥병과 인간광우병의 가장 큰 차이점은 병의 진행 속도인 것으로 알려져 있다. 크로이츠펠트-야콥병은 병의 진행이 매우 느려 발병 후 사망까지 수년에서 10년 이상이 걸리는 반면 인간광우병은 병의 진행이 매우 빨라 발병 후 짧게는 몇 개월에서 1~2년 안에 사망한다는 것이다.

인간광우병이 공포의 대상이 되는 것은 크로이츠펠트-야콥병과 마찬가지로 '프리온'이라는 물질이 병원체일 것으로 추정되고 있을 뿐 감염 경로와 치료법이 아직 개발되지 않고 있기 때문이다

이런 가운데 2001년 12월 20일 영국의 과학전문지 〔네이처〕는 게놈연구 국제컨소시엄인 인간게놈프로젝트(HGP)가 인간광우병 등과 관련된 유전자가 들어 있는 20번 염색체의 지도를 완성하여 효과적인 질병 치료법 개발의 토대가 마련되었다고 밝혔다.

20번 염색체는 크기가 약 60Mb(메가베이스 : 유전자크기 단위)로 인간게놈 전체에서 2% 정도를 차지하고 있으며 크로이츠펠트-야콥병과 자가면역질환, 성인형 당뇨병, 비만, 백내장, 습진 등 많은 질병과 관련이 있는 것으로 알려져 있다

따라서 20번 염색체의 DNA 염기서열 분석과 유전자 검색이 끝났다는 것은 인간광우병과 크로이츠펠트-야콥병, 자가면역질환, 성인형 당뇨병, 비만, 백내장 등 질병의 원인이 더욱 명확하게 규명되고 효율적인 치료법과 치료약이 개발될 수 있는 길이 열리게 되었음을 의미한다는 것이다

연구책임자인 생거센터의 파나죠티스 델로커스 박사는 "20번 염색체의 전체 DNA 가운데 유전자가 있는 것으로 추정되는 활성영역의 99.5%

에 대해 99.99% 이상의 정확도로 염기서열을 결정했다"고 말했다.

델로커스 박사는 또 "이를 이미 알려져 있는 유전자와 이미 게놈지도 작성이 끝난 쥐, 녹색복어 등의 유전자 염기서열 등과 비교 분석해 유전자 727개와 유사유전자 168개를 찾아냈다"고 밝혔다.

그는 이어 "이번 연구에는 현재 이용 가능한 유전자 검색법이 모두 동원되었기 때문에 20번 염색체에 존재할 가능성이 있는 유전자의 95% 정도를 찾아낸 것으로 볼 수 있다"고 덧붙였다

염색체 내에 유전자가 얼마나 조밀하게 들어 있는지를 나타내는 유전자 밀도는 20번 염색체의 경우 1Mb당 12개로 나타났으며 이는 21번 염색체의 1Mb당 6.7개와 22번 염색체의 1Mb당 22개의 중간 정도에 해당하는 것이다

연구팀은 또 지금까지 염색체 지도가 완성된 20, 21, 22번 등 3개 염색체 내의 유전자 분석결과를 토대로 인간게놈에 존재하는 전체 유전자수는 3만 1500개 정도가 될 것으로 추정했다.

이들의 연구결과는 20번 염색체가 21번과 22번 염색체에 비해 크기가 훨씬 크고 유전자 검색에서 이미 게놈지도가 완성된 쥐와 녹색복어의 유전자 자료와 비교함으로써 정확도를 높였다는 점에서 완성도가 매우 높은 것으로 평가되고 있다

이 연구결과에 대한 분석을 맡은 일본 이화학연구소 게놈과학센터의 토드 테일러 박사는 "이번 20번 염색체의 염기서열 완성과 분석은 이 염색체와 관련된 질병을 연구하는 과학자들에게 큰 도움이 될 것"이라고 말했다.

테일러 박사는 "앞으로 수년간의 시간이 필요하겠지만 질병 유발 유전자를 찾아내면 질병 발생 과정에 대해 더 잘 이해할 수 있게 되고 이를 토대로 치료법 개발도 가능해질 것"이라고 전망했다.

 # 각 염색체별 분석 담당기관

다음은 각 염색체에 대한 염기서열 분석과 지도 작성, 유전자 검색을 담당하고 있는 인간게놈프로젝트 내 연구기관들이다.

1번 염색체 : 럿거스대학

1번 염색체 : 생거센터

3번 염색체 : 샌안토니오 텍사스대학

5번 염색체 : 어바인 캘리포니아대학

6번 염색체 : 생거센터

7번 염색체 : 토론토 아동병원

7번 염색체 : 미국 국립인간게놈연구소

8번 염색체 : 샌안토니오 텍사스대학

9번 염색체 : 런던대학

9번 염색체 : 생거센터

10번 염색체 : 생거센터

10번 염색체 : 게놈 세러퓨틱스

11번 염색체 : 임페리얼대학

12번 염색체 : 아인슈타인대학

13번 염색체 : 컬럼비아대학

13번 염색체 : 생거센터

15번 염색체 : 브리티시 컬럼비아대학

16번 염색체 : 미국 로스알라모스국립연구소 (LANL)

17번 염색체 : 와이즈만연구소

18번 염색체 : 보스턴아동병원

19번 염색체 : 미국 로렌스리버모어국립연구소 (LLNL)

20번 염색체 : 생거센터

21번 염색체 : 엘리노어 루스벨트연구소

21번 염색체 : 막스플랑크분자유전학연구소

21번 염색체 : 일본 이화학연구소(RIKEN)

22번 염색체 : 펜실베이니아대학

22번 염색체 : 생거센터

X염색체 : 막스플랑크분자유전학연구소

X염색체 : 생거센터

미토콘드리아 염색체 : 에모리대학

인간게놈지도와 질병

인간게놈지도는 질병을 정복하는 지름길인가?

2001년 2월 인간게놈프로젝트(HGP)와 셀레라 제노믹스가 인간게놈지도 완성을 선언하고 이를 인터넷을 통해 전 세계 과학자들에게 공개하자 전 세계 언론이 들끓기 시작했다.

바이오 열풍에 흥분하는 것은 선진국과 후진국의 구분이 없었고 전문가와 일반인의 구분도 없었다. 언론도 마찬가지였다. 정통 권위지와 황색저널리즘 매체할 것 없이 저마다 온갖 상상력을 동원해 바이오기

인간의 염색체별 주요 질병 유전자

염색체번호	질병유전자	염색체번호	질병유전자
1	전립선암, 녹내장, 치매	13	유방암, 망막모세포증
2	파킨슨병, 대장암	14	치매
3	폐암	15	마판증후군
4	헌팅턴병	16	크론병
5	탈모증, 여드름	17	유방암
6	당뇨병, 간질	18	췌장암
7	비만	19	동맥경화증
8	조로증	20	면역결핍증, 크로이츠펠트 – 야콥병
9	피부암, 백혈병	21	근위축증, 다운증후군, 간질, 치매, 백혈병
10	망막위축증	22	백혈병, 캣아이증후군
11	심장마비	X염색체	색맹, 근이영양증
12	페닐케톤뇨증	Y염색체	불임

※ 현재 8000개 이상의 질병 관련 유전자가 밝혀져 있다.

술이 가져올 꿈 같은 미래를 그려냈다. 물론 정도의 차이는 있었지만 저마다 인류가 금방이라도 암을 정복할 수 있을 것처럼, 알츠하이머병을 예방할 수 있게 될 것처럼 게놈 예찬론을 펼쳤다.

미국과 영국, 일본 등 게놈 선진국들조차 이 지경이었으니 우리나라에서까지 무슨무슨 바이오(Bio)니, 어떤어떤 젠(gen)이니 하는 생명공학 벤처기업에 눈 먼 돈이 몰린 것은 어쩌면 당연한 일인지도 모르겠다.

그러나 바이오 벤처의 거품은 지난 몇 년간 정보기술(IT) 벤처가 그랬던 것처럼 단 몇 개월 만에 꺼져 버리고 말았다. 언론과 일부 과학자들이 제시했던 장밋빛 청사진들이 현실성이 없거나 적어도 수십 년 이상의 먼 미래에나 가능한 희망사항일 뿐이라는 사실이 속속 드러나고 있기 때문이다.

일본과 미국, 영국의 게놈 전문가들은 인간게놈지도를 둘러싸고 빚어진 이런 거품현상의 이면에는 언론의 과장, 왜곡 보도와 이에 따른 일반인들의 게놈에 대한 잘못된 이해가 자리잡고 있다고 지적한다.

뿐만 아니라 게놈 연구가 머지 않아 엄청난 혜택과 이득을 가져다 줄 것처럼 부풀려 연구비를 지원받으려는 일부 과학자들의 잘못된 태도와 투자자들의 자금을 많이 유치하려는 바이오 벤처들의 삐뚤어진 의도가 개입되어 있었던 것도 사실이다.

미국 국립암연구소(NCI)의 유전자제어 및 발암 연구 그룹 책임자인 재미교포 과학자 김성진 박사는 "아무리 획기적인 연구결과라 하더라도 그것이 질병 등 생명현상과 관련되어 있을 경우에는 그 의미와 영향을 과장하거나 예단하는 것은 과학자로서 절대 가져서는 안 되는 무책임한 태도"라고 지적했다.

그러면 인간게놈지도 완성이 질병 치료의 측면에서 갖는 의미는 무엇일까? 인간게놈지도는 현재 각종 난치병을 앓고 있는 수많은 환자들에게 수년 이내에 희망을 줄 수 있는 열쇠를 제공할 가능성은 없는 것일까?

어떤 전문가도 이에 대해 명확한 답을 내놓지 못한다. 그러나 인간게놈지도가 짧으면 10년, 길면 50년 이후의 의학 수준을 현재 기준으로는 '기적'이라고 표현할 수밖에 없을 정도의 획기적으로 발전시키는 토대가 될 것이라는 데에는 이견이 없다.

결국 인간게놈지도는 인류 의학혁명의 시발점임에는 분명하지만 현 시점에서 각종 질병의 치료법이 언제 어떻게 발전할 것인가를 전망하는 것은 불가능할 뿐만 아니라 의미도 없다는 것이 전문가들의 의견이다. 또한 인간게놈지도를 활용한다고 해도 향후 수년 이내에 어떤 질병에 대해서도 환자들에게 포괄적으로 적용할 수 있는 획기적인 유전자 치료법이 등장하기는 어렵다는 결론이다.

즉 인간게놈지도의 완성은 게놈지도 작성만 놓고 보면 '끝'이 분명하지만 게놈 정보의 활용이라는 측면에서는 또 다른 시작에 불과한 것이다.

영국의 BBC 방송이 2001년 2월 11일 인간게놈지도 완성 소식을 전하면서 기사의 제목을 '시작의 끝(The end of beginning)'이라고 붙인 이유를 되새겨 볼 만하다. 이는 게놈 연구에 있어 이제 시작단계는 끝났으며 본격적인 연구와 활용의 단계가 시작되었다는 것을 의미하는 것으로 볼 수 있다.

영국의 과학전문지 [네이처]와 미국의 [사이언스]가 게놈지도 완성을 발표하면서 질병 치료와 관련해 내놓은 분석결과도 희망과 난관에 대한 전망이 뒤섞여 있다.

〔사이언스〕는 셀레라 제노믹스의 인간게놈지도를 발표하면서 "게놈시대는 질병유전자를 찾을 수 있는 좋은 기회를 제공하고 있다"며 "인간게놈지도 완성으로 질병유전자 검사법이 향상되어 질병을 예방하는 방법이 크게 발달할 것이며 환자 개인의 유전적 특성에 맞는 맞춤치료도 가능해질 것"이라고 전망했다.

그러나 〔네이처〕는 인간게놈프로젝트의 게놈지도를 발표하면서 암과 관련해 "암을 유발하는 유전자를 찾는 것은 앞으로 암 연구의 핵심이 될 것"이라고 밝혔으나 "이미 알려진 종양억제유전자 정보를 토대로 새로 완성된 인간게놈지도에서 암 관련 단백질을 찾아본 결과 어떠한 새로운 유전자도 찾을 수 없었다"고 밝혔다. 인간게놈지도에서 질병유전자를 탐색하는 연구가 그만큼 어려운 작업이 될 것임을 예고하는 대목이다.

⠶⠶⠶ 유전자 치료법

게놈지도를 활용해 각종 질병의 치료법을 획기적으로 발전시키는 것이 먼 미래에나 가능하다고 해서 인간게놈 정보가 당장 암이나 알츠하이머병, 파킨슨병 등 각종 난치병으로 고통을 받고 있는 사람들에게 아무 쓸모가 없는 것은 아니다.

미국 국립암연구소(NCI)의 김성진 박사는 "암 등 각종 질병과 관련된 유전자가 지금도 계속 발견되고 있고 인간게놈지도 정보를 활용해 면역요법, 유전자요법, 세포치료법, 백신 등을 개발하는 연구도 활발하게 진행되고 있다"며 "이런 연구의 성과를 현재 사용되고 있는 치료법과 결합시켜 치료효과를 높이는 방법이 당분간 크게 각광받게 될 것"이라고 말했다.

김성진 박사는 특히 "암 세포의 게
놈을 분석해 유전적 특성에 따라 분
류하면 같은 종류의 암에 걸린 환자
들에 대해서도 각각 가지고 있는 암
세포의 유전적 특성에 따라 치료효과
가 가장 좋은 약과 치료법을 적용할
수 있어 치료 성공률을 크게 높일 수
있을 것"이라고 전망했다.

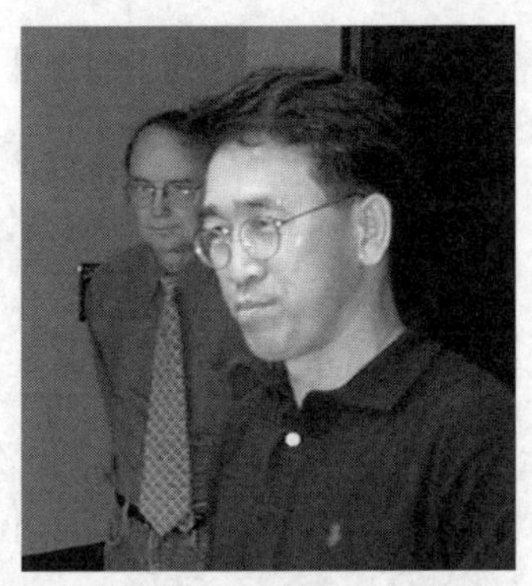

▲ 김성진 박사는 2002년 호암상 의학상을
수상했다.

NCI는 이를 위해 현재 암 게놈분석프로젝트(Cancer Genome
Anatomy Project : CGAP)를 추진하고 있다. CGAP의 목표는 정상세포
와 전암(前癌) 세포, 그리고 암세포 사이의 유전자 발현 차이를 찾아냄
으로써 유전자 검사 방법을 통해 암 세포를 조기에 찾아내고 이를 통
해 치료 방법을 향상시키는 것이다.

김성진 박사는 "CGAP이 완료되어 각종 암을 유전자형별로 분류하
는 것이 가능해지면 겉으로는 같은 위암을 앓고 있는 환자라 하더라도
암 세포의 유전자형에 따라 그 암에 효과가 좋은 다른 약을 투여하거
나 다른 치료법을 적용함으로써 치료효과를 높이는 부분적인 맞춤치
료가 가능해질 것"이라고 말했다.

그러나 인간게놈 연구에 대해 일반인들이 가장 큰 관심을 가지고 있
는 것은 유전자 치료법(gene therapy)일 것이다. 인간게놈 연구가 진행
되는 동안, 그리고 2000년 6월 초안이 발표될 때와 2001년 2월 인간게
놈지도 완성이 발표된 것을 전후해 많은 언론이 제시한 미래상 가운데
하나가 바로 유전자 치료법이었기 때문이다. 가장 대표적인 것이 '아
기가 태어난 뒤 바로 유전자 검사를 하고 여기서 먼 미래에 유전병을

일으킬 수 있는 질병유전자가 발견되면 이를 정상유전자로 교체한다'
는 식의 유전자 치료법이 가능해질 것이라는 전망이었다.

유전자 치료법은 1990년 4살짜리 여자아이의 질병을 치료하기 위해
처음으로 사람을 대상으로 한 유전자 실험이 실시된 이래 현재까지 많
은 과학자들이 연구와 실험을 하고 있지만 이 역시 빠른 시일 안에 환
자들에게 적용되기는 어려울 것으로 보인다.

이런 유전자 치료법은 돌연변이나 환경적 요인 등으로 유전자에 이
상이 발생하거나 선천적으로 부모로부터 질병에 걸리거나 병을 일으
킬 가능성이 높은 질병유전자를 물려받았을 경우 잘못된 유전자를 정
상적인 유전자로 바꿔 주는 것이다.

그러나 전문가들은 이런 유전자 치료법이 실제로 환자들을 치료하는
데 널리 사용되려면 아직도 기술적으로, 그리고 윤리적으로 극복해야
할 과제가 많이 남아 있다고 지적한다.

하지만 유전자 치료가 불가능한 것은 아니며 너무 비관적으로 생각
할 필요도 없다. 우리는 그 동안 공상과학 소설이나 영화에 등장했던
꿈 같은 일들이 몇 십 년도 안 되어 현실 속에서 실현되는 것을 수없이
보아왔다.

이런 것을 생각하면 게놈 또는 유전자와 관련해 제시되고 있는 미래
상들도 전혀 허무맹랑한 것은 아닐 것이다. 특히 현재 빠르게 발전하
고 있는 과학기술을 고려할 때 1~2년이라는 짧은 기간 내에 실현되는
것이 어렵다는 것이지 10년이라는 시간을 단위로 생각해보면 그리 먼
미래의 일도 아닌 것이다.

유전자 치료법은 암과 같은 난치병을 치료하기 위해 환자의 세포 안
에 정상 유전자가 들어 있는 DNA를 주입해 질병유전자와 바꿔치기 하
는 것이다. 이때 가장 큰 문제는 정상 유전자를 세포 안에 넣을 때 정

상 유전자를 어디에 실어 주입할 것인가 하는 것이다. 정상 유전자를 세포에 주입하는 데에는 현재 활성을 없앤 감기 바이러스 등 인체 내에서 감염을 일으키는 바이러스가 주로 이용되고 있다.

하지만 전 세계적으로 많은 과학자들이 이 방법을 사용해 각종 질병의 치료를 시도하고 있지만 예상치 못한 부작용 등으로 인해 아직 만족할 만한 효과를 얻지는 못하고 있다. 결국 정상 유전자를 어떤 매개체를 이용해 환자의 체내 세포에 안전하게 삽입할 것인가가 현재 유전자 치료법 연구의 핵심이라고 할 수 있다.

유전자 치료법의 성패에 대한 보고가 제대로 이루어지지 않고 있기 때문에 세계적으로 유전자 치료법에 대한 연구가 얼마나 진행되고 있는지, 그리고 유전자 치료법이 어느 정도의 성과를 거두고 있는지 정확하게 파악하기는 어렵다. 하지만 전문가들은 현재 유전자 치료법 연구가 바이오 선진국은 물론 개발도상국에서도 널리 행해지고 있을 것으로 추정하고 있으며 그에 따라 유전자 치료법의 부작용으로 인한 사망자 발생 또한 상당수 있을 것으로 추정하고 있다.

지금까지 공식적으로 알려진 첫 번째 사망자는 제시 겔싱거(당시 18세)이다. 겔싱거는 1999년 9월 유전자 치료법으로 간 질환을 치료받던 중 부작용으로 숨졌다.

겔싱거는 당시 펜실베이니아대학에서 미국의 제약회사인 셰링 플로가 개발한 유전자 치료법, 즉 감기 바이러스인 아데노바이러스의 활성을 없앤 뒤 여기에 정상적인 유전자를 실어 인체 내 세포에 주입하는 방법으로 유전자 치료를 시도했으나 간에서 부작용이 발생하면서 사망했다.

미국 식품의약청(FDA)은 이 사건이 발생한 뒤 펜실베이니아대학 연구진이 유전자 연구에 대한 보고의무 등 연방 연구규정을 어겼다는 이

유로 이 대학의 유전자 연구활동 자체를 중단시켰다.

미국 국립보건원(NIH)은 또 2000년 2월 유전자 치료법 연구에서 심각한 부작용이 나타난 691건 가운데 39건만이 제때에 NIH에 보고되었다며 유전자 치료법을 실험하고 있는 미국 내 모든 과학자들에게 유전자 치료법에 관한 보고 규정을 준수해 줄 것을 촉구하기도 했다.

FDA와 NIH가 이처럼 유전자 치료법 연구에 대해 엄격히 제재하고 나선 것은 그만큼 유전자 치료법의 부작용이 심각하기 때문이며, 이는 또한 미국 정부의 엄격한 통제를 받지 않는 유전자 치료법 연구가 미국 내에서 많이 이뤄지고 있다는 것을 반증하는 것으로 볼 수 있다.

유전자 치료법의 부작용은 고열에서 비정상적인 혈전 형성, 심각한 혈압 강하에 이르기까지 다양하게 나타나고 있다. 문제는 이런 부작용들이 유전자 치료에서는 필수 과정인 정상 유전자를 인체 세포에 주입하는 과정에서 일어나고 있다는 점이다.

뇌종양에 대한 유전자 치료에서는 환자의 뇌에 유전자를 삽입하기 위해 사용한 바늘 때문에 환자의 몸 일부가 마비되고 언어 장애가 생기는 부작용이 발생했으며, 미국 매사추세츠주 보스턴에 있는 한 병원에서 실시된 유전자 치료법 시험에서는 환자 6명 가운데 3명이 사망하기도 했다.

이 밖에도 치료용 유전자를 주입하기 위해 사용한 바이러스가 몸 안에서 독성이나 면역반응, 또는 염증반응을 일으킨다는 보고도 나오는 등 많은 문제점이 노출되고 있어 안전한 유전자 치료법의 개발이 쉽지 않을 것으로 전망된다.

이처럼 안전한 치료유전자 전달 방법이 아직 개발되지 않았다는 기술적 문제와 함께 현재의 과학 수준으로는 특정 질병을 일으키는 유전자를 인간게놈 내에서 모두 찾아내지 못하고 있다는 점, 그리고 이미 발견된 유전자의 경우도 그 기능과 작용과정을 완전히 파악하지 못하고 있는 점 등이 유전자 치료법의 실용화에 큰 걸림돌이 되고 있다.

또 질병이 발생하는 과정을 완전히 이해하는 것이 현재로서는 거의 불가능하다는 보다 근본적인 문제도 있다. 유전자 하나가 잘못되어 병을 일으키는 경우도 있지만 거의 모든 질병이 발생하는 데에는 유전적 요인과 환경적 요인 등이 동시에 작용하며 유전적 요인이 강한 경우에도 여러 개의 유전자가 발병에 관여하는 경우가 많다.

이와 함께 유전자 치료법을 개발하는데 엄청난 비용이 소요되고 유전자 치료법의 임상시험에 대한 규제가 매우 엄격하다는 점도 유전자 치료법의 빠른 발전을 막는 장애물이 되고 있다. 또 이러한 제한적인 여건으로 인해 유전자 치료법의 개발비용이 크게 높아지고 있기 때문에 안전한 유전자 치료법이 개발된다하더라도 이를 이용할 수 있는 특정 부유층만이 혜택을 누리게 될 가능성이 크다는 점도 우려되는 부분이다.

유전자 치료법을 둘러싼 윤리적인 문제를 해결하는 것도 유전자 치료법을 환자들에게 적용하기 위해서는 반드시 극복해야 할 문제 중 하나로 꼽힌다.

과학과 윤리적 가치가 충돌하는 문제는 어쩌면 학문적·기술적 장애물들을 극복하는 것보다 훨씬 어려운 문제일 수도 있다. 왜냐하면 학문적 또는 기술적인 문제들은 시간이 흐르고 과학이 발달하면서 자연스럽게 극복되는 경우가 많지만 의학·과학 분야의 연구를 둘러싼 윤리적 문제는 저마다 다른 가치관과 문화적 배경을 가지고 있는 사회구성원 각계 각층이 함께 토론하고 합의를 도출해야 해결이 가능하기 때문이다.

유전자 연구와 관련한 윤리문제의 중요성은 미국 정부의 정책에서도 잘 드러난다.

미국의 인간게놈프로젝트 주관 부처인 에너지부(DOE)와 국립보건원(NIH)은 인간게놈프로젝트(HGP)의 예산 가운데 3~5%를 유전자 연구에 따라 발생할 수 있는 윤리적 · 법적 · 사회적 문제(the ethical, legal, and social issues : ELSI)를 연구하고 그에 대한 대책을 마련하는 데 투입하고 있다.

인간게놈프로젝트 예산의 3~5%가 적은 것처럼 보일 수도 있지만 인간게놈프로젝트에 10여 년 간 투입되는 총예산이 30억 달러에 달하기 때문에 ELSI 프로그램에 매년 평균적으로 1,000만 달러 이상의 막대한 예산이 투자되고 있는 셈이다. 이는 미국이 게놈연구와 관련해 발생할 수 있는 윤리적 · 법적 · 사회적 문제를 얼마나 중요시하고 있는지를 잘 보여주는 예라 할 수 있다.

게놈정보가 인종차별이나 남녀차별처럼 인간을 차별하는 또 하나의 도구로 전락해 버릴 경우 그 폐해는 유전자 치료법이나 유전정보를 이용한 질병 예방이 가능해짐으로써 인류가 누리게 될 혜택보다도 훨씬 클 것이라는 전망도 많다.

이런 점에서 유전자 연구를 둘러싼 윤리논쟁은 유전자치료법에만 해당되는 것이 아니라 모든 게놈 연구자들에게 해당되는 것이며, 생명공학과 바이오산업이 명실공히 21세기의 핵심 기술과 주축 산업으로 발전하기 위해서는 반드시 먼저 해결해야 할 과제인 것이다.

⫸ 인간게놈지도와 신약개발

이 밖에 인간게놈지도 완성은 인류의 질병 정복 노력에서, 특히 신약 개발 부문에서 획기적인 발전을 가져올 것으로 기대를 모으고 있다.

하나의 신약이 시장에 나오기 위해서는 막대한 자금과 기간이 필요하다.

현재 세계적인 판매망을 가지고 연간 수억 달러 이상의 매출을 올리고 있는 주요 다국적 제약회사들의 약품들은 대부분 개발기간이 약 15년 걸리고 개발비용도 평균 5억 달러 이상이 투입된 것으로 알려져 있다(p.146 기존 방식의 신약개발과정 및 소요기간 표 참조).

이처럼 신약 개발은 막대한 개발자금과 오랜 개발기간이 필요할 뿐만 아니라 성공가능성 또한 희박하기 때문에 현재 신약 개발 부문은 선진국의 몇몇 메이저 제약회사가 독점하고 있다고 해도 과언이 아니다.

게놈 전문가들은 인간게놈지도 완성과 포스트 게놈 연구가 제약업계의 이런 상황을 완전히 바꾸어 놓을 것으로 전망하고 있다. 유전자 정보가 신약 개발에 드는 비용과 시간을 그만큼 크게 줄여줄 것으로 기대하고 있는 것이다.

포스트 게놈 연구를 통해 질병과 관련된 유전자를 찾아내고 그 유전자의 작동과정을 규명하면 질병의 발생 및 진행 과정도 밝혀낼 수 있다. 질병 유전자를 찾아내고 질병 발생 및 진행 과정에서 작용하는 단백질을 찾아 구조와 기능을 규명하면 질병을 치료하고 예방할 수 있는 신약 후보물질을 찾는 것 또한 한결 쉬워질 것이다.

미국의 시사주간지 [타임(TIME)]은 2001년 1월 22일자 '약의 미래(The FUTURE of DRUGS)'라는 특집기사에서 게놈과 유전자 연구가 미래 신약 개발 등에서 혁명적인 변화를 일으킬 것으로 전망했다.

[타임]은 이 기사에서 현재 널리 사용되고 있는 약품의 약 60%는 자연계에 존재하는 천연물질에서 추출한 것이며 지난 100년간 신약을 개발하는 핵심적인 방법으로 사용되어온 시행착오 방식이 인간게놈지도

가 완성되면서 약품 설계 방식으로 대체될 것이라고 내다봤다.

시행착오 방식의 신약 개발은 천연물질을 추출하는 것에서 시작된다. 연구자는 일단 천연 추출물이 만들어지면 수천, 수만 가지의 추출물 하나하나에 대해 질병을 일으키는 바이러스나 병원균 등이 어떻게 작용하는지를 조사한 뒤 치료 효과가 뛰어난 것들을 일단 신약 후보물질로 선택한다. 연구자는 이어 선택된 후보물질들의 성분을 조사하고 동물실험과 안전성실험 등을 통해 후보물질의 수를 줄여나가면서 안전성이 확인되면 사람을 대상으로 하는 여러 단계의 임상시험을 거쳐 신약을 완성하게 된다(p.131 신약후보 물질 중 신약으로 허가되는 확률 표 참조).

지금까지 개발된 약품들은 거의 모두 이런 과정을 거쳐 만들어진 것이라고 해도 과언이 아니다. 그러나 이 방식은 각 단계별로 시간과 비용이 너무 많이 들기 때문에 충분한 자금력과 연구력을 가지고 있지 않다면 효과가 우수한 신약 후보물질을 발견해도 신약으로 개발하는 것은 사실상 불가능하다.

국내에서도 지금까지 수많은 신약 후보물질이 발견 또는 개발되었음에도 불구하고 신약으로 개발된 것이 한 손으로 꼽을 수 있을 만큼 적은 것도 이 때문이다. 국내 연구진들은 신약 후보물질을 발견하면 끝까지 신약 개발을 추진하지 못하고 일반적으로 동물실험까지만 마친 뒤 이를 외국의 메이저 제약회사에 매각하는 경우가 많다.

이는 막대한 신약 개발비용을 감당할 수 없기 때문에 그렇게 하지만 그렇다고 외국에 매각된 신약후보 물질이 외국의 제약회사에 의해 신약으로 개발되는 경우는 거의 없다. 외국의 제약회사가 세계 각지에서 발견되는 신약 후보물질을 사들이는 이유는 이를 신약으로 개발하기 위해서라기보다는 자신들이 개발하고 있는 신약과 경쟁할 가능성이 있는 물질이 실제로 신약으로 개발되는 것을 사전에 막기 위한 경우가 더 많기 때문이다.

그러나 과학자들은 포스트 게놈 연구에서 질병 관련 유전자 정보가 양산되고 이런 정보가 신약을 개발하는데 널리 활용되기 시작하면 신약물질 개발에서 임상 시험을 거쳐 시판되기까지 걸리는 시간과 비용이 현재의 절반 이하로 줄어들 것으로 예상하고 있다.

이유는 인간게놈 및 유전자 정보가 신약 개발 과정 자체를 완전히 바꾸어 놓을 것으로 전망되기 때문이다. 예를 들어 유전자 하나에서 이상이 발생하고 이에 따라 비정상적인 단백질이 만들어지면서 질병을 일으키는 경우 지금까지는 이 단백질의 작용을 막는 물질을 수만 가지 천연물질에서 반복실험을 통해 찾아내야 했다.

그러나 앞으로 유전자치료법이 가능하게 되면 유전자를 대체하는 방법으로 질병을 일으키는 단백질을 만들어내는 유전자의 이상을 바로 잡을 수 있게 될 것이다. 또 비정상적인 유전자 때문에 만들어진 단백질의 구조를 먼저 분석한 뒤 이 단백질과 결합해 그 기능을 정지시킬 수 있는 물질을 컴퓨터 시뮬레이션을 통해 미리 설계하는 방법으로 신약 개발을 하는 것도 가능해질 것이다.

의약물질이 어떤 구조를 가지고 있는지, 아니 어떤 구조를 가지고 있어야 하는지를 먼저 알고 신약 개발을 시작하는 것은 이를 전혀 모르고 있는 상태에서 실험실에서 수만 가지 천연물질과 씨름하는 것과는 큰 차이가 있다.

연구자는 컴퓨터 시뮬레이션으로 질병 단백질의 기능을 막을 수 있는 신물질 구조를 설계한 뒤 이 물질을 화학적 방법으로 합성해내거나 유전자 조작 등을 통해 생물체 내에서 제조하는 실험을 할 수 있게 될 것이다.

이렇게 만들어진 의약물질은 물론 기존의 방법으로 만들어진 신약들과 마찬가지로 동물실험과 인체 임상시험을 모두 거치게 되지만 그 구조를 처음부터 알고 있었으므로 인체 내에서 어떤 부작용이 있을 수 있는지 미리 추정할 수 있어 이를 바로잡는 것도 쉬울 것이다. 결국 유전자 정보를 많이 알면 알수록, 그리고 유전자 조작 기술이 향상되면 향상될수록 신약 개발 단계마다 겪을 수 있는 시행착오를 크게 줄일 수 있으며 이에 따라 소요되는 시간과 비용 또한 기존의 방법에 비해 크게 감소할 것이다(p.146 게놈정보를 이용한 신약개발 표 참조).

생활수준이 높아질수록 현대인들의 건강에 대한 관심은 높아지기 마련이다. 인간게놈 연구가 질병치료에 어떤 변화를 가져올 것인가가 관심의 초점이 되는 것도 이 때문일 것이다. 그러나 앞에서 살펴본 바와 같이 질병치료에서 '혁명'은 사실상 불가능한 것으로 보인다. 또한 어떤 특수한 치료법에 대한 맹신 또한 금물이다.

하지만 인간게놈지도가 과거 어떤 연구보다 인류의 건강한 삶에 크게 기여할 것이라는 점은 분명하며 환자들에게 무엇보다 훌륭한 치료약인 '희망'을 심어준다는 점이 현 단계에서 인간게놈지도가 인간에게 베푸는 가장 큰 혜택이라고 할 수 있을 것이다.

현대의학을 질병 발생에 대한 치료의학이라고 말한다면 유전자지도를 통한 게놈혁명은 질병 발생을 예견해 대비하는 '예측의학시대'를 연 것이라고 할 수 있다. 따라서 백혈병, 치매 등 유전자 이상으로 인한 수많은 난치병을 정복할 수 있는 날도 머지 않아 열릴 것으로 전망된다.

인간게놈프로젝트와 셀레라 제노믹스

인간게놈지도 작성의 쌍두마차, 인간게놈프로젝트와 셀레라 제노믹스

인간게놈지도 완성이 국내외 언론의 집중 조명을 받으면서 이 연구를 주도한 국제공공 컨소시엄 인간게놈프로젝트(HGP)와 미국의 바이오벤처 셀레라 제노믹스는 우리나라 사람들에게도 낯설지 않은 이름이 되었다.

인간게놈프로젝트와 셀레라 제노믹스는 연구를 진행하는 과정에서 서로의 연구방식과 결과의 정확성 등에 대해 가시 돋친 비난을 주고받는 등 잦은 충돌을 빚기도 했으나 선의의 경쟁을 통해 인간게놈지도 완성을 앞당김으로써 21세기 바이오시대의 기반을 마련했다는 점에서 높은 평가를 받고 있다.

미국과 영국 등 여러 나라의 세금과 공공기금 30억 달러가 투입된 국제공공 컨소시엄 인간게놈프로젝트, 그리고 미래의 수익성 하나를 무기로 벤처투자자들로부터 수억 달러를 유치한 생명공학 벤처기업 셀레라 제노믹스.

두 기관은 서로 다른 목적을 가지고 인간게놈지도 작성이라는 같은 목표를 이루기 위해 경쟁을 벌였지만 이들이 완성한 인간게놈지도는 앞으로 의학과 각종 산업 발전에 기여함으로써 인류에게 큰 혜택을 줄 것이다. 또 인간게놈지도는 미래의 과학사에서도 20세기 말과 21세기 초를 대표하는 인류의 훌륭한 문화 유산으로 기록될 것이다.

ᐤᐤᐤ 인간게놈프로젝트(Human Genome Project)

인간게놈프로젝트는 엄밀한 의미에서는 연구소와 같은 실체가 있는 연구기관은 아니다.

인간게놈프로젝트는 1988년 인간게놈 연구계획을 처음 입안한 미국이 3년 여의 준비 끝에 1990년 영국, 일본, 프랑스, 독일, 중국 등과 함께 인간게놈지도를 작성하기 위해 출범시킨 국제 공공연구 컨소시엄이다.

하지만 이 인간게놈프로젝트를 얘기할 때 절대 빼놓을 수 없는 기관이 바로 미국 국립보건원(NIH)이다. NIH는 인간게놈프로젝트의 출범부터 인간게놈지도 완성까지 실제 연구에서 뿐만 아니라 재정, 장비, 인력 면에서 절대적인 역할을 해왔다. 따라서 인간게놈프로젝트의 실체를 파악하기 위해서는 NIH에 대해 먼저 알아봐야 할 것이다.

NIH는 미국의 워싱턴 근교 메릴랜드주 베데스다에 위치해 있으며 자타가 공인하는 세계 최고의 생명·의학 분야 연구기관이다.

NIH는 1887년 미국 이민자들의 검역을 담당했던 방역소에서 출발했다. 그러나 지금은 베데스다의 약 40만 평의 부지에 세계 최대의 국립의학도서관(NML)을 비롯해 21개의 산하 연구소와 4개의 연구센터를 갖춘 대규모 연구단지를 형성하고 있다. '국립보건원 캠퍼스'로 불리는 이곳에는 75개의 빌딩에 들어서 있으며 연구에 참여하는 과학자 6500백 여 명과 지원인력 등 모두 1만 6000여 명의 직원이 일하고 있다. 또 NIH의 연간 예산은 190억 달러(한화 약 20조 9,000억 원)에 이른다.

NIH는 미국 보건복지부(DHHS)의 산하기관이지만 NIH 원장과 NIH 산하 국립암연구소(NCI) 소장은 대통령이 직접 임명하며, 각 연구소의 예산은 소장들이 직접 대(對) 의회활동을 통해 확보하는 등 독립성이 보장되고 있다.

NIH 산하 연구기관들이 저마다 나름대로 인간게놈지도 작성 또는 유전자 연구에 참여하고 있지만 그 가운데에서도 프랜시스 콜린스 박사가 소장을 맡고 있는 국립인간게놈연구소(NHGRI)가 국제공공 컨소시엄 HGP를 이끄는 핵심기관이라고 할 수 있다.

NHGRI는 '국립보건원 캠퍼스' 내 49번 건물(빌딩 49)에 자리잡고 있으며 2001년도 예산은 3억 3,552만 달러로 전체 NIH 전체 예산의 1.89%를 차지하고 있다.

NHGRI가 '빌딩 49' 라는 건물에 들어서 있다는 것은 묘한 여운을 남긴다. 그 이유는 49라는 숫자는 미국인들에게 있어 특별한 의미가 있는 숫자이기 때문이다. 49는 바로 미국 서부개척시대의 프런티어를 상징한다.

미식축구에 큰 관심이 없는 사람들도 '샌프란시스코 포티나이너스

▲ NHGRI가 위치한 NIH 캠퍼스 내 49번 빌딩

(San Francisco 49ers)'라는 팀 이름을 들어봤을 것이다. 여기서 샌프란시스코 포티나이너스는 1849년 황금을 찾아 서부를 개척하면서 샌프란시스코로 몰려든 사람들을 뜻하는 것으로 서부 개척자의 대명사로 쓰이는 말이다.

미국 발전의 분수령이라고 할 수 있는 서부 개척시대의 프런티어를 상징하는 49자가 들어 있는 49번 빌딩에 21세기 바이오시대를 개척하는 사업인 인간게놈지도 작성을 주도하고 있는 NHGRI가 입주해 있는 것은 어쩌면 이 연구에 대한 미국의 의지를 반영하고 있는 것이 아닌가 생각된다.

NHGRI는 인간게놈프로젝트를 주도하고 있는 동시에 자체적으로도 많은 연구를 수행하고 있다. 인간게놈에 대한 연구와 함께 쥐 등 모델동물에 대한 게놈 해독 작업과 단일염기다형성(SNP) 프로젝트도 진행하고 있다.

단일염기다형성은 DNA 염기서열에서 1000개마다 하나씩 존재하는 염기서열의 차이로 개인 사이에 나타나는 유전자 차이를 의미한다. 또 바이오칩 등을 이용한 유전자 기능분석과 인간과 각종 다른 동물을 비교하는 비교 생물연구도 주요 연구과제에 포함되어 있다.

NHGRI 연구원들은 직접 개발한 DNA칩이나 신약물질에 대한 효과를 NIH 내 클리닉센터에서 직접 확인해 볼 수 있으며 인간게놈프로젝트 연구 수행과정에서 밝혀진 유전자 기능에 대해서는 특허를 출원하기도 한다.

그러면 1980년대 후반까지 많은 돈이 필요치 않은 소규모 실험실 과학으로 인식되던 생물학 분야에서 총예산이 30억 달러에 달하는 인간게놈프로젝트(HGP)가 과연 어떻게 출범할 수 있었을까?

인간게놈프로젝트가 출범하기까지는 미래를 내다본 한 과학자의 제

안, 이 제안에 대한 과학계의 신랄한 비판, 게놈 연구의 중요성을 인식
하고 뜻을 한데 모은 과학자들의 노력 등 많은 우여곡절이 있었다.

인간게놈지도가 완성된 지금은 인간게놈프로젝트는 "생물학의 새로
운 시대를 연 20세기 생물학의 최고 업적"이니 "인간에 대한 이해 자체
를 바꾸어 놓을 과학의 쾌거"이니 하는 찬사를 받고 있지만 처음으로
인간게놈지도 연구가 제안되었을 때 과학계의 반응은 이와는 딴판이
었다.

인간게놈의 전체 염기서열을 분석한다는 엉뚱한 생각을 처음 내놓은
사람은 생물학자이자 1985년 당시 산타크루즈 캘리포니아대학(UCSC)
총장을 맡고 있던 로버트 신샤이머 박사였다.

신샤이머 박사는 1985년 인간게놈지
도를 작성한다는 구상을 한 뒤 이에 대
한 학계의 지지를 모으기 위해 영국 케
임브리지대학의 존 설스턴, 워싱턴대학
의 로버트 워터슨, 매사추세츠공대(MIT)
의 데이비드 보츠타인, 하버드대학의 월
터 길버트와 조지 처치, 캘리포니아공대

▲ 하버드대학교의 월터 길버트

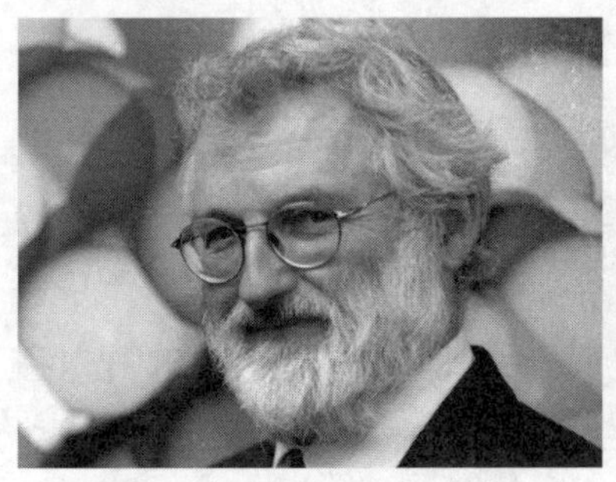

▲ 영국 케임브리지대학교의 존 설스턴 박사

▲ UCSC의 총장 로버트 신샤이머

(CalTech)의 르로이 후드 등 당시 게놈 및 유전자 연구의 권위자들을 산타크루즈 캠퍼스로 불러들였다.

그러나 이들이 '인간게놈지도 작성 구상'에 대해 보인 반응은 그렇게 호의적이지 않았다. 일부는 "대담하고 흥분되는 계획"이라면서 반기기도 했으나 "현실적으로 실현불가능한 것 같다"는 의견이 오히려 더 많았다. 이 구상이 외부에 널리 알려진 뒤 다른 과학자들이 보인 반응은 훨씬 더 냉담했다. 많은 과학자들은 당시 과학에는 인간게놈은 고사하고 박테리아 게놈의 염기서열을 분석할 기술도 존재하지 않는다고 주장하면서 인간게놈지도 작성 구상을 "어리석고 불가능하며 위험한 발상"이라고 혹평했다.

더욱이 인간게놈지도 작성에 필요한 예산이 30억 달러라는 계산이 나오자 게놈 연구에 대해 호의적인 입장을 보이던 생물학계 내부에서도 반발 움직임이 거세게 일어났다. 이유는 인간게놈지도 작성이 다른 분야에 투입될 예산까지 고갈시켜 생물학의 균형발전을 저해할 수 있다는 것이었다.

인간게놈지도 작성이 과학적으로 그만한 예산을 투자할 가치가 있는지에 대해서도 많은 의문이 제기되었다. 많은 과학자들이 인간게놈지도가 유전자를 찾아내는 데 도움이 될 것이라고 인정하면서도 유전 정보가 담겨 있지 않은 '정크 DNA'가 상당량을 차지하는 게놈 전체의 염기서열을 분석할 필요가 있느냐며 인간게놈지도 작성에 대한 회의적인 시각을 노출했다.

결국 신샤이머 박사의 구상은 과학계의 지지를 받지 못한 채 별다른 성과를 거두지 못하고 그대로 묻히는 듯 했다. 그러나 그의 구상은 1980년 노벨 화학상을 받은 하버드대학의 월터 길버트 박사가 발벗고 나서면서 새로이 주목을 받기 시작했다.

1968년부터 하버드대학 교수로 재직하면서 분자생물학 연구에 주력해온 길버트 박사는 생물체의 DNA 염기서열을 분석하는 기법을 개발한 공로로 영국 케임브리지대학의 프레드 생거 박사와 함께 노벨 화학상을 수상한 인물로 학계와 정부를 상대로 인간게놈지도 구상에 대한 설득작업을 펴 인간게놈지도 연구가 출범하는 데 결정적인 기여를 했다.

그는 DNA의 이중나선구조를 규명해 1962년 노벨 생리 · 의학상을 받았으며 당시 학계와 정부측에 강력한 영향력을 행사하고 있던 제임스 D. 왓슨 박사와 미국 에너지부(DOE)의 보건 · 환경 연구국 책임자로 있던 암(癌) 생물학자 찰스 델리시가 인간게놈지도 구상의 강력한 후원자가 되었다.

이들의 노력이 보태지면서 1986년 미국 에너지부 내에서 작은 규모이긴 하지만 '인간게놈구상(Human Genome Initiative)'이 시작되었으며 1988년에는 미국 국가연구위원회(NRC)가 이 프로젝트를 승인하고 NIH 내에 인간유전체 연구국이 신설됨으로써 인간게놈지도 구상이 비로소 구체적인 연구사업 단계로 진입하게 되었다.

또 1989년에는 NIH 내에 국립인간게놈연구센터(NCHGR)가 설치되어 게놈사업을 전담하기 시작했으며, 1990년에는 마침내 미국을 중심으로 영국과 일본 · 프랑스 · 독일 · 중국 등이 주축으로 참가하는 국제 공공 컨소시엄 인간게놈프로젝트(HGP)가 공식 출범하기에 이른다.

인간게놈프로젝트의 연간 예산은 1988년의 경우 NIH 1,700여만 달러와 DOE 1,000만 달러 안팎 등 모두 2,800만 달러에 불과했으나 2000년에는 3억 달러 이상으로 늘었으며 인간게놈프로젝트가 완료되는 2003년까지 이 사업에 투입되는 자금은 모두 30억 달러를 넘어설 것으로 예상되고 있다.

인간게놈프로젝트의 목표는 인간게놈을 이루는 전체 DNA의 염기서열을 밝혀 낸 뒤 이 염기서열상에서 모든 유전자의 위치를 확인하고 각 유전자의 정확한 화학적 구조와 기능을 규명함으로써 유전자가 인간의 건강과 질병에서 어떤 역할을 하는지를 밝혀 내는 것이다.

즉 인간의 23쌍의 염색체는 어떤 염기서열로 이루어져 있으며 이 염기서열 위의 어느 위치에 어떤 유전정보를 가진 유전자가 존재하는지를 밝혀 내고, 이를 지도로 만들어보자는 것이 인간게놈프로젝트의 인간게놈지도 작성 계획인 것이다.

이 같은 목표는 인간게놈지도가 완성된 현재 시점에서 보면 돈과 시간만 있으면 얼마든지 가능한 목표인 것처럼 보일 수도 있다. 그러나 인간게놈프로젝트 출발 시점이나 몇 년 후까지도 이런 연구를 하는 방법과 기술이 확립되어 있지 않았기 때문에 인간게놈프로젝트가 내세운 목표들은 실현 가능성이 거의 없어 보일 정도로 어려운 것이었다. 결국 인간게놈프로젝트는 인간게놈지도 작성 작업을 하면서 더 효율적인 방법과 기술을 개발하는 연구까지 동시에 진행해야 했던 것이다.

인간게놈프로젝트는 10여 년 동안 인간게놈지도를 작성하면서 지나치게 비용이 많이 들고 속도도 느리다는 비난을 받기도 했으나 2000년 6월에 인간게놈지도 초안을 발표하고 2001년 2월 인간게놈지도 완성본과 이에 대한 기본적인 분석결과를 발표했다. 인간게놈프로젝트는 2003년 인간게놈 전체에 대한 완전한 염기서열과 유전자 분석결과, 즉 엄밀한 의미의 인간게놈지도 완성본을 내놓을 예정이다.

현재는 이 모든 작업을 2003년까지 마무리하기 위해 2001년 2월 발표한 인간게놈지도의 정확성을 높이면서 이를 분석해 유전자들의 정확한 위치를 확인하고 새로운 유전자를 찾아내는 등의 작업을 하고 있다.

인간게놈프로젝트는 또 유전자 지도작성 이외에 새로운 연구결과들을 데이터베이스로 만들어 전 세계 과학자들이 자유롭게 이용할 수 있도록 하는 작업과 기타 다른 생물체 게놈을 연구하고 이를 인간게놈과 비교하는 연구도 수행하고 있다.

이런 작업이 마무리되면 3만~4만 개 정도로 추정되고 있는 인간 유전자의 위치와 기능을 확인할 수 있게 되어 난치성 질환을 일으키는 질병유전자를 파악하는 것도 가능해지고 이를 이용해 질병을 조기에 진단하고 효과적인 치료법을 개발하는 것도 가능해질 것으로 기대된다.

))))) 셀레라 제노믹스

"Discovery Can't Wait! 발견은 기다려주지 않는다."

미국 메릴랜드주 록빌에 있는 셀레라 제노믹스 본사 건물에 들어서면 제일 먼저 눈에 띄는 것이 바로 이 글귀다. 셀레라 제노믹스가 가장 중요시하는 것은 속도이며 설립된 지 4년밖에 안 된 바이오벤처 회사가 세계적인 회사로 발돋움할 수 있었던 것도 바로 속도 때문이다.

셀레라 제노믹스가 설립된 것은 지난 1998년 5월.

당시 비영리 연구법인인 게놈연구소(TIGR) 소장이던 크레이그 벤터 박사는 DNA 염기서열 분석기 제조업체인 퍼킨 엘머(PE Corporation. 현재의 Applera Corporation)와 함께 셀레라 제노믹스를 설립하고 3년 안에 2억 달러를 들여 인간게놈지도를 완성하겠다고 선언했다.

당시 미국과 영국을 중심으로 결성된 국제공공 컨소시엄인 인간게놈프로젝트는 15년간 30억 달러를 들여 인간게놈지도를 완성한다는 목표 아래 세계 18개국 1000여 명의 과학자를 투입해 인간게놈 연구를 하고 있었다.

벤터 박사의 계획은 인간게놈프로젝트 예산의 15분의 1만 들이고 연구기간도 5분의 1로 줄여 인간게놈지도를 완성하겠다는 것이니 글자 그대로 폭탄선언이었던 셈이다.

벤터 박사는 셀레라 제노믹스를 설립하기 전부터 미국 유전학계에서는 이미 유명인물이었다. 그는 NIH 산하 국립 신경질환 및 뇌졸중 연구소(NINDS)에서 신경과 뇌 관련 유전자에 대해 연구하던 중 자신이 내놓은 제안이 받아들여지지 않자 1991년 NINDS를 뛰쳐나온 유전학계의 독불장군으로 통하는 인물이다.

그렇지 않아도 학계에서 환영받지 못하던 그가 셀레라 제노믹스를 설립하고 인간게놈지도 작성 계획을 발표하자 학계에서는 신랄한 비난과 비웃음이 쏟아졌다. 많은 과학자들이 게놈정보를 유료화해 돈을 벌겠다는 그의 생각에 비난을 퍼부었으며 그가 인간게놈프로젝트가 축적해 놓은 게놈 정보를 도둑질하려 한다는 주장도 제기했다.

벤터 박사가 이처럼 대담한 계획을 추진할 수 있었던 배경은 무엇일까? 그것은 바로 인간게놈프로젝트가 정확성이 없는 방법이라고 무시해버린 '숏건방식' 이라는 획기적인 염기서열 분석법과 세계 최고수준의 슈퍼컴퓨터, 퍼킨 엘머가 만든 초고속 전자동 염기서열분석기(ABI

▲ 셀레라 제노믹스 본사의 초고속 전자동 염기서열 분석기

▲ 셀레라 제노믹스 본사 중앙조정실

3700) 덕분이었다.

숏건방식은 벤터 박사가 고안한 것으로 게놈을 이루고 있는 염색체를 작은 크기로 자른 후에 이를 박테리아 숙주를 이용해 대량으로 복제한 다음 이 조각들을 초고속 전자동 염기서열분석기에 넣고 염기서열을 밝혀 내는 것이다.

초고속 전자동 염기서열분석기에서 각 염색체 조각들의 DNA 염기서열이 결정되면 이 염기서열 정보는 즉시 슈퍼컴퓨터로 보내진다. 슈퍼컴퓨터가 수많은 조각들의 염기서열 정보를 분석해 서로 겹치는 부분을 찾아내 조각들이 분쇄되기 전의 연결 순서대로 다시 배열하면 염색체 지도가 완성되는 것이다.

결국 숏건방식이라는 벤터 박사의 창의성과 퍼킨 엘머의 초고속 전자동 염기서열분석기, 그리고 슈퍼컴퓨터라고 하는 정보기술(IT)의 총아가 하나로 합쳐져 누구도 예상하지 못한 일이 가능해진 것이다.

셀레라 제노믹스는 당시 한 대당 30만 달러에 달하는 초고속 전자동 염기서열분석기(ABI 3700) 300대와 슈퍼컴퓨터를 이용해 밤낮 없이 인간게놈을 분석했다. 그 결과 이 방식은 인간게놈프로젝트팀이 10년간에 걸쳐 분석한 방대한 양의 염기서열을 불과 1년 6개월 만에 따라 잡을 정도로 효율적인 것으로 판명되었다.

셀레라 제노믹스는 1999년 10월 인간게놈지도 착수 1년 만에 인간게놈을 이루는 30억 개의 염기쌍 가운데 10억 쌍의 염기서열을 분석했다고 발표했다. 또 2000년 3월에는 버클리 캘리포니아대학의 제럴드 루빈 박사팀과 함께 과실파리의 게놈지도를 완성함으로써 숏건방식이 더 크고 복잡한 생물체의 게놈을 분석하는 데에도 효과적이라는 것을 입증했다.

셀레라 제노믹스가 이처럼 빠른 속도로 추격해오자 인간게놈프로젝트도 전략을 수정하지 않을 수 없었다. 인간게놈프로젝트는 결국 인간게놈지도 최종 완성시기를 원래의 2005년에서 2003년으로 앞당겼다.

인간게놈프로젝트와 셀레라 제노믹스는 1999년과 2000년 서로 먼저 인간게놈지도를 완성하기 위해 뜨거운 경쟁을 벌였으며 결국 협상을 통해 인간게놈지도 초안과 완성본을 2000년 6월과 2001년 2월에 각각 공동 발표하기에 이르렀다.

인간게놈프로젝트가 제기한 숏건방식의 정확도 문제는 아직 완전하게 결론이 나지는 않았지만 속도 면에서는 셀레라 제노믹스가 인간게놈프로젝트에 일단 판정승을 거둔 셈이다.

그러나 셀레라 제노믹스의 명성이 수익으로 이어질 수 있을지는 아직 미지수이다.

셀레라 제노믹스는 2001년 3월 당시 9개월간 매출이 6,200만 달러로 전 회계연도 같은 기간의 2,770만 달러보다 2배 이상 증가했다고 밝혔으나 같은 기간의 적자규모 또한 전 회계연도의 6,780만 달러에서 8,450만 달러로 증가했다.

현재 셀레라 제노믹스가 구축한 인간 게놈정보와 쥐 게놈정보 등을 유료로 구독하는 업체는 세계적인 제약업체들과 세계 각국의 대학과 연구소 등으로 계속 확대되면서 매출 또한 증가하고 있으며 2001 회계연도의 매출이 1억 달러를 돌파할 것으로 예상되지만 그렇다 하더라도 아직은 막대한 투자비에는 크게 못 미치는 수준이다.

그러나 셀레라 제노믹스는 자체 수익모델에 강한 자신감을 보이고 있다. 또한 이제는 자체적으로 구축한 게놈 데이터베이스를 다른 업체와 연구기관에 돈을 받고 파는 것을 뛰어넘어 스스로 신약 개발에 착수하는 등 사업을 다각화하고 있다.

셀레라 제노믹스는 현재 본사 건물 2층에 단백질 제조, 분석 장치들을 구비해 놓고 단백질 연구에 열을 올리고 있다. 이는 유전자의 지시에 따라 만들어지는 단백질이 인간의 건강과 질병에 핵심적인 역할을 하기 때문에 단백질의 비밀을 밝혀 내는 것이 암을 비롯한 각종 질병을 치료하는 신약을 개발하는데 관건이 될 것으로 보고 있기 때문이다.

이 같은 움직임은 셀레라 제노믹스가 가공되지 않은 게놈정보를 판매하는 초보적인 바이오정보회사의 단계에서 벗어나 게놈을 분석한 고급 정보와 분석 소프트웨어를 판매하는 것으로 한 단계 발전했으며 나아가 수익성이 높은 신약 개발회사로 발돋움하기 위해 사업 방향을 다각화하고 있음을 보여준다.

셀레라 제노믹스는 2001년 11월 신약 개발에 본격적으로 뛰어들기 위해 캘리포니아에 있는 바이오 제약업체인 액시스 파머수티컬사를 인수했으며 벤터 박사는 "우리는 치료약품 개발 업체로 계속 발전해 나갈 것"이라고 선언했다. 그리고 이미 유전자를 이용해 상처를 아물게 하는 약을 비롯해 4개의 신약을 개발해 임상시험을 실시하고 있는 것으로 알려졌다. 또 유방암과 결장암, 췌장암, 폐암 등 4가지의 암 치료를 위한 유전자표지 검색 작업과 23개 주요 질병 치료제 개발도 함께 추진한다는 계획을 세워 놓고 있다.

그러나 신약 개발 분야에서는 셀레라 제노믹스가 게놈지도 작성에서처럼 두각을 나타내기는 쉽지 않을 것이라는 전망이 많다. 제약업계에서는 셀레라 제노믹스가 다른 업체들에 비해 유전자를 이용한 신약 개발 분야에 늦게 뛰어들었기 때문에 이 부문에서도 선두를 차지하기는 어려울 것이라고 지적하고 있다.

셀레라 제노믹스는 유전자를 이용한 신약 개발 분야에서는 이미 세계적인 거대기업으로 성장한 암젠(AmGen)이나 휴먼게놈사이언스(HGS), 밀레니엄 파머수티컬보다 훨씬 뒤져 있다는 것이 업계의 평가이다.

셀레라 제노믹스는 2002년 1월 신약 개발에서 다시 도약하기 위해 한 가지 모험을 단행했다. 그것은 셀레라의 모기업인 애플레라가 신약 개발 분야에 경험이 있는 젊고 유능한 경영자를 영입하기 위해 공동창업자인 크레이그 벤터 사장을 물러나게 한 것이다.

연구분야에 투자를 계속 확대할 것을 주장하는 벤터 사장과 지금까지 축적한 게놈정보를 토대로 수익을 낼 수 있는 신약 개발에 주력해야 한다는 애플레라의 회장 겸 최고경영자인 토니 화이트가 충돌을 빚은 것이 벤터 박사의 사임 배경이라는 분석도 있지만 어쨌든 셀레라 제노믹스가 변신의 기로에 서 있는 것만은 확실하다.

셀레라 제노믹스가 게놈시대의 대표적인 바이오벤처로서 유전자를 이용한 신약 개발 분야에서 한발 앞서가고 있는 선발주자들, 그리고 이 분야의 창업 붐을 타고 우후죽순처럼 생겨나고 있는 500여 개의 바이오벤처들과 경쟁하면서 어떤 모습을 보여줄지 주목된다.

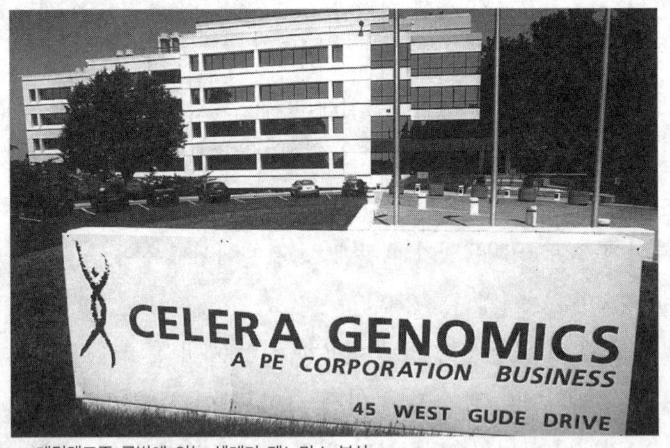

▲ 메릴랜드주 록빌에 있는 셀레라 제노믹스 본사

# 인간게놈 프로젝트에 대한 말. 말. 말.

■ 인간 게놈프로젝트는 우리들, 특히 젊은 연구자들을 위험에 빠뜨릴 것이다.

데이비드 보츠타인. 1986

■ 인간게놈 염기서열은 인간 유전학에 있어서 성배(聖杯)와 같다.

월터 길버트. 1986

■ 인간게놈 프로젝트를 하느냐 마느냐는 더 이상 논의 대상이 아니다. 얼마나
빠르게 진척시킬 것인가가 문제다.

러셀 두리틀. 1987

■ 인간게놈 염기서열은 인간의 발달과 질병의 수수께끼를 밝혀 내는데 있어
역사상 가장 강력한 도구가 될 것이다.

르로이 후드. 1987

■ 인간게놈정보는 너무나 중요하기 때문에 누군가의 소유물이 되어서는 안
된다.

C. 토머스 캐스키. 1987

■ 게놈정보를 특허화하는 것은 끔찍한 일이다.

제임스 왓슨. 1991

■ 과학계는 게놈프로젝트를 사업이라고 하고, 사업계는 게놈프로젝트를 과학
이라고 한다.

크레이그 벤터. 1999

■ 우리는 인간게놈을 '청사진', '성배' 이런 말로 부른다. 하지만 인간게놈지
도는 부품 목록, 보잉 777기의 부품 목록과 같다. 이것을 들여다봐도 이 비
행기가 어떻게 날 수 있는지 알 수 없을 것이다.

에릭 랜더. 1999

■ 인간게놈프로젝트가 끝나면 생물학은 결코 전과 같지 않을 것이다.

존 설스턴. 2000

인간게놈지도 작성의 주역

프랜시스 콜린스와 크레이그 벤터

　인간게놈지도 작성은 생명과학 분야뿐만 아니라 모든 과학분야를 통틀어서도 유례가 없는 대규모 과학 프로젝트의 하나로 꼽힌다.

　이 작업에는 미국과 영국, 일본, 프랑스, 독일, 중국 등 6개국이 주축으로 참여해 결성한 국제공공 컨소시엄인 인간게놈프로젝트(HGP)가 30억 달러라는 막대한 연구비를 투입했다. 연구에 참여한 과학자의 수도 18개 국가에서 1000여 명이 넘는 생명과학 사상 최대 규모의 프로젝트인 것이다.

　여기에 미국의 생명공학 벤처기업 셀레라 제노믹스가 자매 회사인 퍼킨 엘머 바이오 시스템사가 개발한 초고속 전자동 염기서열분석기 'ABI 프리즘 3700' 300대와 컴팩 컴퓨터의 슈퍼컴퓨팅 기술 등 첨단 정보기술(IT)을 이용해 뒤늦게 인간게놈지도 작성에 뛰어들어 인간게놈프로젝트와 치열한 경쟁을 벌이고 인간게놈지도를 계획했던 것보다 훨씬 앞당겨 완성한 것은 인류 과학사에 한 획을 긋는 사건이라고 할 수 있다.

　그러면 인간게놈지도 완성에 가장 크게 기여한 인물은 누구일까?

　이에 대해서는 관점에 따라 다른 의견이 있을 수 있고 사실 인간게놈지도 작성에는 세계 각국의 저명한 유전학자와 생물학자들이 많이 참여했기 때문에 개개인의 공이 많고 적음을 따지기는 어렵다.

　그럼에도 불구하고 많은 과학자들은 인간게놈프로젝트의 총책임자

격인 프랜시스 콜린스 미국 국립인간게놈연구소(NHGRI) 소장과 크레이그 벤터 셀레라 제노믹스 사장을 꼽기를 주저하지 않는다.

사실 인간게놈지도 작성이 21세기 바이오시대의 토대를 마련하는 기념비적인 업적이라는 점에서 이 두 사람은 20세기를 마감하는 2000년과 21세기를 시작하는 2001년을 대표하는 과학자라고 해도 손색이 없을 것이다.

그러나 두 사람은 개인적인 면에서는 공통점보다는 다른 점이 훨씬 많은 물과 기름 같은 존재라고 할 수 있다. 둘 다 자신의 연구에 있어서는 일에 미쳐 사는 '일 벌레' 과학자라는 점에서는 매우 비슷하지만 연구 방법과 연구 결과의 활용, 특히 게놈 및 유전자에 대한 특허와 정보의 유료화 문제에 있어서는 사사건건 충돌해온 앙숙 같은 관계이다.

콜린스 박사는 벤터 박사의 셀레라 제노믹스가 인류의 공동 유산인 게놈과 유전자를 이용해 돈을 벌려한다는 것에 대해 신랄하게 비난하고 있는 반면 벤터 박사는 콜린스 박사의 인간게놈프로젝트 연구방식이 매우 느리고 비효율적이라고 비난하면서 HGP가 수십 억 달러의 국민 세금을 낭비하고 있다고 주장해왔다.

그러나 극과 극은 서로 통한다는 말도 있었던가. 그러기에 겉으로 드러나는 이런 앙숙 같은 관계 속에서도 두 사람 사이에는 어느 정도 서로에 대한 이해와 존경이 있었을지도 모를 일이다. 아마 보이지는 않지만 두 사람 사이에 있었을 이런 이심전심이 현실적인 필요성과 맞아떨어졌기 때문에 2000년 6월과 2001년 2월, 두 사람이 치열한 경쟁관계를 접고 연구결과를 공동으로 발표할 수 있었을 것이다.

그러나 이들의 경쟁은 어쩌면 지금부터가 시작일지도 모른다.

인간게놈지도를 완성한 것은 학문적으로는 매우 훌륭한 업적임에는 틀림없다. 하지만 인간게놈지도는 그 자체만으로는 일반인들에겐 무용지물이나 마찬가지이기 때문에 앞으로 이를 토대로 모든 유전자를 찾아내고 그 기능을 규명해 질병 치료와 예방 등에 활용하기 위한 연구분야의 경쟁은 더욱 치열해질 것이다.

그러나 이 부분에서의 경쟁은 두 사람이 인간게놈지도 작성과정에서 벌였던 경쟁과는 아주 다른 양상을 보일 것이다. 인간게놈지도 작성에서는 인간게놈프로젝트라고 하는 국제공공 컨소시엄과 셀레라 제노믹스라고 하는 두 골리앗이 대결을 벌인 것이라면 소위 '포스트 게놈 연구'로 불리는 유전자 검색 및 기능 규명, 단백질 구조 연구 등 미래의 연구에서는 수많은 다윗이 서로 치열하게 경쟁하는 양상으로 전개될 가능성이 높다.

이제부터 밝혀지는 유전자 기능과 단백질 구조 및 기능 등은 모두 특허의 대상이 될 뿐만 아니라 엄청난 경제적 이해가 걸려 있고 이런 연구를 수행하는 데에는 인간게놈지도를 작성하는 것처럼 막대한 인력과 장비, 비용이 필요하지 않다. 때문에 앞으로 관련 분야의 연구에서는 전 세계적으로 경쟁자가 무수히 많이 등장할 것으로 전망된다.

그러나 앞으로의 연구에서 콜린스 박사와 벤터 박사가 수많은 다윗 중 하나가 되어서 어떤 연구성과를 내놓을지는 알 수 없다. 하지만 시간이 흐르면서 포스트 게놈 연구가 인류의 건강과 질병 치료 등에 큰 위력을 발휘하면 할수록 콜린스 박사와 벤터 박사가 인간게놈지도 작성과정에서 남긴 뛰어난 업적들은 더욱 빛을 발할 것이다.

◢◣◤ 프랜시스 콜린스 미국 NHGRI 소장

미국 NHGRI 소장으로 국제공공 컨소시엄인 인간게놈프로젝트

(HGP)의 인간게놈지도 작성을 총지휘하고 있는 콜린스 박사는 이 연구가 인류에게 가져다 줄 엄청난 혜택은 물론 잠재적 위험까지 잘 알고 있는 유전자 전문가이다.

▲ 프랜시스 콜린스. 미국 인간게놈연구소(NHGRI)소장

원래 화학을 전공한 콜린스 박사는 생애의 대부분을 미국 국립보건원(NIH)에서 공공연구에 바쳤으며 낭포성 섬유증과 신경섬유종, 헌팅턴병 등 많은 질병과 관련된 유전자를 규명하는 데 기여했다.

그는 미국의 제임스 D. 왓슨과 영국의 프랜시스 C. 크릭이 DNA의 이중나선구조를 밝혀 내기 3년 전인 1950년 4월에 태어났으며 버지니아주 슈타우턴의 한 농장에서 성장했다. 특이한 것은 그는 초등학교 6학년까지의 과정을 학교에 다니지 않고 집에서 마쳤다는 것이다.

그가 과학자가 되겠다는 결심을 한 것은 16살 때이다. 화학자가 되겠다고 결심한 콜린스는 과학자의 꿈을 실현하기 위해 버지니아대학에서 화학을 전공했으며 명문 예일대학교에서 물리화학 전공으로 박사 학위를 취득했다. 그러나 그는 당시 분자생물학과 유전학 분야에서 혁명적인 발전이 이루어지는 것을 목격한 뒤 화학자가 되겠다는 꿈을 접고 노스캐롤라이나대학교 의과대학에 다시 진학했다.

콜린스는 노스캐롤라이나대학교 의과대학에서 치료유전학을 만나면서 자신의 진짜 꿈을 발견하게 된다. 노스캐롤라이나대학교에서 내과 레지던트 과정을 마친 뒤 인간 유전학 연구원으로 예일대학교로 돌아온 콜린스 박사는 이곳에서 DNA에서 질병유전자를 찾아내는 방법에 대해 연구하면서 생명현상의 열쇠인 DNA를 처음 접하게 되었다.

DNA와의 만남은 그의 인생 행로를 완전히 바꾸어 놓은 사건이었다.

그는 DNA를 처음 접했을 때를 회상하며 "나는 당시 DNA에 완전히 압도당했다"고 말하기도 했다.

이후 그는 DNA 연구가 인류의 삶을 향상시킬 수 있다고 확신하고 게놈 연구에 더욱 박차를 가하게 된다. 1984년에는 미시건대학으로 옮겨 '유전자 검색법'에 대한 연구를 계속했다. 그가 이 시절에 개발한 '포지셔널 클로닝'이라는 기법은 현대 분자유전학에서 널리 사용되고 있다.

콜린스 박사는 자신이 개발한 기법으로 1989년 캐나다 토론토 아동병원 연구진과 함께 서구인들의 대표적인 난치병 가운데 하나인 낭포성 섬유증을 일으키는 유전자를 찾아내는데 성공해 명성을 얻었다.

그의 연구팀은 1990년에는 신경섬유종 유전자를 발견하고 1993년에는 헌팅턴병 유전자를 잇따라 찾아내는 성과를 올렸다.

1993년 콜린스 박사는 NIH로부터 제임스 왓슨 박사에 이어 두 번째로 NCHGR의 소장을 맡아달라는 제의를 받고 NIH에 합류해 당시 300만 달러 규모였던 인간게놈 연구를 이끌기 시작했다.

NCHGR는 현재 NIH 산하 24개 기관의 하나인 국립인간게놈연구소(NHGRI)로 확대 개편되었으며, 콜린스 박사는 이 기관의 소장으로 18개국이 참여하고 있는 인간게놈프로젝트를 총지휘하고 있는 것이다.

미국 의학협회(AMA)와 학술원(NAS) 회원이며 독실한 종교인인 콜린스 박사는 유전학이 내포하고 있는 윤리적 위험성에 대한 경고도 잊지 않는다. 그는 특히 유전공학을 이용해 인간의 유전형질을 개선하려는 움직임과 게놈과 유전정보를 사유화해 이익을 얻으려는 움직임에 대해 강력히 경고해 왔다. 그는 이 같은 신념으로 인해 게놈 정보를 이용해 수익을 창출한다는 계획하에 출범한 셀레라 제노믹스의 벤터 박사와 잦은 충돌을 빚었다.

콜린스 박사는 인간의 유전정보는 모든 인류의 공동재산이며 이 정보가 특정 인물이나 특정 계층, 특정 민족, 특정 국가만의 이익을 위해 사용되어서는 안 된다는 입장을 확고히 견지하고 있다. 인간게놈프로젝트는 콜린스 박사의 이런 원칙에 따라 연구결과를 인터넷을 통해 매일 전 세계 과학자들에게 공개하고 있다.

콜린스 박사는 연구실에서 보내는 시간이 일주일에 100시간이 넘을 정도로 일에 미쳐 사는 일벌레로 알려져 있다.

하지만 연구실 밖에서의 그의 모습은 완전히 딴판이다. 그는 청바지를 즐겨 입고 기타 연주 실력도 수준급이며 두 자녀에게는 자상한 아버지로 알려져 있다. 그리고 때때로 오토바이를 타고 속도를 즐기는 자유분방한 모습으로 주변 사람들을 놀래키기도 한다.

그러나 그가 인간게놈지도 완성을 발표한 뒤 보여준 모습은 역시 일벌레 과학자의 모습이었다. 그는 인간게놈 해독이 끝나도 자신의 일이 끝나려면 아직 멀었다고 말했다.

그는 다음 목표인 특정 유전자를 찾는 것을 "모래밭에서 바늘 찾기"에 비유하면서 "그러나 바늘은 적어도 모래밭과는 다르게 생겼지만 유전자는 DNA의 다른 부분과 똑같이 생겼기 때문에 모래밭에서 바늘 찾기보다 DNA에서 유전자 찾기가 훨씬 어렵다"고 말했다.

➠ 크레이그 벤터 셀레라 제노믹스 사장

『과학적 홍정으로 인해 벤터와 콜린스는 (인간게놈지도 완성이라는) 역사적 업적에 대해 똑같이 공을 차지하게 되었지만 속사정을 잘 아는 사람들은 조지 오웰의 말처럼 "어떤 사람은 다른 사람보다 더 평등하

다"는 것을 알고 있다. 크레이그 벤터가 이
세상에 없었더라도 인간게놈의 염기서열 분
석은 이루어졌을 것이다. 그러나 그가 획기
적인 게놈분석 방식과 최첨단 컴퓨터 기술
로 인간게놈프로젝트를 공격하지 않았더라
면, 그리고 저돌적인 자세로 스스로 인간게

▲크레이그 벤터 셀레라 제노믹
스 사장

놈지도 작성에 매진하지 않았더라면 인간게놈지도 작성은 최소한 몇
년이 더 걸렸을 것이다.』

미국의 시사주간지 〔TIME〕은 2000년 12월 25일자에서 크레이그 벤
터 셀레라 제노믹스 사장을 '올해의 과학자'로 선정하면서 이같이 평
가했다.

"어떤 사람은 다른 사람보다 더 평등하다"는 말은 콜린스 박사와 벤
터 박사가 인간게놈지도 작성의 공로를 평등하게 똑같이 나누어 가졌
지만 둘 중 하나는 정당한 몫보다 더 많은 공을 차지했다는 것을 비꼬
는 말이다. 결국 〔TIME〕의 판단은 벤터 박사의 공로가 콜린스 박사의
공로보다 더 크다는 결론이다.

〔TIME〕은 이어 벤터 사장은 콜린스와 그의 동료들을 압박해 연구 속
도를 2배, 4배로 높이게 함으로써 인간게놈지도의 과학적 성과와 유전
자 해석을 토대로 사람의 생명을 구할 수 있는 치료법이 등장하는 것
을 예상했던 것보다 5년 이상 앞당겼다고 추켜세웠다.

인간게놈지도 작성은 크레이그 벤터 셀레라 제노믹스 사장이 20년
이상을 바친 인생의 목표였다. 하지만 그는 개인적으로 볼 때 매우 독
특한 성격과 이력을 소유한 '괴짜' 과학자로 알려져 있다.

그는 1946년 미국 유타주 솔트레이크시티에서 태어났다. 그는 청소
년 시절에는 공부에는 별 뜻이 없었던 것으로 보인다. 1960년대에 고

등학교를 가까스로 졸업한 느긋한 성격의 벤터는 대학에 진학하지 않고 대신에 남부 캘리포니아 해변으로 달려가 파도타기에 매달렸다.

이런 그를 변화시킨 것은 바로 월남전이었다. 월남전이 일어난 뒤 그는 해군에 징병되어 월남전에 참전하게 되었으며 베트남에서 위생병으로 복무하면서 지켜본 많은 병사들의 죽음은 그가 완전히 다른 사람으로 변하는 계기가 되었다.

자신의 주장을 굽히는 법이 없었던 그의 반항적인 성격은 아마도 타고난 것이었던 것 같다. 그는 이런 성격 덕분에 베트남에서 두 번이나 명령 불복종으로 군대 영창에 가야 했다.

벤터는 베트남에서 위생병으로 근무하는 동안 인간 생명의 나약함과 거대한 관료체계의 엄청난 어리석음에 대해 지울 수 없는 교훈을 얻었다. 그는 "나는 정부의 바보 같은 정책 때문에 죽어가는 수천 명을 지켜봐야 했다"며 당시를 회상했다.

베트남에서 돌아온 뒤 벤터는 파도타기에 몰두하는 느긋한 청소년에서 모든 것에 조바심 내는 청년으로 변해 있었다. 인생무상(人生無常)을 경험한 때문일까? 그는 뒤늦게 대학에 입학해 학자의 길에 들어서게 된다. 그는 대학에 입학한 지 6년 만인 1975년 샌디에이고 캘리포니아대학(UCSD)에서 생리 및 약리학 박사 학위를 받았다.

그리고 1984년 미국 국립보건원 산하 연구소인 국립 신경질환 및 뇌졸중 연구소(NINDS)에 들어가 연구를 시작하면서 유전자 연구에 발을 들여놓았으며 이후 눈부신 연구성과를 내놓으면서 과학자로서 명성을 쌓기 시작했다.

NINDS는 그에게 중추신경계에 관여하는 유전자 발현과 뇌에 관계된 유전자 등에 대해서만 연구할 것을 요구했으나 그의 지적호기심은 인간게놈 전체로 점점 확대되어 나갔다.

이 과정에서 그는 NINDS는 물론 국립보건원 상층부와 잦은 충돌을 빚었을 뿐만 아니라 자신의 주장을 굽히지 않는 완고한 태도로 '유전학계의 독불장군'이라는 별명을 얻기도 했다.

그는 유전자를 찾는 연구방법으로 발현유전자단편(EST) 및 상보적 DNA(cDNA) 방식을 사용하자고 제안했다. 그러나 당시 국립보건원 안에서 인간게놈프로젝트(HGP) 책임자를 맡고 있던 제임스 왓슨 박사 등의 견제로 자신의 아이디어가 채택되지 않자 1991년 국립보건원을 뛰쳐나왔다. 그리고 바로 자신의 아이디어의 중요성을 인정해준 의학 재정가인 고(故) 윌리스 스타인버그의 도움으로 비영리연구기관인 게놈연구소(TIGR)를 설립해 독자적으로 연구를 시작했다.

벤터는 지금은 셀레라 제노믹스에 합류한 노벨 의학상 수상자인 해밀턴 스미스 박사의 조언으로 1994년 '숏건방식'이라는 신기술로 생명체의 게놈 해독작업을 하기로 결정한다.

그는 숏건방식으로 바이러스성 뇌막염의 원인균인 돼지 인플루엔자균의 게놈 해석작업에 돌입한 지 1년도 안 된 1995년 돼지 인플루엔자균의 게놈지도를 완성해 보임으로써 세계 과학계를 놀라게 했다.

그러나 이것은 시작에 불과했다. 그는 1998년 5월 게놈분석 장치 제조업체인 퍼킨 엘머와 공동으로 셀레라 제노믹스를 설립하고 30억 달러의 공공자금이 투입된 국제공공 컨소시엄 인간게놈프로젝트보다 빠른 2001년까지 인간게놈지도를 완성하겠다고 선언했다.

셀레라 제노믹스의 셀레라(Celera)는 라틴어로 '신속'을 뜻한다. 회사 이름에서도 알 수 있듯이 벤터 박사가 가장 중요시하는 것이 바로 속도와 비용이다. 그는 속도의 중요성을 만천하에 선언이라도 하듯 미국 메릴랜드주 록빌에 있는 셀레라 제노믹스 본사 건물과 인터넷 홈페이지에 "Discovery can't wait."라는 문장을 써놓았다.

셀레라 제노믹스의 놀라운 속도의 비밀은 바로 세계 최고수준의 슈퍼컴퓨터와 최첨단의 초고속 전자동 염기서열분석기, 그리고 자체 개발한 게놈 및 유전자 분석 소프트웨어이다.

벤터는 다른 연구기관보다 먼저 게놈과 유전자 정보를 분석해 이를 필요로 하는 업체와 연구자들에게 유료로 제공하겠다는 계획을 세웠으며 나름대로 큰 성과를 거두고 있다.

세계적인 생명공학회사인 암젠사와 세계적인 제약회사인 화이자, 파머시아 앤드 업존, 노바티스, 다케다 등은 물론 세계 각국의 대학과 연구소가 이미 셀레라 제노믹스가 완성해 놓은 인간게놈지도와 유전자 정보를 이용하기 위해 연간 수백만 달러를 지불하고 있다.

셀레라 제노믹스는 현재 30억 달러 이상의 시장가치를 인정받는 대표적인 바이오 벤처기업으로 성장했다. 그러나 인간게놈프로젝트 등을 비롯한 많은 과학자들은 셀레라 제노믹스와 벤터 회장에 대해 "유전자 염기서열 자체는 과학 발전을 위해 모든 사람에게 무료로 공개되어야 한다"며 여전히 비난을 퍼붓고 있다.

벤터 박사는 이에 맞서 셀레라 제노믹스의 바이오 정보를 이용하는 기관의 성격에 따라 가격을 차등화하는 방법으로 여론의 비난을 피해가고 있다. 즉 셀레라 제노믹스의 바이오 정보를 이용해 상업적으로 활용하려는 업체나 기관에 대해서는 높은 가격에 정보를 제공하고, 순수하게 학문적으로 이용하는 대학과 과학자들에게는 상대적으로 저렴한 가격에 제공함으로써 인류의 공동유산을 독점해 이익을 취한다는 비난을 희석시키는 것이다.

자신의 연구방식이 인간게놈프로젝트의 방식보다 훨씬 효율적이라는 벤터 박사의 자신감은 확고하다. 그는 "더 낮은 비용으로 효율적으로 연구할 수 있는 수단과 방법이 엄연히 존재하는데 비효율적인 연구

방식에 수십억 달러의 세금을 퍼붓는 것은 절대 공공의 이익에 맞지 않는다"며 인간게놈프로젝트에 역공을 펴고 있다.

그러나 벤터 박사는 2002년 1월 큰 위기를 맞았다. 정확한 사임 이유는 공개되지 않았으나 자신이 설립한 셀레라 제노믹스의 사장직에서 물러난 것이다. 셀레라의 모기업인 '애플레라'의 회장 겸 최고경영자인 토니 화이트는 성명을 통해 벤터 사장이 물러나고 셀레라의 사장직은 당분간 자신이 수행할 것이라고 발표했다. 그는 벤터 사장에 대해 "그는 셀레라 연구팀을 이끌고 짧은 기간에 믿어지지 않을 정도로 많은 업적을 남겼으며 특히 인간게놈지도 작성은 역사적인 업적"이라고 추켜세운 뒤 "그는 과학자문위원회 위원장으로 셀레라와 관계를 계속 유지해 나갈 것"이라고 덧붙였다. 화이트 회장은 또 "인간게놈지도 완성이라는 이정표가 세워졌기 때문에 우리는 이제 새로운 치료법 발견이라는 새로운 모델을 창출하는데 힘을 집중할 것"이라며 "본인과 이 사회, 벤터 사장 모두 신약 개발 경험이 있는 경영자를 위한 자리를 마련해야 한다는데 동의했다"고 말했다. 즉 벤터 사장의 사임은 셀레라 제노믹스가 그 동안 축적한 게놈정보를 토대로 신약 개발업체로 발돋움하도록 이끌어갈 수 있는 유능한 경영자 영입을 위한 것이라는 설명이다.

그러나 주변에서는 셀레라 제노믹스의 운영 방향에 대한 벤터 사장과 화이트 회장 사이의 이견이 벤터 사장의 직접적인 사임 이유라는 분석이 많다. 즉 타고난 과학자인 벤터 사장이 더 많은 연구결과 창출을 위해 연구에 투자를 계속해야 한다고 주장한 반면 화이트 회장은 하루빨리 수익을 낼 수 있는 모델을 찾기 위해 신약 개발사업에 더욱 치중해야 한다는 입장을 보여 갈등을 빚었다는 것이다.

진짜 사임 이유는 밝혀지지 않고 있지만 벤터 박사는 퇴임 후 계획을 묻는 질문에 "당분간 과학자문위원회를 이끄는 데 전념할 것"이라고 밝혔다. 지난 수십 년 동안 다른 사람들이 예측하기 어려운 변화무쌍한 행보로 과학계를 놀라게 했던 벤터 박사가 앞으로 무엇으로 세상을 다시 한 번 놀라게 만들지 지켜보는 것도 흥미로운 관심거리일 것이다.

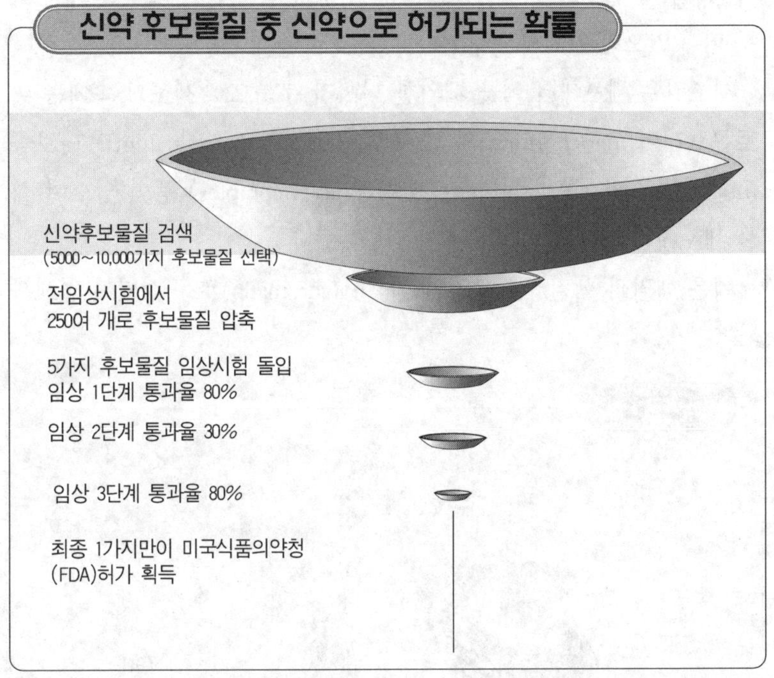

📖 세포(細胞 ; Cell)

　세포는 모든 생명체를 구성하는 최소의 기본단위이다. 각각의 세포
는 세포막에 둘러싸여 있으며 세포 내부는 다시 핵과 세포질로 나뉜
다. 핵이 핵막에 둘러싸여 있으면 진핵세포, 핵막 없이 세포질 속에 고
루 퍼져 있으면 원핵세포가 된다.

　세포질은 세포에서 핵을 제외한 나머지 부분으로 세포질 속에는 미
토콘드리아(mitochondria)와 소포체(endoplasmic reticulum), 리보솜
(ribosome), 리소좀(lysosome), 골지체(golgi complex) 등이 있으며 식
물 세포에는 엽록체 등 색소체가 있다.

　핵은 핵막과 핵질, 실 모양의 염색사(chromatin)로 구성되며 염색사

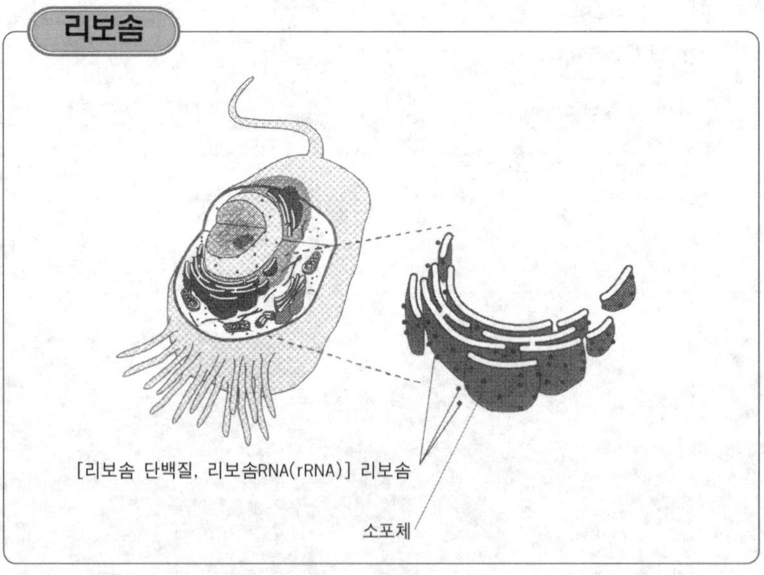

는 세포가 분열할 때 응축되어 굵어지면서 염색체(chromosome)가 된다. 이 염색체가 바로 당과 인산, 염기가 이중나선구조로 연결된 DNA이며 모든 생명체의 생성과 소멸, 신진대사를 결정하는 생명의 설계도에 해당한다.

대부분의 생물은 수많은 세포로 이뤄져 있으며 이런 생물을 다세포생물(多細胞生物)이라고 한다. 세포 하나가 하나의 개체를 이루는 세균이나 조류, 아메바 등 원생동물은 단세포생물(單細胞生物)이라 한다. 사람은 약 100조 개의 세포로 이루어져 있다.

1665년 영국의 로버트 후크가 세포를 처음으로 발견했다. 그는 코르크를 얇게 잘라 현미경으로 관찰하다가 조직이 작은 방 모양으로 된 것을 보고 이를 'cell(세포)'이라고 이름을 붙였다. 그러나 사실은 후크가 발견한 것은 세포가 아니라 세포막이었다.

이후 1839년 독일의 M. J. 슐라이덴이 식물의 세포설을, 1839년에 독일의 T. 슈반이 동물의 세포설을 각각 내세워 세포가 생명체를 구성하는 기본 단위라는 학설이 자리잡게 되었다. 1930년을 전후로 세포의 구조가 잇달아 밝혀지면서 세포 내 소기관에 대한 연구가 활발해졌다. 1953년에는 크릭과 왓슨에 의해 염색체를 이루는 DNA의 이중나선구조가 밝혀졌으며 이후 생명현상을 분자수준에서 규명하는 분자생물학과 생물체의 게놈과 유전자의 비밀을 밝히는 유전학이 생물학의 중심 분야로 발전했다.

염색체(染色體 ; Chromosome)

세포의 핵분열 때 핵 안의 유전자가 포함되어 있는 염색사가 응축되면서 만들어지는 작은 막대기 모양의 세포 내 소체이다. 염색체는 말 그대로 염색이 잘되는 것을 의미하는 것으로 세포 내 물질이나 소체 중에서 헤마톡실린이나 카민 같은 염기성 색소에 염색이 잘되기 때문에 붙여진 이름이다.

세포 분열은 염색체가 반으로 분리되는 과정으로부터 시작되는데 염색체는 평상시에는 실과 같은 형태로 흩어져 있어서 관찰되지 않지만 분열이 진행되면서 점차 이 염색사가 응축해 염색체 구조가 나타난다. 염색체는 DNA라는 물질이 이중나선구조를 이루고 있으며, 이중나선 구조를 이루는 염기의 배열 순서에는 단백질 합성 등 생명현상을 결정하는 유전자가 포함되어 있기 때문에 세포 내 기관 중에서 가장 중요한 것이라고 할 수 있다.

또 염색체는 남녀와 암수의 성 결정에 관여하는 성염색체와 그 밖의

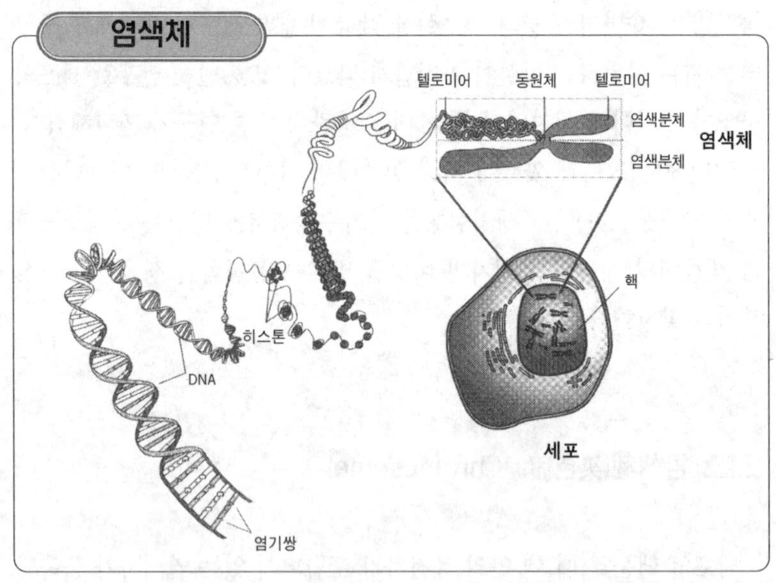

상염색체로 구분되며, 염색체 숫자와 모양은 생물의 종에 따라 다르기 때문에 이를 이용해 생물 종의 차이를 구분하기도 한다.

생물별 염색체 수는 사람(Homo sapiens)이 46개이며 말(Equus caballus)이 64개, 당나귀(Equus asinus)가 62개, 소(Bos taurus)가 60개, 돼지(Sus scrofa)가 38개, 염소(산양, Capra hircus)가 60개, 개(Canis familicaris)가 78개, 고양이(Felis domesticus)가 38개, 생쥐(Mus musculus)가 40개, 햄스터(Mesocricetus auratus)가 44개, 닭(Allus domesticus)이 78개 등이다.

복제(複製 ; Clone, Cloning)

1개의 단위에서 기원하여 복사와 같이 동일하게 만들어진 생물적 집단을 의미한다. 복사체는 그 모체와 완전히 동일한 형태와 형질을 가지고 있다. 이 개념은 유전자, 세포 혹은 개체의 개념에도 사용할 수 있는 포괄적 의미를 가지고 있다.

생명과학 발전과 함께 최근 널리 쓰이고 있는 복제라는 말은 한 생물체와 똑같은 유전자 정보를 가진 개체를 만드는 기술과 그를 통해 만들어진 개체를 뜻하는 말이다. 최근 들어 동물 복제 연구가 활발해지면서 동물에만 복제가 해당되는 것으로 생각하는 경우가 많지만 복제는 원래 동물과 식물 모두에 적용되는 용어다.

가장 대표적인 복제는 나무나 꽃 등 식물의 줄기를 하나의 개체로 키워 내는 꺾꽂이가 있으며 고구마순을 잘라 고구마를 키워 내고 감자를 씨눈 부분이 포함되도록 여러 조각으로 잘라 감자를 키워 내는 것도 넓은 의미의 복제에 해당한다. 이 밖에 접붙이기와 포기나누기 등도 모두 복제이다.

 그러나 일반적으로 복제라 함은 동물의 복제를 의미한다. 특히 최근에 동물 개체 복제가 이뤄지기 전에는 특별한 DNA 기술을 이용해 연구를 위한 특정 유전자나 특정 DNA 서열 부분이 포함된 세포 등을 분양하는 것을 의미했었다. 동물 세포나 인간의 질병 세포주 등을 세포 배양기에서 대량 생산하는 것도 복제인 것이다.

 또 인간의 수정란이 2세포기 때 각각 분리되어 쌍둥이로 태어나는 일란성 쌍둥이 역시 자연적으로 발생하는 복제 현상이며, 동물의 수정란이 2세포기나 4세포기 또는 8세포기일 때 세포를 하나씩 분리해 개체로 발전시키는 연구도 복제이다.

 그러나 최근 주요 관심사가 되고 있는 복제는 동물의 개체를 수정란이나 체세포 핵이식 방법으로 복제하는 것이며, 특히 인간 질병 치료에 혁명적인 발전을 가져올 것이라는 기대 속에 뜨거운 논란을 거듭하며 진행되고 있는 배아줄기세포를 얻기 위한 인간 배아복제에 많은 관심이 쏠리고 있다.

 특히 체세포 핵 이식에 의한 동물 복제는 1996년 영국의 로슬린연구소에 이언 윌머트 박사팀이 이 방법으로 포유류로는 처음으로 6살된 암양을 복제해 ‘돌리’를 탄생시키는데 성공한 뒤 전 세계적으로 연구가 매우 활발하게 진행되고 있다. 체세포 핵 이식을 통한 복제는 복제하고자 하는 동물의 몸을 이루고 있는 체세포를 떼어내 특수 처리를 한 뒤 이 체세포를 미리 암컷에서 채취해 핵을 제거한 난자와 결합시켜 한 개체로 발전시키는 것이다. 체세포 복제로 태어나는 새끼는 난자의 핵을 미리 제거했기 때문에 체세포를 제공한 동물과 완전히 동일한 DNA를 갖게 된다.

DNA(Deoxyribo Nucleic acid)

　핵 속에 존재하는 염색체를 구성하는 핵산의 일종으로 유전정보를 담고 있는 유전자의 본체라고 할 수 있다. DNA 자체가 유전자 또는 염색체, 게놈과 같은 의미로 쓰이는 경우도 많지만 엄밀한 의미에서는 모두 다른 것이다.

　DNA는 뉴클레오티드라는 단위물질이 수없이 사슬처럼 연결된 거대한 유기물질이다. 뉴클레오티드는 당과 인산에 아데닌과 구아닌, 시토신, 티민 등 4가지 염기가 결합된 것으로 결합된 염기에 따라 각기 다른 뉴클레오티드가 되며 여기에 포함된 당이 디옥시리보스이면 DNA가 되고 리보스이면 RNA(리보핵산)가 된다.

　인간 게놈이 모두 32억 개의 염기쌍으로 이루어져 있다는 것은 곧 인간의 염색체 23쌍(46개)의 전체 DNA를 모두 한 줄로 늘어놓고 연결되어 있는 염기쌍 숫자를 세어 보면 아데닌과 티민, 구아닌과 시토신으로 이뤄진 염기쌍이 모두 32억 개라는 의미이다. 이 염기쌍을 한 줄로 연결하면 약 180cm 정도의 길이가 된다.

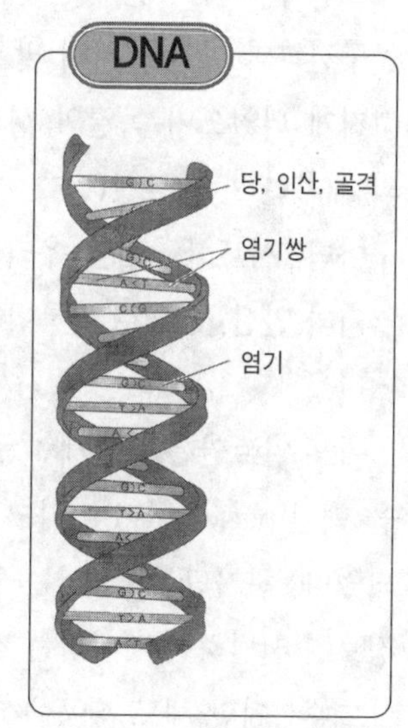

　이들 염기쌍의 배열순서가 달라지면 이에 따라 만들어지는 단백질의 종류도 달라진다. 생물체의 DNA가 이처럼 많은 염기쌍으로 이루어져 있다는 것은 곧 DNA에 저장되는 정보의 양이 상상

하기 어려울 정도로 방대하다는 것과 이에 따라 만들어지는 생물체의 특성 또한 그만큼 다양해질 수 있다는 것을 뜻한다.

지금은 일반인들도 DNA에 대해 잘 알고 있을 뿐만 아니라 현대 생물학에서 가장 각광받는 연구주제가 되었지만 DNA가 발견된 것은 불과 150년 전의 일이고 DNA가 유전물질이라는 사실이 밝혀진 것도 50년이 채 안 되었다.

DNA를 처음 발견한 사람은 1869년 독일의 튀빙겐에 있는 펠릭스 호페-세일러의 연구실에서 연구를 하던 25세의 스위스 출신의 생화학자 J. F. 미셔(1844~1895년)였다. 당시 세포는 단백질과 탄수화물, 지방 등으로 구성되어 있는 것으로 알려져 있었으나 미셔는 세포의 핵(nucleus)에서 이런 물질과는 완전히 다르면서 단백질 소화효소의 영향도 받지 않는 복잡한 산성 물질을 발견했으며, 핵에서 발견했다는 의미에서 '뉴클레인(nuclein)'이라고 명명했다.

그러나 미셔의 연구 논문은 당시 연구책임자였던 호페-세일러가 이 연구결과의 확인을 위해 발표를 미루는 바람에 1871년에야 세상에 알려지게 되었으며 독일의 생리화학자인 A. 코셀(1853~1927년)과 미셔의 제자인 R. 알트만(1852~1900년)이 그의 연구를 이어받아 아데닌과 구아닌, 시토신, 티민, 우라실 등 5가지 염기를 발견하고 뉴클레인인 염기와 인산, 당으로 이루어진 DNA와 단백질 복합체라는 사실도 밝혀냈다.

이후 알트만은 뉴클레인 중에서 염기와 인산, 당만을 포함하는 물질을 핵산(nucleic acid)이라고 부를 것을 제안해 DNA라는 개념이 성립되었다. 하지만 이 당시는 물론 1950년도까지도 DNA의 기능이 유전정보를 전달하는 것이라는 것은 전혀 알려지지 않았다.

그때까지만 해도 세포에서 가장 중요한 것은 단백질이지 DNA가 아니라는 생각이 과학자들 사이에 너무나 뿌리깊게 자리잡고 있었기 때문이다. 그러나 1952년 미국의 분자생물학자인 알프레드 D. 허쉬(1908~1997년)와 M. 체이스가 바이러스의 하나인 T2 박테리오파지를 가지고 DNA가 유전정보를 전달하는 물질이라는 사실을 확실히 밝혀 내고 제임스 D. 왓슨과 프랜시스 C. 크릭이 DNA의 이중나선구조를 밝혀 내면서 DNA는 현대 생물학의 최고 스타로 떠오르게 되었다.

코젤은 1910년 세포 핵 물질을 포함한 단백질에 대한 연구업적으로 노벨 생리·의학상을 수상했으며, 허쉬는 1969년 바이러스의 유전물질 구조와 그 복제 메커니즘을 규명한 업적으로 노벨 생리·의학상을 수상했다. 왓슨과 크릭도 DNA 이중나선구조를 규명한 공로로 1962년 노벨 생리·의학상을 수상했다.

DNA 이중나선(Double helix)

멘델이 완두콩 실험을 통해 유전현상을 과학적으로 규명하기 시작한 이후 유전현상의 실체를 밝혀 내는 것은 생물학계의 최대 과제 가운데 하나였다. 그러나 그 작업은 매우 더디게 진행되었다. 미국의 제임스 D. 왓슨과 영국의 프랜시스 C. 크릭이 DNA가 이중나선구조로 되어 있다는 것을 밝혀 내기 전까지 DNA의 성분은 규명되었으나 구조는 거의 밝혀진 것이 없었다.

그 전까지 알려진 것은 DNA가 인산과 디옥시리보스 등으로 이루어진 뉴클레오티드로 되어 있으며 뉴클레오티드가 사슬처럼 연결되어 있다는 것, 그리고 DNA 안의 아데닌(A)과 티민(T)의 양이 거의 같다는 것과 시토신(C)과 구아닌(G)의 양의 거의 같다는 것 정도였다. 이

때 로잘린드 프랭클린과 모리스 윌킨스의 연구가 왓슨과 크릭에게 중
요한 단서를 제공한다. 이들이 발표한 DNA의 X-레이 회절 사진이 바
로 그것이다.

X-레이 회절 사진에 드러난 DNA 구조는 뚜렷한 대칭성을 보여주고
있었으며 이것은 왓슨과 크릭이 이중나선구조를 만들어내는 데 결정
적인 단서가 되었다.

당시 DNA 구조 연구에서는 왓슨과 크릭 연구팀과 리누스 폴링이라
는 과학자가 경쟁을 벌이고 있었다. 폴링은 앞서 단백질 분자의 알파
(α)-나선 구조를 밝혀낸 저명한 과학자로 왓슨과 크릭보다 먼저 'DNA
는 3중나선구조(triple-helical structure)를 가지고 있다' 는 논문을 발표
했으나 곧 잘못된 모델이라는 것이 밝혀졌다.

종이와 금속조각을 이용해 DNA 구조 만들기를 거듭하던 왓슨과 크
릭은 1953년 마침내 영국의 과학지 [네이처]에 'DNA가 이중나선구조
로 되어 있다' 는 900단어 길이의 논문을 발표했다. 이들은 이 논문에
서 DNA가 이중나선구조로 되어 있으며 염기들은 서로 수소결합을 형

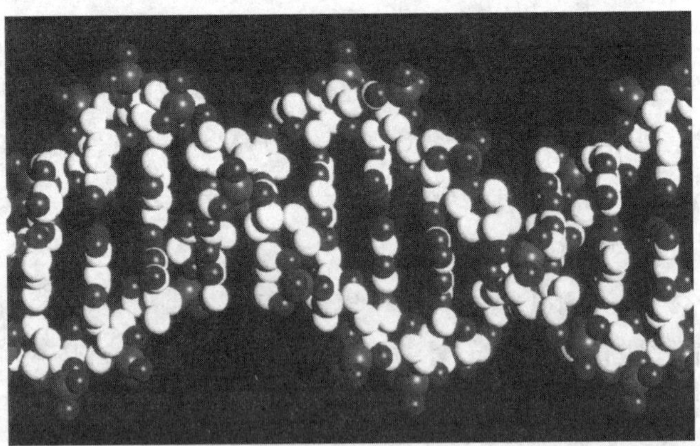

▲ DNA 이중나선구조 분자모형 [자료:연합뉴스]

성하고 이중나선을 구성하는 각 가닥들의 회전방향이 반대라는 것을 발표했다. 왓슨과 크릭, 그리고 이들에게 결정적인 단서를 제공한 모리스 윌킨스는 DNA 구조를 규명한 공로로 1962년에 노벨 생리·의학상을 수상했다.

이중나선구조는 사다리를 비틀어서 꼬아 놓은 것과 같은 것이라고 할 수 있다. 이때 사다리의 두 기둥은 디옥시리보스(S)와 인산(P)이 번갈아가면서 긴 사슬(··· -S-P-S-P- ···)처럼 연결되어 있으며 두 기둥 사이에는 아데닌(A)과 티민(T), 시토신(C)과 구아닌(G)이 서로 마주보고 결합(수소결합)해 사다리의 두 기둥을 연결하고 있다.

DNA의 이중나선구조에서 A는 반드시 T와, 그리고 G는 반드시 C와 결합한다. 그 이유는 이 4가지 염기의 화학구조 때문인데 이렇게 짝지었을 때 디옥시리보스와 인산이 연결된 두 가닥이 일정한 간격을 가지고 이중나선구조를 유지할 수 있다.

따라서 DNA 안에 있는 뉴클레오티드의 양을 측정하면 아데닌의 양은 티민과 똑같고 시토신의 양은 구아닌과 똑같게 되며 A-T, G-C의 짝짓기는 DNA가 유전자로서 기능을 하는데 매우 중요한 의미가 있다.

DNA의 이중나선구조에서 나선의 한 바퀴 수직길이는 3.4nm(1nm는 10억 분의 1m)이고 뉴클레오티드 10개가 나선 한 바퀴를 형성한다. 그리고 나선의 지름은 2nm이다.

배아줄기세포(Embryonic stem cell)

배아줄기세포는 정자와 난자가 수정된 뒤 세포분열을 거듭해 만들어진 세포로 무한정 복제가 가능하며 모든 종류의 세포로 발전할 수 있는 전능성(全能性)을 갖고 있어 생명체에서 새로운 세포와 조직을 만들어내는 원천세포이다.

줄기세포에는 수정란이 첫 분열을 시작할 때 형성되는 만능 줄기세포와 이 세포들이 계속 분열해 만들어진 포배(胞胚) 내막에 있는 배아 줄기세포, 그리고 성숙한 조직과 기관 속에 들어 있는 다기능 줄기세포가 있다.

수정란 분열 초기의 만능 줄기세포는 수정란이 2개로 분열되었을 때 갈라져 각각 신생아가 된 일란성 쌍생아처럼 세포 하나하나가 한 명의 태아가 될 수도 있어 연구용으로 사용할 경우 엄청난 윤리논쟁을 일으킬 수 있다.

여기서 '배아(embryo)'는 생식세포인 정자와 난자가 만나 결합된 수정란을 의미하며, 일반적으로 수정된 후 조직과 기관으로 분화가 마무리되는 8주까지의 단계를 가리킨다.

배아는 보통 5~7일 동안 세포분열을 거쳐 100~200여 개의 세포로 구성된 '배반포기 배아(blastocyst)'로 발생되어 자궁에 착상하게 되며 계속해서 세포분열과 분화 과정을 통해 인간개체로 발생하게 된다.

배아줄기세포는 착상 직전 배반포기 배아나 임신 8~12주 사이에 유산된 태아에서 추출한 줄기세포를 의미하는 것으로 인간으로 발생하는 세포이기 때문에 인체를 구성하는 모든 세포로 분화가 가능하다.

성체(成體) 줄기세포로 불리는 다기능 줄기세포는 만능줄기세포나 배아줄기세포에 비해 윤리적 논쟁에 다소 자유롭지만 추출이 어렵고 많은 연구가 이뤄지지 않은 상태이다.

이 때문에 과학자들은 배아줄기세포가 질병치료에 가장 유용할 것으로 보고 있으며 조지 W. 부시 대통령이 연방기금을 제한적으로 지원하기로 결정한 것도 바로 배아줄기세포에 대한 연구이다.

과학자들은 뇌 질환에서 당뇨병, 심장병, 알츠하이머병, 파킨슨병 등 많은 난치병을 치료하는데 줄기세포를 이용할 수 있을 것으로 기대하고 있다.

배아줄기세포를 각종 장기나 조직으로 분화시키는 인체 신호체계를 밝혀 내면 질병이 발생한 조직과 기관을 재생시키거나 대체할 수 있는 새로운 세포를 만들어낼 수 있다는 것이다.

그러나 이 경이로운 가능성의 세포를 질병을 치유할 수 있는 성숙한 세포로 전환시키는 방법을 알아내려면 앞으로 10년은 걸릴 것이라고 노벨의학상 수상자이자 미국 국립보건연구원(NIH) 원장을 지낸 해럴드 바머스 박사는 지적하고 있다.

바머스 박사는 줄기세포에 심장세포나 췌장세포 같은 특정 세포가 되라고 명령하는 신호는 매우 복잡하고 난해하다고 밝히고 과학자들이 지금 연구하고 있는 것은 바로 이 신호를 규명하는 일이라고 말했다.

바머스 박사는 배아줄기세포를 '생물학상의 제과점'에서 '밀가루'에 해당하는 것이라고 말한다. 즉 밀가루에 어떤 성분을 첨가하면 과자가 되고 또 다른 성분을 넣으면 빵이나 비스킷이 되듯이 배아줄기세포에 어떤 신호를 주느냐에 따라 만들어지는 세포가 달라진다는 것이다.

인간 배아줄기세포를 맨 처음 분리해 낸 위스콘신대학의 제임스 톰슨 박사는 줄기세포의 변신을 유도하려면 특정 단백질을 복잡한 과정을 통해 첨가하거나 제거해야 하며 또 그 시기가 정확해야 한다고 설명한다.

그는 "배아줄기세포 연구에서 어려운 부분은 이 세포들은 분화하지 않은 상태로 유지하는 것"이라며 "배아줄기세포는 일단 변신을 시작하면 통제하기 어려울 정도로 복잡하게 수많은 방향으로 움직이게 된다"고 말했다.

과학자들이 지금까지 연구를 통해 성장인자 또는 전사인자(轉寫因子)라고 부르는 일단의 단백질이 배아줄기세포가 어떤 세포로 분화될지 방향을 제시하며 이에 따라 배아줄기세포가 한 가지 방향을 택하게 된다는 사실을 밝혀 냈다.

지금까지 배아줄기세포로 만들어낸 세포 중 대표적인 것이 신경원(神經元 ; Neuron)이다.

과학자들은 배아줄기세포로 신경원을 만들었고 쥐 실험을 통해 성숙한 세포가 뇌의 모든 부위를 이동하면서 새로운 신경연결조직을 만든다는 사실을 알아냈다.

또 당뇨병 치료에 사용될 수 있을 것으로 기대를 모으고 있는 인슐린을 생산하는 췌장 도세포(島細胞)를 배아줄기세포에서 만들어내는 것도 신경원에 비해 어렵기는 하지만 가능하다는 것이 실험으로 확인되고 있다.

이 밖에도 배아줄기세포에 대한 연구가 전 세계적으로 붐을 이루면서 최근에는 심장과 근육세포를 비롯해 심근, 연골, 뼈, 피부 등도 만들어내는데 성공을 했다.

전문가들은 배아줄기세포를 올바른 방법으로만 배양하면 한 신체기관의 전체를 만들어낼 수 있을 것으로 전망하고 있지만 세포 수준을 뛰어넘어 장기 전체를 만들어내는 것은 현 세대의 과학자들에게는 어려운 과제라는 것이 대체적인 의견이다.

또 일부 과학자들은 성숙된 조직에서 채취한 성체 줄기세포도 배아줄기세포처럼 한 가지 형태의 세포에서 다른 형태의 세포로 유도할 수 있다고 믿고 있으며 이를 이용하면 배아줄기세포처럼 윤리적 논쟁에 휩싸이지 않고 질병 치료를 연구할 수 있을 것으로 기대하고 있다.

과학자들은 성체 줄기세포에 대한 연구를 통해 이미 혈액 줄기세포를 간(肝) 세포와 뇌세포, 그리고 신경원으로 전환시키는데 성공을 거둔 상태이다.

배아줄기세포 연구에서 가장 문제가 되는 것은 역시 윤리적 논쟁이다. 배아줄기세포를 추출하려면 한 명의 인간이 될 배아를 파괴해야 하기 때문이다. 이 때문에 정자와 난자가 수정되는 순간을 생명의 시작으로 보는 종교계 등에서는 배아줄기세포 연구에 강력히 반대하고 있다.

미국의 부시 대통령이 과학계에서 이미 배아를 파괴해 줄기세포를 추출, 배양해놓은 60여 가지 배아 줄기세포주(細胞株)의 연구에 대해서만 연방기금을 지원키로 한 것도 배아를 생명체로 보는 측의 반발을 줄이기 위한 것으로 풀이된다.

세포주는 보통 10번 이상 분열하면 분열이 정지되는 일반 세포와 달리 무한정으로 분열하면서 살 수 있는 세포를 말한다.

특히 특정 장기나 조직으로 전환될 수 있는 배아줄기세포주와 암과 같은 질병세포의 세포주 등은 그 자체가 특허 대상이 될 뿐만 아니라 고가에 거래되어 귀중한 생물자원으로 분류된다.

지금까지 연구된 배아줄기세포주는 약 60개에 불과하고 부시 대통령의 이번 발표에 따르면 더 이상의 배아줄기세포주에 대한 연구는 연방기금의 지원대상이 되지 않는다고 한다.

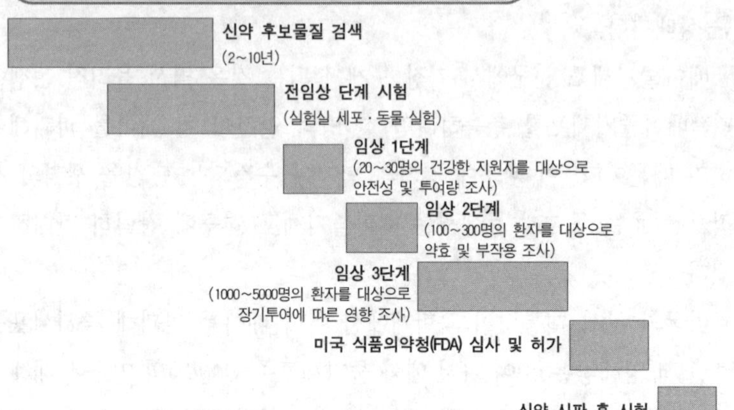

기존방식의 신약 개발과정 및 소요기간
신약 후보물질 검색
(2~10년)
전임상 단계 시험
(실험실 세포·동물 실험)
임상 1단계
(20~30명의 건강한 지원자를 대상으로
안전성 및 투여량 조사)
임상 2단계
(100~300명의 환자를 대상으로
약효 및 부작용 조사)
임상 3단계
(1000~5000명의 환자를 대상으로
장기투여에 따른 영향 조사)
미국 식품의약청(FDA) 심사 및 허가
신약 시판 후 시험
연
0   2   4   6   8   10   12   14   16

게놈정보를 이용한 신약개발

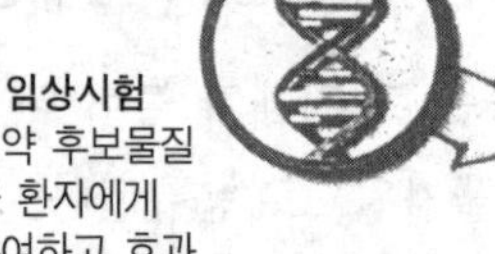

1. 유전자
질병에 관여하는 수백 가지
의 유전자를 검색해 특정질
병 관련 유전자를 찾아낸다.

2. 목표
질병 유전자가 만들어내
는 단백질을 확인한다.
이 단백질들을 신약개발
목표로 삼는다(P).

3. 질병에 관계하는
목표단백질의 작용
을 막는 화학물질(C)
을 찾아낸다.

4. 동물실험
찾아낸 화학물질(C)
을 쥐 등 동물에
투여해 안전성과
약효를 조사한다.

5. 임상시험
신약 후보물질
을 환자에게
투여하고 효과
를 검사한다.

3 유전학의 출발, 멘델

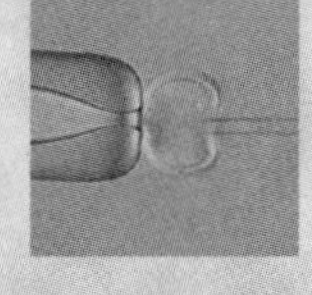

시대를 앞서 태어난 과학하는 성직자 멘델

인간이 자신들의 몸에서 유전이라고 하는 현상이 세대에 걸쳐 끊임없이 반복되고 있다는 사실을 인식하기 시작한 것은 언제부터일까?

물론 인류의 과학사에 유전이라는 개념이 등장한 것은 19세기 후반의 일로 150년이 채 안 되었다. 하지만 유전이라는 개념이 등장하기 훨씬 전, 아주 오랜 옛날로 거슬러 올라가는 선사시대 인류의 조상들 역시 학문적으로는 아니더라도 자녀들이 부모의 특징을 닮는다는 사실을 알고 있었을 것이다.

선사시대에 옷조차 제대로 갖추어 입지 못한 어느 어머니와 아버지가 자신들의 이목구비(耳目口鼻)를 조금씩 나누어 닮은 자녀들을 앞에 놓고 서로 자신을 많이 닮았다고 우기며 티격태격하는 모습은 몇 천년 전이나 지금이나 큰 차이가 없었을 것이다.

다만, 몇 천년 전 사람들은 몸을 구성하고 있는 세포 속에 들어 있는 유전물질이라는 것이 부모로부터 반씩 자녀들에게 전달되기 때문에 자녀들의 얼굴과 몸 이곳 저곳에 자신들의 모습이 나타난다는 사실을 전혀 알지 못했을 것이다. 이들에게 있어 자녀가 부모를 닮은 이유는 바로 부모와 자식간이기 때문이지 그 이상도 그 이하도 아니었을 것이다.

지금 사람들이 그들과 다른 점이 있다면 그것은 사람의 몸은 수십 조 개의 세포로 이뤄져 있고 각각의 세포 안에는 핵이 있고 또 핵 안에는 염색체가 있으며 그 염색체는 DNA라는 물질로 되어 있어 이 DNA를

▲ 멘델

이루고 있는 염기의 특별한 배열 순서 속에 부모의 생김새에 대한 정보가 저장되어 있다가 자녀들에게 그대로 전달된다는 것을 알고 있다는 점일 것이다.

앞에서도 언급했듯이 자녀가 부모를 닮거나 부모의 질병이 자녀에게도 나타나는 경우가 많은 현상 등으로 대변되는 유전현상에 대해 과학적으로 접근하고 이를 실험을 통해 설명하려고 시도한 것은 그리 오래된 일은 아니다.

유전학의 출발점은 어디이며 유전학 개척의 선구자는 누구일까?

그 선구자는 바로 현대인들에게 유전에 관한 '멘델법칙'으로 유명한 오스트리아의 가톨릭교회 수도사 그레고르 멘델이라고 할 수 있다. 멘델은 수년간에 걸쳐 완두콩 실험을 통해 유전 연구를 했다. 수도원에서 하나님의 말씀을 따르며 수도생활을 하는 사람이 유전학의 토대를 마련한 과학자라는 것이 이상하게 보일 수도 있지만 근대 이전까지만 하더라도 유럽에서는 성직자가 대표적인 지식인 계층에 속했었다는 것을 생각하면 그리 이상한 일은 아니다.

그러나 멘델은 세속적인 의미에서는 그렇게 행복했던 사람은 아니었던 것 같다. 성장기에 어려운 가정 형편 때문에 제대로 공부를 할 수 없었던 것도 그렇고 수년간에 걸친 완두콩 실험을 통해 완성한 유전학 연구 성과 또한 죽을 때까지 학계에서 이렇다 할 인정을 받지 못했기 때문이다.

멘델은 1822년 오스트리아 북모라비아 지역의 하이젠도르프(현재 체코의 하이첸)에서 태어났다. 그의 아버지 안톤은 가난한 소작인이었다. 멘델이 16살이 되던 해 안톤이 쓰러지는 나무에 깔려 다치는 바람에 가족의 생계조차 꾸려나가기 어려운 형편이 되었다. 때문에 어린 멘델은 틈틈이 힘든 농사일을 도와야 했다.

어린 시절의 경험이 그에게 도움이 된 것이 있다면 어릴 때부터 농사와 원예 일을 도우면서 자연과 친숙해질 수 있었다는 점 정도일 것이다. 어쩌면 그는 어린 시절에 완두콩에는 키나 껍질 모양, 꽃의 색깔 등이 다른 여러 종류가 존재한다는 사실과 이들을 서로 교배시키면 2대와 3대에는 부모 세대와는 다른 형질이 나타난다는 것을 어렴풋이나마 터득하게 되었을 것이다. 그리고 그는 십 수년이 지난 후 이 기억들을 되살려 뜰에 완두콩을 심으면서 유전학 연구에 몰두하게 된 것인지도 모를 일이다.

멘델의 아버지는 비록 가난하고 병으로 가정을 제대로 꾸리지는 못했지만 멘델의 교육에는 열심이었던 것 같다. 그는 집을 팔아가면서까지 아들을 대학에 보냈지만 그마저 여의치 않았으며 멘델은 결국 그레고르라는 이름으로 아우구스투스회 수도원의 수도사가 되어야 했다. 처음부터 성직자가 되고자 하는 마음이 있었는지에 대해서는 알 길이 없지만 결과적으로 멘델로서는 성직자의 길로 들어선 것이 공부를 계속할 수 있는 방편이 된 것이다.

그러나 멘델이 성직자가 됨으로써 공부를 계속할 수 있는 길이 열리기는 했지만 성직자로서 멘델의 앞길은 쉽게 열리지는 않았다. 그는 어렵게 부룬(지금의 부르노)에 있는 신학대학을 졸업하고 신부가 되었으나 신부로 크게 성공을 거두지는 못했으며 빈대학의 과학 교수직에 응시했다가 떨어지기도 했다.

그는 31살이 되던 해에 부룬으로 돌아와 수도원 사제 생활을 시작했다. 이 수도원에서 그는 평소에 농업과 정원 가꾸기 등을 즐기다가 34살이 되던 1856년부터 수도원 정원에 완두콩을 심어 본격적인 유전 실험을 시작했다.

멘델은 이곳에서 8년 여에 걸쳐 완두콩 재배 및 교배 실험을 했다. 실험의 면면들을 살펴보면 그는 이 당시 이미 식물 재배와 교잡 등에 상당한 전문 지식을 가지고 있었으며 여러 가지 특성이 유전되는 것에 대한 개념도 어느 정도 정립한 상태였던 것으로 추정된다.

그는 완두콩에서 일곱 가지의 대립형질을 선택해 매년 수천 그루씩, 8년에 걸쳐 약 3만 여 그루의 완두콩을 재배하면서 각 대립형질을 서로 교배시켰을 때 다음 세대에서 대립형질이 어떻게 나타나는지를 통계적으로 꼼꼼하게 분석했다.

그가 선택한 대립형질은 콩의 모양이 둥글고 매끈한 것과 찌그러지고 주름이 있는 것, 콩 껍질의 색이 흰색인 것과 회색인 것, 꼬투리 색이 초록색인 것과 노란색인 것, 꼬투리 모양이 둥근 것과 주름진 것, 꽃의 형태가 겹꽃인 것과 홑꽃인 것, 줄기가 긴 것과 짧은 것, 떡잎이 노란색인 것과 녹색인 것 등이었다.

멘델은 이렇게 서로 대립되는 형질을 가진 완두콩을 서로 교배시켜 재배하면 잡종 1대(F1)에는 부모(P)의 형질 중에서 한 가지만 나타난다는 사실을 발견했다. 즉 키가 큰 완두콩과 키가 작은 완두콩을 수정시켜 재배하면 언뜻 생각하면 중간키의 완두콩이 나올 것 같지만 결과는 모두 키가 큰 것만 나타난다는 것이었다.

이는 다른 형질들도 마찬가지였다. 콩 모양이 둥글고 매끈한 것과 찌그러지고 주름진 것을 교배했을 때는 둥글고 매끈한 것만 나왔으며, 꼬투리 색이 노란색인 것과 초록색인 것을 교배시켰을 때에는 잡종 1대에는 모두 노란 것뿐이었다.

이것이 바로 대립형질이 한 가지인 것들끼리 교배시켜 재배하는 단성잡종의 경우 잡종 1대(F1)에는 대립 형질 가운데 우성인 형질만이 발현되고 열성 형질은 나타나지 않는다는 '우열의 법칙' 이다.

그러나 우성 형질만이 발현된 잡종 1대들, 즉 키가 큰 것과 콩이 둥글고 매끈한 것, 꼬투리 색이 노란 것 등을 자가수분시켜서 재배하는 실험의 경우 잡종 2대(F2)에서는 잡종 1대에서는 나타나지 않았던 부모 세대의 열성 형질이 다시 나타났다.

즉 잡종 2대에서는 잡종 1대에서 전체를 차지했던 우성 형질과 전혀 나타나지 않았던 열성 형질이 3 대 1의 비율로 발현된 것이다. 키가 큰 완두콩과 키가 작은 완두콩을 교배해서 얻은 키가 큰 잡종 1대끼리 교배시킨 결과 잡종 2대에는 키가 큰 것과 작은 것의 비율이 3 대 1로 나타났다. 이것이 잡종 2대에서는 우성과 열성의 형질이 일정한 비율로 분리되어 나타난다고 하는 '분리의 법칙' 이다.

멘델은 또 이 실험에서 대립형질이 두 가지 이상인 다성 잡종의 경우에는 각각의 대립형질은 독립해서 우열의 법칙과 분리의 법칙에 따라 유전된다는 '독립의 법칙' 도 발견했다. 즉 양성 잡종의 경우 2쌍의 대립형질은 잡종 1대에서는 2쌍 모두 우성 형질만 발현되고, 잡종 1대끼리 교배하면 2쌍의 형질이 발현되는 비율이 9 : 3 : 3 : 1이 되며 이를 다시 대립형질별로 분류해보면 각각 3 : 1 비율이 된다는 것이다.

멘델은 이 같은 교배 실험을 통해 완두콩 등 생물체 내에는 부모 세대의 형질을 후손에게 전해주는 어떤 변하지 않는 인자가 들어 있다는 생각을 하게 되었으며 이런 현상을 설명하기 위해 유전의 기본단위라고 할 수 있는 '유전인자' 라는 개념을 도입하게 된다.

즉 모든 생물은 각종 형질에 대한 정보가 담겨 있는 유전인자를 가지고 있으며 자녀 세대는 이 유전인자를 양쪽 부모로부터 하나씩 물려받고 각각의 유전인자들은 서로 경쟁해 이기는 것이 우성인자가 되어 다음 세대에 발현된다는 것이다.

멘델은 8년 여에 걸친 완두콩 재배실험 끝에 얻은 이 같은 연구결과를 1865년 브룬의 자연학협회 정기회의에서 '식물의 잡종에 관한 실험'이라는 제목으로 발표했다. 그러나 안타깝게도 당시에는 이 연구의 중요성을 이해하는 사람이 한 명도 없었다. 그는 또 1866년부터 4년 동안 이 연구 결과를 정리한 논문을 당시 뮌헨대학의 식물학 교수였던 칼 빌헬름 나겔리에게 보냈으나 그 역시 이 역사적인 연구의 중요성을 알아채지 못했다.

멘델은 1868년 성 토마스 수도원의 원장이 되어 생활이 바빠지면서 완두콩 실험을 중단했으며 자신의 논문을 알리려는 활동도 뜸해지게 되었다. 결국 유전학이라는 새로운 학문의 출연을 알리는 멘델의 '식물의 잡종에 관한 실험'이라는 논문은 1884년 그가 사망할 때까지 학계에서 인정을 받지 못했으며 이와 함께 이 위대한 연구도 역사 속에 묻혀 버리는 듯 했다.

그러나 멘델의 유전법칙은 그가 죽은 지 16년 후인 1900년 우연히 다시 빛을 보게 되었다.

독일과 오스트리아, 네덜란드의 식물학자 3명이 각각 오래 전에 오스트리아의 한 수도사가 똑같은 연구를 했었다는 사실은 생각지도 못한 채 독자적으로 멘델의 유전법칙을 재발견함으로써 멘델의 위대한 연구가 마침내 세상에 알려지게 된 것이다.

독일의 칼 E. 코렌스와 오스트리아의 에릭 본 체르마크, 네덜란드의 후고 드 브리스는 각각 멘델과 유사한 실험을 통해 우열의 법칙과 분리의 법칙, 독립의 법칙 등을 재발견했으며 이를 '멘델법칙의 재발견'이라는 제목으로 학계에 다시 소개했다.

결국 멘델은 죽은 지 몇 십 년이 흐른 후에야 비로소 생물학계에서 유전과 진화에 관한 획기적인 발견을 이룩한 유전학의 창시자로 각광

을 받게 되었으며 1910년에는 그가 활동했던 브룬에 그의 동상이 세워
지고 그곳의 이름도 '멘델광장'이라고 불리게 되었다.

멘델이 유전인자라는 개념을 도입한 것은 분명 생명현상을 과거와는
전혀 다른 시각으로 바라보는 새로운 학문의 출발점이었음이 분명했
다. 하지만 그가 제시한 유전인자라는 것은 당시 과학 수준으로는 실
체를 확인할 수 없는 것이었기 때문에 어느 누구도 그것이 무엇인지
정확히 알지 못하는 하나의 추상적인 개념에 불과했다.

그후에도 과학자들은 세포 속에서 DNA라는 물질이 발견되고 그 물
질이 유전에 관련되어 있다는 것이 밝혀지기 전까지 오랫동안 유전이
라는 현상을 물질 수준에서 설명하지는 못했다.

하지만 멘델이 완두콩 재배실험을 통해 유전인자라는 개념을 도입하
고 사상 처음으로 세대 간 유전현상을 명쾌하게 분석해 낸 것은 모든
세포의 핵 속에 들어 있는 DNA라는 큰 분자를 이루는 염기서열 속에
부모에서 자녀로 형질을 전해주는 유전자가 들어 있다는 사실이 밝혀
진 오늘날에도 여전히 생물학 사상 가장 훌륭한 연구의 하나로 꼽히고
있다.

4 바이오과학과 윤리논쟁

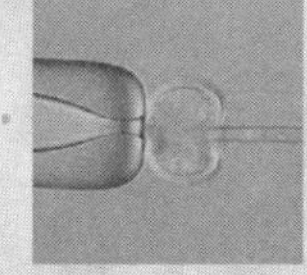

유전자연구에 대한 윤리논쟁

『토성여행을 하는 것이 꿈인 빈센트는 첨단기술을 이용한 유전자 조작을 통해서 태어난 우성(優性)인간이 아니다.

불행하게도 그는 인간이 종족 보존을 위해 수백만 년 동안 해온 자연 그대로의 방식대로 사랑으로 맺어진 부모가 자연분만을 통해 낳은 열성(劣性)인간이었던 것이다.

토성여행을 할 수 있는 우주비행사가 되는 것. 그것은 열성인간으로 태어나 청소부로 전전하던 빈센트에게는 실현가능성이 전혀 없는 꿈에 불과했다.

토성여행을 할 수 있는 유일한 방법은 토성 우주프로젝트를 추진하고 있는 최고의 우주항공회사 '가타카(GATTACA)'에 들어가는 것뿐이다. 그러나 열성인간이 가타카에 들어가는 것은 불가능한 일이다. '가타카'는 태어날 때부터 유전자 조작을 통해 우수한 형질만을 골라 가지고 태어난 우성인간들만이 들어갈 수 있는 귀족 집합체였기 때문이다.

그러나 토성여행의 꿈을 포기할 수 없었던 빈센트는 엄청난 모험을 하기로 결심했다. 유전학적으로 열성인 사람에게 가짜 신분증명서를 파는 DNA 중개인을 통해 유진 머로라는 사람으로부터 우성인자를 사서 신분세탁을 하기로 한 것이다.

빈센트는 유전자를 사고 유진 머로와 키를 같게 하기 위해 수술까지 받은 뒤 제롬 머로라는 우성인간으로 다시 태어났으며 마침내 '가타카'에 들어가는데 성공했다.

빈센트의 신분세탁은 완벽한 성공처럼 보였다. 그러나 우주여행을 일주일 남겨놓고 토성여행의 꿈이 실현될 때가 가까워지고 있다는 생각에 가슴이 부풀어 있던 빈센트는 뜻하지 않게 살인사건에 연루되면서 위기에 빠지게 된다. '가타카' 안에서 감시관이 살해되고 살인현장 근처에서 열성인간의 눈썹이 발견된 것이었다.

기지 내에 있던 모든 사람이 수사 대상이 되고 빈센트는 열성인간이라는 정체가 드러날 위기에 처하게 되는데…….』

지난 1998년에 개봉되었던 영화 '가타카'의 내용이다.

앤드루 니콜 감독이 제작한 이 영화는 개봉 당시 한창 진행되고 있던 인간게놈프로젝트(HGP)의 인간유전자지도 연구와 맞물려 미국은 물론 국내에서도 큰 화제가 되었다.

여기서 '가타카'는 DNA의 이중나선구조를 형성하고 있는 구아닌(G)과 아데닌(A), 티민(T), 시토신(C) 등 네가지 염기의 알파벳 첫 글자만 나열해서 만든 단어이다. 가타카는 이 영화에서 유전자 조작을 통해 태어난 우성인간만이 들어갈 수 있는 우주항공회사의 이름으로 사용되고 있다.

그러나 '가타카'는 단순히

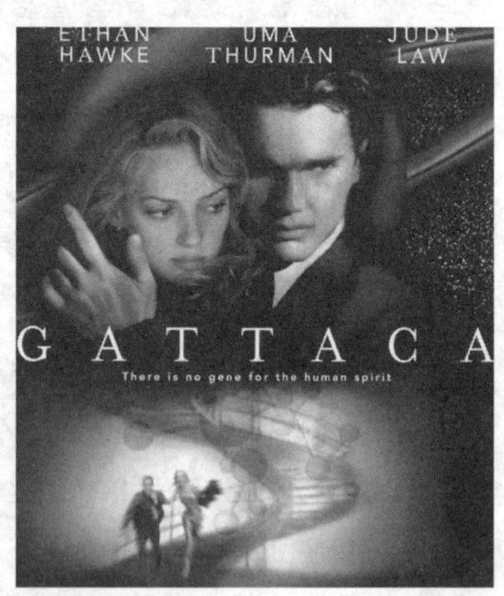

▲ 영화 '가타카' 포스터

미래의 우주항공회사를 의미하는 것이 아니다. '가타카'는 모든 생명현
상의 비밀이 들어 있는 인간게놈이 완전히 해독되고 유전자의 기능도
밝혀짐으로써 인간이 자유자재로 유전자를 조작할 수 있게 된 미래사
회, 인간의 운명이 유전자 염기서열 단 하나로 결정되는 그런 왜곡된
미래사회를 상징적으로 보여주는 것이다.

이같이 왜곡된 미래사회에서 부유한 사람들은 유전자에 대한 지식을
독점하고 첨단 기술을 이용해 유전자를 조작함으로써 자녀들을 우수
한 형질만 가지고 있는 우성인간으로 만든다. 그러나 그럴 만한 여유
가 없는 보통 사람들은 자연방식 그대로 자연분만을 통해 평범한 아이
를 낳아야 하는 그런 사회이다.

하지만 그보다 더욱더 문제가 되는 것은 '가타카'가 표현하고 있는
미래사회는 자연분만으로 태어난 평범한 사람들이 보통 사람으로 살
아갈 수 있는 곳이 아니라 유전자 조작을 이용해 태어난 우성인간들에
밀려 직업과 결혼 등 모든 사회생활에서 일평생 차별을 받으며 살아가
야 하는 첨단과학이 만들어낸 새로운 계급사회를 상징하고 있다는 점
이다.

즉 앤드루 니콜 감독은 이 영화를 통해 인간게놈 연구와 유전자 연구
가 진행되면서 인간의 운명이 자신의 희망이나 노력에 관계 없이 부모
가 유전자를 조작하는 데 드는 비용을 감당할 수 있을 만큼 부유한가
부유하지 않은가에 따라 결정되어 버리는 생물학적 계급사회가 도래
할 수도 있음을 엄중히 경고하고 있는 것이다.

'가타카'가 제시하고 있는 이 같은 경고는 2001년 2월 인간게놈지도
가 완성된 후 전 세계에 많은 국가의 정부와 민간기업들이 유전자 연
구가 초래할 수 있는 사회적·문화적 부작용에 대한 적절한 대책도 마
련하지 않은 채 경쟁적으로 게놈과 유전자 연구에 뛰어들면서 더욱 설

득력을 얻어가고 있다.

이 때문에 종교계를 중심으로 많은 사람들이 유전자 연구에서 과학자들이 수행할 수 있는 실험과 연구의 범위 및 한계를 명확하게 정하고 연구과정에서 밝혀진 유전정보의 활용을 개인사생활정보 보호와 인간의 존엄성 보호 차원에서 엄격히 제한해야 한다는 주장을 제기하고 있다.

사실 이들도 인간게놈지도 완성으로 밝혀지게 될 각종 유전자 정보가 암이나 알츠하이머병, 파킨슨병, 당뇨병, 정신분열증 등 많은 질병의 발생과 진행에 관한 비밀을 밝혀줄 것으로 믿고 있다. 또 게놈연구가 유전자가 관련되어 있는 것으로 알려진 각종 난치병 치료에 획기적인 발전을 가져올 것이라는 점도 인정하고 있다. 그러나 한편으로는 '가타카'에서처럼 인간에 대한 가치 판단이 유전자만으로 이루어지는 그런 사회가 온다면 질병치료 등의 혜택이 아무리 크다고 하더라도 그보다 훨씬 중요한 인간의 존엄성 자체가 파괴되는 사태가 발생할 수 있기 때문에 연구를 추진하기에 앞서 부작용에 대한 대책을 먼저 마련해야 한다고 주장한다.

게놈과 유전자 연구가 초래할 수 있는 사회적·문화적·윤리적 측면의 부작용에 관한 대책을 마련하라는 움직임은 인간게놈프로젝트를 수행하고 있는 미국·영국·일본·프랑스·독일 등 주요 게놈 선진국에서, 특히 미국에서 활발하게 나타나고 있다.

우리나라에서도 국내 과학자들이 인간 배아복제 관련 연구결과를 발표할 때마다, 또는 외국에서 윤리적으로 민감한 연구결과가 공개될 때마다 일부 사회단체와 종교계가 논평을 내고 대책마련을 촉구하는 등 이에 대한 논의를 주도하고 있다. 하지만 국내의 사정은 논의를 활성화하려는 움직임이나 이를 통해 제도적 장치를 마련하려는 노력 등 여러 면에서 아직 선진국에 비해 미흡한 점이 많다.

앞에서도 언급했듯이 미국은 1990년 인간게놈프로젝트를 공식 출범시키면서 처음부터 그에 따른 윤리적·법적·사회적 문제의 중요성을 인식해 이 부분에 대한 연구를 전문적으로 하는 프로그램(ELSI : Ethical, Legal, and Social Implications Research Program)을 동시에 시작했다.

미국은 ELSI 프로그램에 인간게놈프로젝트의 전체 예산 가운데 3~5%를 투입해 게놈 및 유전자 연구로 초래될 수 있는 문제점에 대해 연구하고 이에 대한 논의를 활성화해 사회적 합의와 법적 기준을 마련하도록 하고 있다.

ELSI 프로그램은 개인정보로서의 유전자 정보를 어떻게 보호할 것인지에서 유전자 정보를 이용한 질병치료법을 개발할 때 안전성이 완전히 확보되지 않은 치료법에 대해 사람을 대상으로 한 임상시험을 어느 선까지 허용할 것인지에 이르기까지 매우 다양한 문제들을 다루고 있다.

유전자 연구로 인해 실제 발생할 수 있는 문제에는 어떤 것이 있을까?

게놈 및 유전자 연구가 진행되면서 누구나 쉽게 짐작할 수 있는 문제 중 하나는 연구 또는 진료 과정에서 밝혀진 개인의 유전자 정보 소유권이 누구에게 있는가, 즉 유전자 정보를 누가 이용할 수 있도록 할 것인지를 결정하는 것이다.

현재 일반인들이 개인의 유전자 정보에 접근을 허용해도 좋다고 보는 범위는 그 유전정보가 질병과 관련된 것일 경우 당사자와 가족, 의료진 정도일 것이다.

그러나 유전자 검사가 널리 행해지면 행해질수록 개인의 유전자 정

보를 손에 넣으려는 기관이나 기업 등이 점점 많아질 것이라는 점은
불을 보듯 뻔하다. ELSI 프로그램에서는 유전자 정보에 눈독을 들일 만
한 기관으로 보험업계와 일반 기업체, 법원, 학교, 입양기관, 군대 등
을 예로 들고 있다.

특히 피보험자나 피고용인이 질병에 걸릴 경우 각종 보험료와 복지
비용 등으로 엄청난 재정부담을 안게 되는 보험회사와 일반 기업체가
개인의 유전자 정보를 미리 입수하게 되면 매우 우려할 만한 상황이
발생할 것으로 예상된다. 이 기업들은 유전자 정보를 토대로 질병유전
자를 가지고 있는 사람은 보험에 가입시키지 않거나 채용단계부터 고
용을 거부할 가능성이 크기 때문이다.

2001년 2월 게놈연구 국제공공 컨소시엄인 인간게놈프로젝트와 미
국의 바이오벤처기업 셀레라 제노믹스가 인간게놈지도를 완성했다고
발표한 뒤 가장 뜨거운 논란을 불러일으킨 문제도 바로 유전정보가 현
재의 인종차별이나 남녀차별 등과 같이 인간을 차별하는 또 하나의 기
준이 될 가능성이 있다는 점이었다.

미국 의회의 상원 민주당 원내총무인 톰 대슐 의원과 상원 보건·교
육·노동·연금위원회 위원장인 짐 제포즈 의원(공화)은 2001년 2월
셀레라 제노믹스사의 인간게놈지도가 발표된 과학전문지 〔사이언스
(2001. 2. 16.자)〕에 기고한 '게놈시대의 정책과제' 라는 논평에서 "유전
자 연구가 놀라운 속도로 진행되고 있으므로 각국 정부들이 나서서 유
전자 데이터의 오용을 방지하기 위한 법을 제정해야 한다"고 주장했다.

두 의원은 유전자 연구가 질병의 정밀진단과 치료약 개발에 기여하
는 등 예상되는 잠재적 혜택이 매우 큰 것은 사실이지만 이와 함께 많
은 윤리적·법적·사회적 부작용을 초래할 수 있다는 우려가 존재하
고 있다면서 사생활 보호와 유전자 정보의 공정한 이용이 균형을 이뤄

야 한다고 강조했다. 또 악용의 소지가 있는 유전자 검사가 더 보편화
되지 않도록 하는 게 중요하다며 적절한 안전장치가 없다면 유전자 혁
명은 과학을 위해서는 1보 전진일 수 있지만 인권을 위해서는 2보 후
퇴가 될 수도 있다고 지적했다.

이들은 "유전자 정보의 오용은 유전적으로 열악한 새로운 최하층
(underclass)을 만들어낼 수 있다"고 경고하고 "궁극적으로 모든 국가
가 특정 유전자 정보를 보호하고 누가 이 정보에 접근할 수 있도록 할
것인지, 그리고 유전자 정보를 어떻게 이용할 것인가를 결정해야 한
다"고 주장했다.

유전자 정보의 오용에 대한 일반인들의 우려도 매우 심각한 것으로
나타나고 있다.

[사이언스(2001. 2. 16.자)]에 인용된 미국 갤럽의 한 여론조사에서는
응답자 중에서 미국 성인의 86%가 의사가 유전자 검사를 하기 전에
피검사자의 동의를 얻어야 한다고 답했으며, 93%는 연구자들이 유전
자 정보를 이용하기 전에 당사자에게 사전동의를 구해야 할 것이라고
응답했다.

또 미국 국립게놈자원센터(NCGR : National Center for Genome
Resources)의 조사에 따르면 응답자 중에서 미국 성인의 85%는 기업
체의 고용주가 환자의 유전자 정보에 접근할 수 있도록 해서는 안 된
다고 말했으며, 63%는 보험회사나 기업체 고용주가 유전자검사 결과
를 알 수 있다면 유전자 검사를 받지 않을 것이라고 답했다.

이 같은 우려에 따라 미국의 일부 주 정부와 주의회는 개인의 유전자
정보를 보호하는 강력한 유전 프라이버시법을 제정하는 등 유전정보
보호에 관한 가시적인 성과가 이미 나타나고 있다.

2000년 6월 인간게놈프로젝트와 셀레라 제노믹스가 인간게놈지도

초안을 발표한 뒤 미국 메사추세츠주 주의회 상하원은 그해 8월 금융, 주택, 의료보험, 고용에 있어서 유전적 차별을 엄격히 금지하는 '유전 프라이버시법'을 제정했다.

이 법은 환자가 자신의 유전검사 결과를 볼 수 있는 사람을 완전히 자신의 뜻에 따라 결정할 수 있도록 명문화했다. 환자의 담당의사 이외에 다른 사람이 유전검사 결과를 보려고 할 때는 환자로부터 사전에 서면 동의를 받도록 강제규정을 마련한 것이다.

유전 프라이버시법은 메사추세츠주에 있는 개개인의 프라이버시 보호를 지지하는 수많은 사회단체들이 5년 동안이나 노력을 기울여 법 제정에 성공한 것이다. 전문가들은 이 법의 제정이 유전적 차별을 금지시키려고 하는 다른 주들의 입법활동에 방향을 제시하는 훌륭한 본보기라며 높이 평가하고 있다.

앞으로 질병에 관련된 유전자가 더 많이 밝혀지면 미래에 질병에 걸릴 가능성을 예측하기 위한 유전자 검사도 더욱 널리 시행될 것이다. 그러나 유전자 검사에서 치명적인 질병에 관련된 유전자를 가진 것으로 밝혀질 경우 그 결과를 피검사자에게 알려야 하는지, 알린다면 그것이 어떤 결과를 초래하게 될 것인지 등도 논란거리다.

치명적 질병에 관련된 유전자를 가지고 있다는 사실을 피검사자에게 알리는 것이 좋은지, 숨기는 것이 좋은지에 대한 논란은 현재 암과 같은 난치병 진단이 나오면 환자에게 그 결과를 알리는 것이 좋은지, 알리지 않는 것이 좋은지에 대해 논란이 벌어지고 있는 것과 일맥상통하는 문제라고 할 수 있다.

영국 런던의 킹스칼리지 의과대학의 보건심리학 교수인 테레사 마토 박사와 미국 조지타운대학교 의과대학의 정신과 전문의인 카린 러먼 박사는 영국의 의학전문지 [브리티시 메디컬 저널] 2001년 4월 28일자에서 어떤 사람이 특정 유전질환 위험을 예고하는 유전자를 가지고 있는지를 알아보는 검사는 검사결과에 따라 환자에게 절망과 무분별한 행동을 유발할 가능성이 있는 등 윤리적으로 문제가 적지 않다고 지적했다.

DNA검사에서 이들이 걸릴 가능성이 있는 질병이 난소암이나 심장병 같은 치료 가능성이 비교적 높은 병일 경우에는 별 문제가 없겠지만 헌팅턴병이나 알츠하이머병 같은 치명적이거나 현재의 의료수준에서 치료가 거의 불가능한 질환일 경우는 당사자에게 파국적인 영향을 미칠 수도 있다고 주장했다.

마토 박사와 러먼 박사는 유전적 질병 위험에 관한 정보는 개인의 동기를 촉진시키거나 저하시킬 수 있다고 말하고 지금까지 나타난 증거들을 보면 특정 질병의 위험이 있는 것으로 밝혀진 사람들은 그 위험을 줄이기 위해 노력하기보다는 절망에 빠져 무모하게 행동할 가능성이 더 큰 것으로 나타나고 있다고 밝혔다.

이들은 또 DNA 검사 결과 질병유전자를 갖고 있지 않다고 밝혀진 사람들은 그들대로 지나친 낙관론에 빠져 건강에 좋지 않은 행동을 해도 괜찮다는 생각을 가질 우려가 있다고 지적했다. 이어 기업이나 보험회사, 대출기관 등이 사원이나 고객에 대한 유전자 검사를 할 수 있도록 허용할 것인가에 대해서도 사회 구성원들이 심도 있게 논의해야 할 사항이라고 강조했다.

임산부와 자궁 내 태아에 대한 유전자 검사도 큰 문제를 초래할 가능성이 있다. 임신 초기의 태아에 대한 유전자 검사는 미국 등 선진국은 물론 우리나라에서도 벌써부터 사회적으로 문제가 되고 있다.

국내의 일부 산부인과 병·의원 등 의료기관에서는 양수검사 등의 방법으로 자궁 속에 있는 태아의 유전자를 검사해 유전질환 유무를 진단해주는 서비스를 오래 전부터 제공하고 있다. 특히 최근에는 유아나 청소년의 지능지수(IQ)를 유전자 검사를 통해 판정해주는 서비스까지 등장해 빠르게 확산되면서 유전자 검사 자체가 사회적 논란거리로 등장하고 있다.

그러나 이 같은 유전자 검사는 학문적으로나 윤리적으로 큰 문제를 내포하고 있다.

지금까지 밝혀진 질병유전자 자체가 매우 적을 뿐만 아니라 현재의 과학 수준으로는 질병유전자를 정확히 진단해 내기가 어렵고 특정 질병유전자를 가지고 있다고 하더라도 그 사람이 그 질병에 100% 걸린다는 것 또한 확신할 수 없다.

질병유전자가 질병에 걸릴 가능성을 100% 좌우하는 것이 아니라는 사실은 세계 각국에서 여러 차례 실시된 일란성 쌍둥이들에 대한 연구에서도 잘 드러나고 있다. 질병의 종류에 따라 다르기는 하지만 질병이 발생하는 데에는 유전자뿐만 아니라 개인의 생활 방식, 환경 등 수많은 요소가 동시에 작용한다는 것이 정설이다.

또 유전자 검사법이 크게 발달해 정확성이 높아진다 하더라도 태아가 유전질환을 일으키는 유전자를 가지고 있을 경우 부모의 의료진이 어떻게 해야할지도 문제이다. 유전자 검사에서 태아가 유전질환을 일으키는 유전자를 가진 것으로 밝혀질 경우 많은 임신부들이 낙태를 원할 것이다.

이런 여성들에게 과연 낙태를 허용해야 하는가? 장애나 질병이 있는 태아는 태어날 권리가 없는 것인가? 이에 대해서는 사람들마다 견해가 다를 수도 있다. 그러나 법으로 낙태를 금지한다 하더라도 태아에게 질병유전자가 있다는 것이 밝혀진 이상 불법 낙태가 비밀리에 행해지리라는 것은 분명하다. 그럴 경우 이 같은 불법 낙태문제에 어떻게 대처할 것인지 또한 골칫거리가 아닐 수 없다.

이 같은 문제를 사전에 예방하기 위해서는 유전자 검사와 유전자 치료법의 정확성과 신뢰성, 유효성 등을 어느 정도 인정할 것인지, 그 결과의 활용을 어느 선까지 허용할 것인가를 사회적 합의를 통해 하루빨리 결정해야 한다.

또 유전학의 발달에 따라 하루가 다르게 등장하는 새로운 검사 및 치료법을 기존 의료 인력에게 어떻게 교육할 것인지와 유전자 검사와 치료법을 시행하기 전에 일반 대중에게 어떤 정보를 어떻게 제공해 스스로 선택할 수 있는 기회를 줄 것인지 등에 대해 충분한 논의와 연구도 필요하다.

유전자 연구는 이 밖에 유전 정보를 상품화하는 과정에서 유전정보의 소유권을 둘러싸고 특허 등 지적재산권 문제를 일으킬 가능성이 있으며 유전자 정보를 많이 확보하고 있는 미국과 영국 등 게놈 선진국과 다수의 개발도상국 사이의 빈부 격차를 더욱 벌어지게 만드는 요인이 될 가능성도 있다.

특히 유전자 검사와 유전자 치료법 등에 많은 비용이 들어가거나 유전정보를 이용한 상품이 지나치게 비싼 가격에 거래될 경우 한 국가, 한 사회 내에서도 빈부에 따라 이를 이용할 수 있는 계층과 이용하지 못하는 계층이 생겨나면서 계층간 갈등을 초래할 가능성이 크기 때문에 이에 대한 대책도 반드시 마련되어야 할 것이다.

게놈과 유전자 연구는 이 밖에도 사회구성원들이 전혀 예상하지 못한 문제점을 초래할 수도 있다. 이것이 바로 게놈과 유전자 연구 못지 않게 그에 수반된 윤리적·사회적 문제점에 대해서도 연구를 해야 하는 이유이다. 그러나 이런 연구는 어느 개인이나 단체가 할 수 있는 그런 것은 아니다. 게놈과 유전 연구에 따른 문제점을 예측하고 이에 대한 대책을 마련하는 몫은 법을 제정하는 국회나 정책을 마련하고 시행하는 정부가 해야 할 일이다. 그러나 우리나라의 경우 이런 부문에 대한 연구가 너무 소홀한 것이 아닌가 하는 생각이 든다.

정부와 과학계는 게놈과 유전 연구가 인류에게 가져다 줄 수 있는 혜택은 무엇이며 그 과정에서 발생할 수 있는 문제점은 무엇인지 국민 앞에 제시하고 이에 대한 의견을 수렴해 다시 정책에 반영하는 국민과의 피드백 시스템을 마련해야 할 것이다.

복제, 그리고 줄기세포 연구를 둘러싼 윤리논쟁

복제가 가져올 혜택과 재앙, 그리고 이에 대한 윤리논쟁

세계 최초의 체세포(體細胞) 복제 양(羊) '돌리(Dolly)'가 태어난 후 전 세계 과학자들은 복제(clone)와 줄기세포(stem cell) 연구에 경쟁적으로 뛰어들었다. 그와 함께 복제연구를 둘러싼 윤리 논쟁도 뜨겁게 일고 있다.

1996년 영국의 스코틀랜드 에든버러시에서 남쪽으로 11㎞ 떨어진 곳에 있는 로슬린연구소(Roslin Institute)에서는 인간이 자연의 법칙을 깨뜨리는 한 '사건'이 발생했다. 이 연구소의 이언 윌머트 박사팀이 6살짜리 암양의 유선(乳腺) 세포를 이용해 체세포 복제방식으로 '돌리'

▲ 복제 양 돌리와 새끼들

를 탄생시킨 것이다.

돌리의 탄생 사실이 1997년 2월 영국의 과학전문지 〔네이처〕를 통해 전 세계에 알려지자 세계 각국, 각계 각층에서는 '복제'가 내포하고 있는 윤리적 문제에 대한 뜨거운 논쟁이 일기 시작했다.

종교계를 포함한 과학의 윤리성을 강조하는 측에서는 돌리의 탄생은 암컷의 난자와 수컷의 정자가 만나 만들어진 수정란이 발달해 배아가 되고 배아가 자라 새로운 개체로 태어나는 자연의 법칙을 깨뜨린 것이라며 강력히 반발했다. 종교적 입장에서 보면 이는 인간이 생명창조라고 하는 신의 고유 영역을 침범한 것이나 마찬가지였다.

종교인이 아닌 많은 일반인들도 복제 기술이 결국 사람에게까지 적용되어 공상과학에서나 등장하는 '히틀러 복제' 같은 일이 현실 속에서 발생하는 것이 아니냐며 우려를 표시했다.

돌리의 탄생은 학문적으로도 큰 충격이었다. 돌리가 태어나기 전까지 과학자들은 일단 수정란 상태에서 세포가 분열하면서 배아가 형성되고 배아세포가 분화과정을 거쳐 태아의 몸이 만들어지면 그 몸을 이루고 있는 신체 각 부분의 체세포는 그 기능이 장기나 뼈 등 현재의 특정 목적으로 한정되어 있다고 믿어 왔다.

그러나 핵을 미리 제거한 난자 속에 몸을 이루고 있는 체세포의 핵을 넣어 결합시키는 방법으로 배아를 만들고 이 배아를 대리모의 자궁에 이식해 복제 양 돌리가 태어남으로써 몸을 구성하고 있는 어떠한 세포도 새 생명의 씨앗이 될 수 있다는 것이 증명된 것이다.

복제가 많은 사람들의 관심을 끄는 데에는 오랫동안 복제인간을 등장시켜온 공상과학 소설이나 영화가 한 몫을 한 것이 사실이다. 하지만 복제가 공상과학에서나 가능하고 현실에서는 불가능한 것이라면, 그리고 복제가 현실 속에서 가져다줄 이득이나 혜택이 크지 않다면 복제를 둘러싼 논쟁은 필요 없을 것이다.

그러나 문제는 현실적인 면에서 볼 때 복제 기술이 의학이나 산업 등에 적용이 가능해질 경우 예상되는 긍정적인 효과가 매우 크다는 점이다. 복제 기술 활성화에 따라 예상되는 의학적·경제적 이점들이 너무 크기 때문에 윤리적인 기준만을 잣대로 삼아 복제 연구 자체를 포기하는 것을 어렵게 만들고 있는 것이다.

복제를 둘러싼 윤리 논쟁은 처음부터 결론이 쉽게 내려질 수 있는 성격은 아니다. 이 논쟁의 중심에는 종교적 믿음과 마찬가지로 신념의 문제라고 할 수 있는 '생명의 정의'와 특히 이미 오래 전부터 논란거리가 되어온 '생명의 시점을 언제로 볼 것인가'라는 문제가 깊숙이 자리잡고 있기 때문이다.

따라서 복제를 둘러싼 윤리 논쟁에 정답이란 있을 수 없다. 결국 그 사회를 구성하는 구성원들이 복제의 혜택과 폐해를 면밀히 검토해보고 '우리는 어떻게 하겠다'라는 의견의 일치를 이루는 것이 최선의 선택인 것이다.

복제가 가져다줄 수 있는 혜택을 예상하는 것은 어렵지 않다. 우선 복제는 우수한 형질을 가진 동식물의 개발과 보급을 용이하게 함으로써 인류의 식량문제 해결에 크게 기여할 수 있을 것이다. 또 질병 치료와 약품 개발 및 제조 등에서도 획기적인 발전을 가져올 수 있을 것으로 예상되며 이에 따른 경제적 파급효과 또한 엄청날 것으로 예상된다.

복제 관련 연구에서 가장 큰 주목을 받고 있으며 윤리적 논쟁의 초점이 되고 있는 것은 바로 각종 난치병 치료에 인간 배아줄기세포를 이용하려는 연구이다.

수정란이나 체세포 복제 배아에서 추출할 수 있는 배아줄기세포가 알츠하이머병이나 파킨슨병·당뇨병·각종 심장질환 등 난치병의 치료법을 획기적으로 발전시키는데 크게 기여할 것이라는 전망이 잇따라 나오면서 세계 과학계와 산업계, 의학계는 복제 연구에 한층 더 열을 올리고 있다.

특히 정자와 난자가 수정된 후 14일 정도된 배아, 즉 배반포단계에서 추출할 수 있는 배아줄기세포는 뇌나 신경, 혈액, 각종 장기 등 인체의 모든 세포로 발달할 수 있는 전능성(全能性)을 가지고 있으며 이를 각종 난치병 치료에 활용할 수 있다는 연구결과가 최근 전 세계적으로 계속 쏟아져 나오고 있다. 이에 따라 체세포 복제방식이나 불임 치료 후 남은 잉여배아 이용 등 여러 가지 방법으로 배아줄기세포를 얻으려는 연구와 배아줄기세포에서 치료용 세포를 만들어내려는 연구도 세계 각국에서 경쟁적으로 진행되고 있다.

더욱이 최근에는 인간게놈지도가 완성되면서 유전자 정보 및 유전자 조작기술을 복제 기술과 결합시키는 연구도 활발하다. 즉 유전자 조작기술로 특정 물질을 만들어내는 유전자를 가지고 있거나 특정 유전자가 없는 형질전환 동물을 만들어냄으로써 동물의 젖이나 계란 등에서 질병 치료용 물질을 생산하고 인체에 이식해도 거부반응이 없는 장기를 얻을 수 있는 돼지를 만들어내려는 것이다.

세계 과학계가 이처럼 복제 관련 연구에 많은 관심을 쏟고 있는 것은 복제 기술이 미래의 의학과 산업에 미치는 파급효과가 그만큼 클 것으로 전망되고 있기 때문이다.

복제와 줄기세포 연구분야에서 선도적 위치를 차지하고 있는 미국의 생명공학 벤처기업인 매사추세츠주 우스터의 어드밴스드 셀 테크놀러지사의 연구담당 부사장인 호세 시벨리 박사는 "복제와 배아줄기세포, 그리고 게놈 연구는 앞으로 난치병 치료에서 식량문제 해결, 멸종 위기에 놓인 동물의 보존 등 다양한 분야에 획기적인 발전을 가져오게 될 것"이라고 말했다.

영국의 로슬린연구소 연구진이 개발한 체세포 복제방법은 이론적으로는 아주 간단하다.

먼저 암컷에서 난자를 채취해 유전물질이 들어 있는 핵을 제거한다. 그리고 복제하고자 하는 동물의 몸에서 귀든 꼬리든 복제에 적당한 체세포를 떼어내어 복제에 필요한 전처리를 하거나 핵만을 떼어내 준비해둔다.

이렇게 준비한 체세포나 체세포의 핵을 미리 핵을 제거해놓은 난자 속에 넣은 뒤 약한 전기충격을 가해 결합시키면 정자와 난자가 만나 수정된 수정란처럼 세포분열을 거듭하면서 배아로 성장하게 된다. 즉 정자와 난자의 수정이라는 절차를 거치지 않고도 한 생명체로 성장할 수 있는 배아가 만들어진 것이다.

이렇게 만들어진 배아를 대리모의 자궁에 이식하면 하나의 개체로 발달해 새끼로 태어나는 것이다(물론 체세포와 핵을 제거한 난자를 결합시켰다고 모두 배아로 성장하는 것은 아니다. 실험결과로 볼 때 실패하는 것이 훨씬 많고 배아를 대리모의 자궁에 이식한 후에도 착상되지 않거나 중간에 유산되는 것이 정상적인 새끼로 태어난 것보다 훨씬 많은 것으로 알려져 있다).

국내외의 많은 과학자들이 이 복제 기술로 여러 가지 동물을 복제하는데 성공했지만 전체적인 성공률은 1%에도 미치지 못할 정도로 아직 많은 문제가 남아 있다.

로슬린연구소 연구진이 과학전문지 [네이처]에 이 복제 기술을 처음 발표한 뒤 세계 각국의 많은 연구자들이 이 방법을 똑같이 시도했다가 실패만 거듭되자 이안 윌머트 박사팀이 거짓말을 한 것이 아니냐는 의혹을 제기할 정도였다.

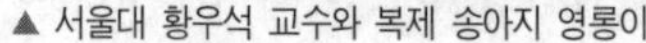

▲ 서울대 황우석 교수와 복제 송아지 영롱이　　　▲ 슈퍼한우 Rank 1의 복제 송아지와 대리모

　이 복제 기술의 실패율이 이처럼 높다는 것은 복제를 연구하는 과학자들조차 체세포 복제를 인간에게 적용해서는 안 된다고 주장하는 중요한 근거가 되고 있다.

　그러나 로슬린연구소가 개발한 이 체세포 복제방법이 성공률이 1%에도 미치지 못할 만큼 많은 문제를 안고 있기는 하지만 이 방법을 활용하면 형질이 우수한 가축을 대량으로 번식시킬 수 있는 등 그 자체로 상당한 의미가 있다.

　국내에서도 서울대학교 수의과대학 황우석 교수가 1999년에 복제양 돌리와 같은 방법으로 우량 젖소와 한우를 복제해 '영롱이'와 '진이'를 탄생시켰으며, 2001년 6월에는 국내 바이오벤처기업 ACT코리아(대표 심호섭 단국대학교 의대 교수)가 국내에서 형질이 가장 우수한 한우인 '랭크 1(Rank 1)'을 복제하는데 성공하기도 했다.

　그러나 복제 기술이 더욱 큰 기대를 모으는 것은 앞에서도 언급했듯이 각종 난치병 치료에 획기적인 발전을 가져올 것으로 기대되는 배아줄기세포를 생산하고 인체 거부반응을 일으키지 않는 인체 이식용 장기를 생산할 수 있는 형질전환 동물을 만드는 데 복제 기술이 꼭 필요하기 때문이다.

　특히 줄기세포를 얻기 위한 인간 배아복제는 큰 논쟁거리가 되고 있다.

미국에서는 인간 배아복제 연구에 연방기금을 지원할 것인지에 대한 조지 W. 부시 대통령의 결정을 한 달 앞둔 2001년 7월 버지니아주에 있는 존스생식의학연구소가 인간 배아줄기세포 연구를 얻기 위한 목적으로 복제 배아를 다량으로 만들었다고 발표해 미국에서 인간 복제에 관한 윤리논쟁이 거세게 일어났었다.

미국에서는 이 밖에도 어드밴스드 셀 테크놀러지(ACT)사가 2001년 7월 인간 배아줄기세포를 생산하기 위한 체세포 복제에 착수할 것이라고 발표한데 이어 11월에는 실제로 복제 배아를 만들어 6세포기까지 배양하는데 성공했다고 발표하기도 했다.

또 다른 생명공학 벤처기업인 제론사도 불임치료를 위해 만들어졌다가 포기되는 냉동 배아를 구입해 인간 배아줄기세포 양산에 나서고 있어 복제를 둘러싼 윤리논쟁이 끊이지 않고 있다.

ACT의 호세 시벨리 부사장은 "환자 자신의 세포를 이용해 체세포 배아복제 방식으로 배아줄기세포를 얻으면 여기서 치료용 세포를 배양할 수 있다"며 "이렇게 얻은 치료용 세포는 환자 자신과 똑같은 유전자를 갖고 있기 때문에 환자에게 이식해도 거부반응이 전혀 없어 심장질환이나 당뇨병, 파킨슨병, 알츠하이머병 같은 많은 난치병을 치료하는데 큰 도움이 될 것"이라고 말했다.

그러나 인간 배아줄기세포를 얻기 위한 배아복제는 그것이 불임치료용으로 만들어졌다가 버려지는 잉여배아를 이용한 것이든 체세포 복제를 통한 것이든 윤리논쟁으로부터 자유로울 수 없다. 두 가지 방법 모두 여성의 자궁에 이식하면 한 생명체가 될 수 있는 배아를 파괴해 줄기세포를 얻는 것이기 때문이다.

현재 미국 등 일부 국가의 민간 연구기관들은 불임치료를 위한 시험관 아기용으로 만들어 냉동 보관하고 있는 배아 가운데 폐기될 예정인 잉여배아를 연구용으로 기증받아 배아줄기세포 연구를 하고 있으나 냉동 배아 자체가 여성의 자궁에 이식되면 정상적인 태아가 될 수 있는 생명체라는 점에서 논란의 대상이 되고 있다.

우리나라에서도 의료법인 마리아의료재단 산하 기초의학연구소의 박세필 소장이 이끄는 연구팀이 지난 2000년 8월 불임 부부의 시험관 아기 시술에 사용하고 남은 잉여 배반포배아(수정 후 수정란을 5~6일 가량 배양한 상태)를 이용해 배아줄기세포를 배양하는데 성공했다고 밝혀 윤리논쟁을 일으키기도 했다.

박세필 소장은 외국 연구팀의 경우 배아줄기세포를 얻기 위해 새로 수정된 신선한 배아를 사용하고 있으나 자신들은 시험관 아기 시술에 사용하기 위해 만든 배아 가운데 5년 이상 동결 보관되어 있는 폐기될 잉여배아를 녹여서 사용했기 때문에 윤리적 문제가 외국보다 훨씬 적다고 주장하고 있다.

그러나 복제에 반대하는 측에서는 배아복제 연구에 사용되는 수정란이 연구용으로 기증된 정자와 난자를 새로 수정시켜 만든 것이든 불임 치료를 위해 만들었다가 5년 이상 동결보관되었다가 폐기될 운명에 처한 것이든 모두 생명체라는 점에서는 차이가 없다며 배아를 이용한 줄기세포 연구를 중지시켜야 한다고 요구하고 있다.

복제 반대론자들은 또 체세포 복제방식으로 인간 배아줄기세포를 얻는 경우에도 하나의 생명체로 발전할 수 있는 배아가 파괴되는 것은 마찬가지이기 때문에 이를 허용해서는 안 된다고 주장하고 있다.

그러나 현재 세계 과학계의 전체적인 분위기는 이 같은 윤리적 논쟁에도 불구하고 배아줄기세포를 이용한 질병 치료법 개발을 포기해서는 안 된다는 의견이 지배적이다. 따라서 배아 복제 연구를 둘러싼 윤리논쟁이 미래의학에서 중요한 위치를 차지할 것으로 전망되고 있는 배아줄기세포에 대한 연구를 중단시키지는 못할 것으로 예상된다.

결국 어느 나라든 자신들이 배아복제 연구를 하지 않는다 하더라도 세계 어느 국가든 복제 연구를 허용할 것이며 그럴 경우 자국만 바이오 경쟁에서 뒤질 것으로 우려할 것이다. 이런 현상은 영국 정부가 생명공학 분야의 연구를 적극 지원하고 나서면서 이미 나타나고 있다.

영국 정부가 복제와 유전자 연구에 대해 미국 정부보다 훨씬 적극적이고 진보적인 지원정책을 펼치자 미국의 연구자들이 자유로운 연구 환경을 찾아 영국으로 떠나는 현상이 나타나고 있는 것이다.

이는 생명공학의 육성과 통제 사이에서 명확한 방향을 찾지 못하고 있는 우리나라의 현실에도 시사하는 바가 크다고 할 수 있다. 국가적 정책이나 연구의 허용 범위를 규정하는 법, 사회적 공감대가 마련되지 않아 과학자들이 자유로이 연구를 할 수 없는 상황이 벌어지고 있기 때문이다. 미국이나 영국은 법으로 명확히 금지되어 있지 않으면 윤리적으로 민감한 실험도 과학 발전을 위해 과감하게 시행하는 경우가 많지만 우리나라에서는 그럴 경우 야기될 문제를 우려해 감히 실험을 하지 못한다는 국내 과학자들의 말을 되새겨볼 필요가 있다.

복제와 관련해 많은 사람들의 관심을 모으고 있는 또 하나의 연구분야는 인체에 이식해도 거부반응을 일으키지 않는 장기(臟器)를 생산할 수 있는 형질전환 동물을 만드는 것이다.

형질전환 동물은 유전자 이식이나 조작 등을 통해 동물이 가지고 있는 유전적 특성을 인공적으로 변화시킨 동물을 의미한다. 국내에서 만들어진 대표적인 형질전환 동물은 생명공학 연구원 이경광 박사팀이 인체 락토페린이 들어 있는 젖을 생산하도록 유전자를 조작한 '보람이'와 한국과학기술원(KAIST) 유욱준 교수팀이 백혈병 치료물질인 G-CSF를 생산하도록 유전자를 조작한 염소 '메디'를 들 수 있다.

인체에 이식해도 거부반응을 일으키지 않는 장기를 생산할 수 있는 동물을 만들어내는 것은 이처럼 유전자를 조작해 형질전환 동물을 만들어내는 기술과 체세포 복제 기술이 결합되어야 가능하다.

인체 이식용 장기를 생산할 동물로는 돼지가 가장 적합한 것으로 꼽히고 있다. 장기의 크기나 기능, 구조의 측면에서 볼 때 돼지 장기가 사람에게 이식하기에 가장 적합한 것으로 간주되고 있기 때문이다.

이 부분에서는 인체 이식용 장기 생산을 위한 동물개발을 목표로 설립된 미국의 바이오벤처기업 이머지 바이오세러퓨틱스와 어드밴스드 셀 테크놀러지(ACT)사, 영국의 로슬린연구소가 설립한 바이오벤처기업 PPL 세러퓨틱스, 역시 로슬린연구소가 설립해 미국의 바이오벤처기업인 제론사에 매각한 제론 바이오메드 등이 치열한 경쟁을 벌이고 있다.

또 우리나라에서도 서울대학교 수의과대학 황우석 교수와 의과대학 서정선 교수팀이 인체 이식용 장기를 생산할 수 있는 형질전환 돼지를 만드는 연구를 하고 있다.

이 연구의 핵심은 돼지의 장기를 인간에게 이식한 후 환자의 몸에서 일어나는 강력한 거부반응을 어떻게 막느냐 하는 것이다. 돼지 장기를 인체에 이식했을 때 인체 면역체계는 동물장기를 외부 물질로 인식해 일제히 공격을 가하게 된다.

이런 거부반응을 일으키는 주범이 바로 돼지 게놈 속에 들어 있는 '초급성거부항원(α 1.3-Galactosyl transfrease) 유전자'이다. 따라서 거부반응을 일으키지 않게 하려면 돼지를 체세포 복제방식으로 복제하기 전에 복제용 체세포 단계에서 초급성거부항원 유전자를 제거하거나 그 기능을 인위적으로 무력화시키면 된다.

바로 초급성거부항원 유전자를 제거하거나 기능을 정지시키는데 필

▲ 미국의 이머지 바이오 세러퓨틱스가 인간면역거부반응 유전자를 제거해 탄생시킨 복제 돼지

요한 것이 형질전환 기술이다. 돼지에서 체세포를 떼어내 복제를 준비하는 단계에서 유전자 조작기술을 이용해 초급성거부항원 유전자를 없애거나 기능을 정지시킨 뒤 이 체세포를 핵이 제거된 난자 속에 넣어 복제 돼지를 만들어내는 것이다.

이런 과정을 거쳐 태어난 돼지는 인체에서 거부반응을 일으키는 유전자를 아예 가지고 있지 않거나 유전자가 있어도 제대로 기능을 발휘하지 못하기 때문에 이 돼지의 장기를 떼어 인체에 이식해도 거부반응이 일어나지 않게 되는 것이다.

미국의 이머지 바이오 세러퓨틱스는 2002년 1월 4일자 과학전문지 [사이언스]에서 돼지 태아의 섬유아세포의 핵에서 초급성거부항원 유전자를 찾아내 제거한 뒤 이 세포를 미리 핵을 제거한 난자와 결합시켜 복제 돼지를 탄생시키는데 성공했다고 밝혔다.

연구팀은 이렇게 태어난 돼지들은 선천적으로 초급성거부항원 유전자를 가지고 있지 않기 때문에 장기를 떼어내 인간에게 이식해도 인간

면역체계가 거부반응을 보이지 않게 된다며 이종(異種) 간 장기이식의
실현을 앞당기는 획기적인 연구결과라고 밝혔다.

이에 앞서 PPL 세러퓨틱스는 2001년 4월 "자신의 DNA구조에 각각
외부의 '유전표지'가 삽입된 복제돼지 5마리를 태어나게 하는데 성공
했다"며 "이는 곧 사람에게 장기를 이식해도 거부반응을 일으키지 않
는 형질전환 돼지를 만드는 게 현실적으로 가능하다는 것을 입증하는
것"이라고 밝혔다.

현재의 연구 경쟁으로 볼 때 인체에서 거부반응을 일으키지 않는 장
기를 가진 돼지를 만들어내는 것이 몇 년 안에 성공을 거둘 것으로 전
망되고 있다. 그러나 그런 돼지를 만드는데 성공하더라도 그 장기를
사람에게 이식하는데 아무런 문제가 없는 것은 아니다.

형질전환 돼지의 장기가 거부반응을 일으키지 않는다 하더라도 돼지
의 몸을 이루고 있는 단백질과 인체 단백질이 서로 다르기 때문에 전
혀 예상하지 못했던 부작용이 발생할 가능성이 있다는 지적이 나오고
있다.

또 동물 바이러스가 인체에 침입할 가능성 등을 우려해 동물장기의
인간 이식에 반대하는 목소리도 적지 않은 상태이기 때문에 형질전환
돼지의 장기를 인간에게 이식할 수 있게 되기까지는 상당한 시간이 필
요할 것으로 보인다.

복제와 배아줄기세포, 형질전환 동물 등에 대한 윤리논쟁은 국내에
서도 뜨겁게 일고 있다. 그러나 국내의 윤리논쟁 전개 방식을 지켜보
면 아쉬움이 많다.

복제와 배아줄기세포 연구를 활성화해야 한다는 과학계의 주장과 그
렇게 될 경우 인간의 존엄성이 큰 해를 입게 될 것이라며 이에 반대하
는 목소리가 끊임없이 나오고 있다. 그러나 이런 의견을 모으고 합의

점을 도출해 과학계가 나아가야 할 방향을 정해주려는 체계적인 움직임은 별로 눈에 띄지 않는다. 그것은 바로 정부나 국회가 정책적으로 해야 할 일이다.

복제와 배아줄기세포, 그리고 형질전환 동물과 관련해 국내에서도 벌어지고 있는 윤리논쟁이 어떻게 결론지어지든 관계 없이 세계적으로 진행되고 있는 관련 연구의 진보는 하루가 다르게 속도를 더해갈 것이다. 또한 연구의 속도가 빨라질수록 생명공학은 21세기 세계경제의 판도를 결정하는 중요 산업으로 더욱 빠르게 자리를 잡아갈 것이다.

정부와 국회는 물론 우리 사회의 구성원들이 생명공학을 육성할 것인지 아니면 미래의 핵심산업을 육성할 기회를 그냥 흘려보낼 것인지를 결정하는 것은 현재 우리의 몫이지만 그로 인해 빚어지는 결과를 떠안는 것은 우리의 후손들이라는 점을 명심해야 한다.

우리나라는 다른 분야에서도 마찬가지지만 생명공학 분야에서도 미국과 영국, 일본 등 다른 나라에 비해 연구 인력과 장비, 재원 등에서 크게 뒤져 있는 형편이다. 결국 우리가 선진국과 바이오 경쟁을 벌여 승리하기는 어렵다하더라도 나름대로의 몫을 챙기기 위해 택할 수 있는 전략은 '선택과 집중'이 될 수밖에 없다.

정부는 지금이 바로 우리의 생명공학 전략을 신중하면서도 신속하게 결정을 내려야 할 때라는 점을 고려해 생명공학에 대한 논의를 활성화하고 제시된 의견을 수렴해 합의점을 도출함으로써 과학자들이 제도적 뒷받침 속에서 연구에 전력을 다할 수 있는 환경을 만들어 주어야 할 것이다.

5 바이오과학과 경제

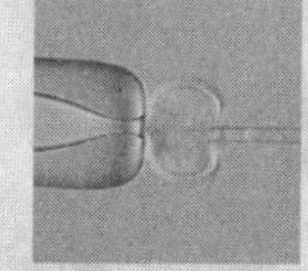

바이오산업, 첨단산업 총아로 부상

20세기 IT시대가 가고 21세기 바이오시대가 온다

최근 몇 년 사이에 신문·방송에서 가장 많이 보도되는 과학 및 기술 관련 기사는 단연 '바이오' 라고 할 수 있다. 언론의 보도를 보면 '바이오 열풍' 은 사실 보도의 차원을 넘어서 호들갑에 가깝게 느껴질 정도이다.

주식시장에서는 1990년대 정보기술(IT) 업체들을 둘러싸고 빚어졌던 '묻지마 투자' 가, 2000년과 2001년에는 '바이오 기술(BT)' 기업들을 한차례 휩쓸고 지나갔다.

이런 바이오 열풍은 국내 언론과 증시는 물론 외국 언론과 증시도 마찬가지였다. 바이오 붐을 부추기는 이런 호들갑에 대해서 일부에서는 냄비처럼 끓었다 식어버린다는 우리 국민, 우리 언론을 탓하기도 하지만 외국이 우리나라보다 더하면 더했지 결코 덜한 것은 아니었다.

미국의 시사주간지 〔타임〕이나 〔뉴욕타임스〕, 영국의 〔더 타임스〕 등 권위지라고 하는 언론 매체에도 '바이오테크혁명은 농업혁명과 산업혁명, 정보화혁명에 이은 제4의 혁명이다' 또는 '향후 100년은 바이오테크 시대가 될 것이다', '현재는 정보경제(Info-economy)시대이다. 그러나 2020년은 바이오경제(Bio-economy)시대가 될 것이다' 등 바이오 시대의 도래를 예고하는 기사가 며칠이 멀다하고 지면을 장식했다.

같은 말도 서너 번하면 질리기 마련이고 '늑대다!' 라는 말도 세 번 들으면 못 믿게 되는 게 인지상정이다. 그런데 '21세기는 바이오시대'

라는 말은 좀처럼 수그러들 줄 모른다. 이쯤 되면 소나 개까지 세뇌될 정도가 아닐까 싶다.

도대체 왜 이렇게 똑똑하다는 사람들이 하나같이 '바이오'를 강조하는 것일까?

21세기가 바이오시대가 될 것이라는 주장에 대해 항상 생명공학이 미래 의학과 제약은 물론 재료 등 모든 산업에서 중추적인 기술이 될 것이라는 전망이 따라붙는다.

그러나 이런 전망은 그저 미래에 대해 할 말이 있다고 내세우는 식자들이 무턱대고 하는 말이 아니다. 생명공학의 중요성이 앞으로 시간이 흐를수록 커질 것이라는 전망은 세계적인 석학과 경제연구기관들, 세계적인 저널과 언론 등이 한결같이 강조하는 미래상이다.

이런 전망이 나오게 된 배경은 무엇일까?

그 중심에 있는 것이 바로 인간게놈지도이다.

2001년 2월 인간게놈 연구를 위한 국제 공공컨소시엄 인간게놈프로젝트(HGP)와 미국의 생명공학 벤처기업 셀레라 제노믹스가 인간게놈지도 완성을 선언한 것은 인류가 바이오시대로 본격적으로 진입했음을 알리는 신호탄이라고 할 수 있다.

물론 생명과학이 '유전공학'이라는 이름으로 각종 산업에 적용되기 시작한 것은 오래 전의 얘기다. 생명공학 벤처기업은 인간게놈 연구의 초기단계라고 할 수 있는 1990년대가 되기 10여 년 전부터 꿈틀대기 시작했다. 이런 생명공학 벤처기업들은 인간게놈지도 완성을 기점으로 그 숫자가 폭발적으로 늘었을 뿐만 아니라 발전속도 또한 더욱 빨라지고 있으며 이제는 신약 개발 등 제약분야를 중심으로 미래 경제를 주도할 첨단산업으로 떠오르고 있는 것이다.

더욱이 최근에는 복제와 이를 통한 배아줄기세포 연구, 인간게놈지도 완성 등 폭넓은 응용가능성을 가진 생명공학 기술이 혁명적으로 발전하면서 전 세계적으로 바이오 열풍은 그 힘을 더해가고 있다.

그러나 바이오 열풍은 전문가들이 예측하는 규모나 미래에 미치는 파급효과 면에서 미국 서부 개척시대의 황금열풍에 비할 바가 아니다.

미국 서부 개척시대의 황금열풍은 미국이라는 지역에 한정된 것이기는 하지만 미국이 세계적인 강대국으로 발전하는데 크게 기여한 일대 사건이었다. 당시 황금열풍은 황금을 캐낸 사람에게 큰 부를 축적할 수 있는 기회를 만들어주었을 뿐만 아니라 황금 채굴 장비를 만드는 업체의 발전과 주변 교통의 발달을 가져왔고 금광 주변을 중심으로 도시가 형성되면서 엄청난 경제발전 효과를 가져왔다.

전문가들은 이런 점에 비추어 현재의 바이오벤처 열풍을 미국 서부 개척시대의 황금열풍에 비유하면서도 바이오벤처 열풍은 황금열풍보다 경제적 잠재력이 훨씬 클 뿐만 아니라 파급효과도 훨씬 오랫동안 지속될 것으로 내다보고 있다. 또 21세기 중반부터는 바이오산업이 세계 경제의 중추산업으로 자리잡을 것으로 전망하고 있기도 하다.

이런 전망은 이미 현실로 나타나고 있다. 미국의 시사주간지 [TIME]과 [비즈니스위크] 등은 이런 전망에 따라 향후 100년을 '바이오테크 시대(Biotech Age)'로 규정하기도 했다.

바이오시대 개막은 생명공학 산업의 세계 시장 규모에 대한 전문가들의 전망에서도 잘 나타나고 있다. 1997년 313억 달러에 불과했던 생명공학 산업의 세계 시장 규모는 2000년에는 72.5%나 급성장해 540억 달러를 기록했으며, 2013년에는 2,100억 달러로 늘어날 것으로 전망되고 있다.

산업성장률 또한 급성장을 거듭하고 있다. 1995~2005년 사이의 첨단산업 분야의 산업성장률 비교(출처 Decision Resources Incorporation)

연구를 살펴보면 생명공학은 연평균 22.1%의 성장률을 보일 것으로 예상되어 다른 첨단 산업들의 성장률보다는 적게는 2배에서 많게는 15배 이상 높았다. 반도체 산업은 같은 기간에 9.5% 성장할 것으로 전망되었으며 다른 첨단 산업들의 성장은 메카트로닉스 9.1%, 신소재 6.9%, 자동차 3.5%, 항공기 1.4% 등 생명공학산업보다 훨씬 낮을 것으로 예상되었다.

반도체와 신소재 등 현재 고부가가치를 대표하는 산업보다 생명공학산업의 성장률이 몇 배나 높을 것이라는 전망은 일견 놀라운 것이지만 일부 전문가들은 이런 전망치도 상당히 보수적인 전망이라고 지적하고 있다. 바이오시대의 도래를 피부로 느낄 수 있는 현상은 앞에서도 언급했듯이 인간 게놈프로젝트(HGP)와 셀레라 제노믹스의 인간게놈지도 완성 발표를 전후해 불붙기 시작한 바이오벤처 열풍을 들 수 있다. 물론 바이오벤처의 성장세가 1990년대 말 세계경제의 오랜 침체로 인해 일시적인 냉각현상을 보이고 있기는 하지만 많은 전문가들은 바이오벤처 기업들이 머지 않은 미래에 급성장을 거듭해 기존의 다국적 대기업을 위협하는 존재가 될 것으로 전망하고 있다.

인간게놈지도를 독자적으로 완성한 미국의 셀레라 제노믹스는 생명공학벤처의 성장가능성을 잘 보여주는 예라고 할 수 있다.

셀레라 제노믹스는 인간게놈프로젝트(HGP) 연구원 출신인으로 '숏건방식'의 염기서열 분석법을 인간게놈에 적용한 크레이그 벤터 박사의 뛰어난 창의력과 게놈 연구장비 생산업체인 퍼킨 엘머(PE. 현 Applera Corporation)의 자금력, 그리고 이 회사가 개발한 초고속 전자동 염기서열분석기와 슈퍼컴퓨터가 결합해 탄생한 생명공학 벤처기업이다.

셀레라 제노믹스는 인간게놈프로젝트가 15년간 30억 달러를 들여 작성하겠다고 밝힌 인간게놈지도를 단 3년 안에, 그리고 3억 달러를 들여 완성함으로써 바이오벤처로서 세계적인 명성을 얻었다.

물론 셀레라 제노믹스가 생명공학 벤처기업의 대명사로 떠오르긴 했지만 명성이 바로 수익으로 연결되는 것은 아니다. 바이오 벤처기업이 황금 알을 낳는 거위라도 되는 것처럼 많은 투자자들을 유혹하고 있지만 벤처기업은 말 그대로 벤처기업일 뿐이다.

바이오벤처의 성공모델로 꼽히고 있는 셀레라 제노믹스도 이익을 창출해야 살아남을 수 있는 기업이라는 면에서는 아직 성공 여부를 점치기 힘든 벤처기업단계를 완전히 벗어났다고 보기는 어렵다.

셀레라 제노믹스는 2001년 3월 당시 9개월간 매출이 6,200만 달러로 전 회계연도 같은 기간의 2,770만 달러보다 2배 이상 증가했다고 발표했다. 그러나 같은 기간의 적자규모도 전 회계연도의 6,780만 달러에서 8,450만 달러로 증가한 것으로 나타났다. 이는 아직은 셀레라 제노믹스가 수익모델을 구축하기 위한 투자가 매출보다 훨씬 많은 벤처기업 단계라는 것을 보여주는 것으로 해석할 수 있다.

하지만 셀레라 제노믹스는 자체 사업모델의 수익성에 강한 자신감을 보이고 있다.

셀레라 제노믹스의 폴 길먼 정책기획실장은 2001년 6월 미국 메릴랜드주 록빌에 있는 셀레라 제노믹스 본사에서 가진 인터뷰에서 "우리는 우선 인간과 생쥐, 식물 등의 게놈 정보와 이들 정보를 분석하는 소프트웨어를 공급하는 바이오 정보기업을 지향하고 있으며 이 부분의 매출이 크게 증가하고 있다"고 말했다.

그는 또 "게놈과 유전자 데이터 등 바이오 정보를 생산하고 가공해 공급하는 것은 미래 바이오산업에서 기초적인 부분에 해당하는 것"이라며 "우리는 이를 토대로 인간 게놈에서 질병 관련 유전자를 발굴하고 이를 치료할 수 있는 물질을 검색해 신약을 개발, 생산하는 데까지 사업 영역을 확대해 나갈 것"이라고 강조했다.

셀레라 제노믹스가 비교적 근래에 벼락 스타가 된 경우라고 한다면 미국의 암젠은 이미 성공을 거둔 것으로 평가받고 있는 바이오벤처의 모델로 꼽힌다.

암젠은 창업 초기부터 일찌감치 신약 개발 등 제약분야에 뛰어들어 이제는 세계적인 다국적 제약업체를 위협할 정도로 성장했으며, 자타가 공인하는 바이오벤처의 대표 주자이다.

암젠(Amgen)은 1980년 캘리포니아주 사우전드오크스에서 '세포생물학과 분자생물학 발전을 토대로 한 저렴하고 효과적인 질병 치료법을 개발하고 생산한다' 라는 목표를 내걸고 출범했다. 회사명인 암젠도 응용분자유전학(Applied Molecular GENetics)의 첫 글자를 이어 붙여 만든 것이다.

이들은 이후 회사 목표에서 밝혔듯이 빠르게 발전하는 세포생물학과 분자생물학 분야의 최신 지식과 기술을 신약 개발에 접목시키는데 주력했으며 이러한 전략은 대성공을 거뒀다.

암젠은 빈혈치료제 에포젠 등 연매출 10억 달러 이상의 '히트상품'을 잇따라 터뜨리며 현재 직원 6400명, 연 매출 34억 3,300만 달러의 대기업으로 발전했다.

암젠 외에도 연간 매출액이 5억 달러를 넘는 제약 바이오벤처는 젠엔텍(14억 1,400만 달러), 바이오젠(8억 2,500만 달러), 젠자임(7억 7,700만 달러), 알자(7억 6,300만 달러), 카이론(6억 8,400만 달러) 등 미국에만 10여 개에 이른다.

이 같은 예에서도 알 수 있듯이 바이오벤처가 가장 빛을 발할 수 있는 분야는 역시 제약 및 질병치료가 꼽힌다. 과학자들이 인간게놈지도 완성이 획기적인 발전을 가져올 것으로 예상하고 있는 분야 또한 신약 개발 분야이다.

이런 전망을 현실로 바꾸어가고 있는 대표적인 기업이 매사추세츠 케임브리지의 밀레니엄 파머수티컬과 메릴랜드 록빌의 휴먼게놈사이언스이다.

1993년에 설립된 밀레니엄 파머수티컬과 1992년에 설립된 휴먼게놈사이언스는 유전정보를 적극 활용하는 첨단기술로 신약을 개발, 이미 일부 신약에 대해서는 미국 FDA의 시판허가를 받았으며 여러 개의 신약에 대해 동시에 임상시험을 하고 있다.

세계가 이들을 주목하는 것은 바로 게놈 및 유전자 정보를 활용해 신약 개발 과정을 혁신적으로 발전시키고 있기 때문이다. 기존의 제약회사들이 신약을 개발, 시판하는 데는 약 5억 달러의 비용과 15년의 기간이 걸리는 것으로 알려져 있다. 하지만 밀레니엄 파머수티컬사는 게놈 정보를 활용하면 신약 개발비용과 기간을 절반으로 줄이면서 더욱 효과적인 약을 개발할 수 있다고 자신하고 있다.

밀레니엄 파머수티컬사에서 신약 탐색 연구에 참여하고 있는 재미교포 과학자 홍석봉 박사는 "게놈 정보를 신약 개발에 활용하면 질병에 관련된 유전자를 찾아내고 그 유전자의 작용을 억제 또는 활성화하는 의약물질 후보를 개발하는 것이 한결 손쉬워진다"고 말했다. 또 "이 신약 후보물질을 최종적인 신약으로 만드는 과정에서도 임상시험을 하기 전에 이 물질의 작용 및 부작용을 미리 예측해 문제점에 대처할 수 있게 되는 등 신약개발 과정의 효율성을 크게 높일 수 있다"고 덧붙였다.

앞에서 예로 든 것은 모두 의약품 관련 업체들이지만 전문가들은 게놈 관련 바이오산업은 DNA 염기서열 정보를 생산하는 시퀀싱 분야에서 유전자를 찾아내고 그 기능을 규명하는 분야, 유전자에 의해 만들어지는 단백질 구조분석 등 단백질 정보분야, 유전자와 단백질 정보를 이용한 신약 탐색 및 개발 등이 일종의 수직 계열화를 이루며 하나의 큰 산업군으로 발전할 것으로 전망하고 있다.

그러나 이런 전망도 바이오산업의 분야를 의약품 관련 분야로 지나치게 좁게 규정함으로써 바이오산업의 파급효과를 너무 좁게 해석한 것으로 볼 수 있다. 게놈과 유전자 정보를 산업화하는 데에는 각 단계마다 수많은 하드웨어와 소프트웨어가 필요하다. 여기서 하드웨어와 소프트웨어는 컴퓨터에 관련된 것들이다. 결국 생명과학의 산업화가 진행될수록 정보기술(IT) 업체들이 바이오테크 혁명과 결합하는 현상이 더욱 두드러지게 나타날 것으로 전망되고 있다. 즉 IT산업이 경제의 핵심으로 자리잡으면서 모든 산업분야에 공정자동화 등 IT산업이 접목되었듯이 앞으로는 바이오산업의 IT화, IT산업의 바이오화 현상이 진행될 것이다.

IT분야의 세계적인 다국적 기업들은 이미 이런 움직임을 보이고 있다. 미국의 IBM과 휴렛 패커드, 모토롤라 등 세계적인 IT 기업들은 인간게놈지도 완성을 전후해 포스트 게놈 연구의 핵심분야로 꼽히는 단백질 구조 및 기능 분석에 대한 투자를 확대함으로써 이미 IT와 BT의 결합을 통한 이익 극대화에 나서고 있다.

소위 산업의 바이오화 현상은 IT분야에만 국한되지는 않을 것이다. 화학 등 다른 분야의 기업들도 벌써부터 바이오산업으로 변신하려는 움직임을 활발하게 보여주고 있다. 화학분야 거대기업의 대명사인 미국의 듀퐁과 몬산토, 노바티스, 다우 캐미컬 등은 유망한 바이오벤처를 인수하거나 새로운 바이오비즈니스에 뛰어드는 등의 방식으로 화학회사에서 바이오회사로의 변신을 꾀하고 있다.

　　이런 예에서도 볼 수 있듯이 비(非) 바이오업체들이 바이오업체로 전환하거나 새로이 바이오분야에 뛰어드는 현상은 바이오 산업화 현상은 앞으로 바이오 정보의 적용이 가능한 모든 분야의 산업에서 활발하게 나타날 것으로 예상된다.

　　그러나 새로 시작하는 바이오 벤처기업이든 기존의 기업의 변신이든 간에 중요한 것은 역시 수익전망이다. 많은 전문가들은 바이오벤처들이 언제 손익분기점을 넘어 이익을 창출할 수 있을 것인가에 대해서는 현재 상황으로 볼 때 예측하기 힘들다며 비교적 신중한 태도를 보이고 있다.

　　초기 투자와 연구비가 많이 들어가는 바이오 기업의 특성상 적어도 수년 안에는 흑자를 낼 수 있는 기업이 많지 않을 것이라는 예상이다. 이 때문에 전문가들은 바이오벤처가 성공하기 위해서는 장기적이고 안정적인 투자와 지원이 필수적이라고 강조하고 있다.

　　셀레라 제노믹스의 폴 길먼 정책기획실장은 "셀레라 제노믹스는 현재 재정상태로만 보면 막대한 적자를 내고 있는 기업이지만 장기적인 계획에 따라 꾸준히 사업을 확대해 나갈 수 있는 것은 바로 9억 달러가 넘는 막대한 자금을 장기적 수익 전망을 믿고 투자해준 투자자들 덕분"이라고 말했다.

　　그는 이어 "게놈지도가 완성되고 일부에서 바이오 정보사업의 수익성에 의문을 제기하는 지금도 투자자들이 계속 셀레라 제노믹스에 관심을 가지고 투자를 하고 있다"며 "이는 바이오산업이 미래 경제의 중추산업로 떠오를 것을 염두에 둔 셀레라 제노믹스의 사업계획이 그만큼 타당성이 있음을 증명하는 것"이라고 강조했다.

미래 첨단산업 메카로 떠오르는 '바이오밸리'

세계의 바이오밸리들이 미래산업의 메카로 떠오른다

20세기 말 세계 경제를 주도한 중심산업 중 하나는 정보기술(IT) 산업이었다. 그리고 IT산업에 활력을 제공하는 힘의 원천지는 바로 미국의 실리콘밸리(Silicon Valley)라고 할 수 있다.

그러나 세계적으로 경기 침체가 장기간 계속되면서 IT경제 열기가 급속히 냉각되었으며, 이와 함께 실리콘밸리 신화도 시들해졌다. 반면 인간게놈지도 완성으로 바이오 열풍이 더욱 뜨겁게 전 세계를 휩쓸면서 바이오산업이 IT산업을 대신할 미래의 첨단산업으로 빠르게 부상하고 있다.

이는 경제의 중심 산업이 IT산업에서 BT산업으로 옮겨가는 큰 변화가 이미 시작된 것으로 볼 수 있다. 그러면 IT산업에서 실리콘밸리가 담당했던 경제 엔진 역할을 BT산업에서는 어디가 담당하게 될까?

바이오산업에 대한 관심이 증가하면서 미국과 영국에서는 몇몇 도시들이 자연적으로 또는 정부의 적극적인 정책 지원을 통해 바이오산업 밀집지역으로 떠오르고 있다. IT시대의 실리콘밸리처럼 21세기 바이오 시대의 중심도시를 꿈꾸는 바이오밸리가 등장하고 있는 것이다. 바이오밸리로 떠오르는 대표적인 미국 국립보건원과 셀레라 제노믹스가 있는 미국 메릴랜드주 베데스다와 록빌, MIT와 하버드대학교 등이 있는 매사추세츠주 케임브리지 지역, 로슬린연구소 등이 있는 영국 스코틀랜드의 에딘버러, 게임브리지대학교와 옥스퍼드대학교 부근 등이다.

미국의 의학과 바이오산업을 생각할 때 제일 먼저 떠오르는 기관은 바로 전 세계적으로 독보적인 보건·의학 분야 연구기관으로 꼽히고 있는 국립보건원(NIH)이고, 민간기업 중에서는 인간게놈프로젝트(HGP)와 인간게놈지도 작성 경쟁을 벌이면서 바이오벤처의 대명사로 떠오른 셀레라 제노믹스사이다.

공교롭게도 NIH와 셀레라 제노믹스는 모두 메릴랜드주 안에 가까운 거리에 위치해 있다. NIH는 메릴랜드주 베데스다라는 곳에 자리잡고 있으며, 셀레라 제노믹스는 베데스다에서 불과 10여km 떨어져 있는 록빌에 위치해 있다. 최근 베데스다와 록빌 주변에는 NIH와 셀레라 제노믹스를 중심으로 수백 개의 바이오벤처 기업들이 들어서면서 자연스럽게 바이오밸리가 형성되고 있다. 이와 함께 메릴랜드주 정부도 요즘 베데스다와 록빌 지역을 세계 최고의 생명공학 연구 및 산업단지, 즉 바이오밸리로 발전시키기 위해 각종 지원정책을 내놓는 등 활발한 움직임을 보이고 있다.

이들이 부르짖는 구호는 바로 "20세기 실리콘밸리가 창조한 정보기술(IT) 산업의 영광을 21세기에는 '270 바이오테크 코리도(Biotech Corridor)'가 생명공학(BT) 산업으로 재현하자"는 것이다. 그러나 이 구호는 미국 메릴랜드주에만 해당하는 것은 아니다.

1996년 세계 최초로 복제 양 '돌리'가 태어난데 이어 2001년 2월 인간게놈프로젝트(HGP)와 셀레라 제노믹스가 인간게놈지도를 완성하면서 불기 시작한 바이오 바람을 타고 세계 곳곳에서 바이오밸리가 미래 산업의 메카로 발돋움하고 있는 것이다.

미국에서는 앞에서 밝힌 대로 메릴랜드주 베데스다와 록빌, 매사추세츠공과대학(MIT)과 생명공학 벤처 어드밴스드 셀 테크놀러지(ACT) 등으로 유명한 매사추세츠주 케임브리지 등이 대표적인 바이오밸리로 떠오르고 있다. 대규모 생명과학 연구기관이나 대학이 밀집해 있는 지역에 바이오벤처 기업들이 입주하면서 자연스럽게 '바이오밸리'가 형성되어가고 있는 것이다.

또한 영국에서도 우수한 생명과학 연구인력과 시설 등 바이오 인프라를 갖추고 있는 케임브리지대학교 주변과 옥스퍼드대학교 주변, 그리고 복제 양 돌리를 탄생시킨 로슬린연구소가 있는 영국 스코틀랜드의 에딘버러 등이 영국 정부의 정책적인 지원을 토대로 바이오밸리로 빠르게 성장하고 있다.

세계적으로 빠르게 성장하고 있는 바이오밸리 중에서도 단연 주목을 받는 곳은 바로 미국 메릴랜드주에 있는 일명 '270 바이오테크 코리도'이다.

270 바이오테크 코리도는 NIH가 위치한 베데스다에서 셀레라 제노믹스가 있는 록빌을 잇는 270번 고속도로 주변에 생명공학 관련 연구기관과 대학, 공공기관, 바이오벤처 등이 집중적으로 들어서면서 자연스럽게 바이오밸리가 형성되어 붙여진 이름이다.

270 바이오테크 코리도에서 하나의 축을 이루는 베데스다는 미국 국립보건원(NIH)과 산하 20여 개 연구기관들이 밀집해 있는 곳으로 미국 생명과학·의학 분야 연구의 메카이다. 이곳에는 이 밖에 미국 국립인간 게놈연구소(NHGRI)도 자리잡고 있다. NHGRI는 인간 게놈지도 연구를 위한 국제공공 컨소시엄인 인간게놈프로젝트(HGP)에서 핵심 역할을 담당한 대표기관이라고 할 수 있다.

270 바이오테크 코리도에서 또 하나의 축에 해당하는 록빌에는 HGP와 인간게놈지도 작성에서 경쟁을 벌이며 세계적인 생명공학 벤처기업으로 발돋움한 셀레라 제노믹스와 유전정보를 이용한 신약 개발 분야에서 눈부신 활약을 하고 있는 휴먼게놈사이언스(HGS) 등 300

여 개의 바이오 기업들이 입주해 있다. 이 지역 바이오벤처기업에 종 사하고 있는 사람들만 2만 명이 넘는 것으로 집계되고 있다.

270 바이오테크 코리도가 미국을 대표하는 바이오밸리로 성장하게 된 배경은 무엇일까?

우선 이 지역은 미국 내에서 뿐만 아니라 세계적으로도 생명과학 분야의 우수 연구인력과 시설이 가장 많이 밀집해 있는 곳으로 꼽힌다는 점을 들 수 있다.

물론 그 중심에는 미국 국립보건원(NIH)이 있다. 1887년 단 1간짜리 위생학 실험실에 300달러의 예산으로 출발한 NIH는 현재 24개의 산하 연구소를 거느리고 연간(2000년 기준) 179억 달러의 예산을 집행하는 세계 최대, 최고 수준의 생명과학 · 의학 연구기관으로 발돋움했다.

특히 베데스다 지역의 NIH 캠퍼스는 넓이가 120만㎡가 넘고 이곳에 들어선 건물만도 75개가 넘으며 지금도 새로운 건물들이 속속 들어서 고 있다.

베데스다에는 또 식품 · 의약품의 안전과 신약 개발 등에 대한 업무 를 책임지고 있는 미국 식품의약청(FDA)이 자리잡고 있으며, 세계적 인 의과대학인 존스홉킨스대학과 메릴랜드대학 등도 위치하고 있어 생명공학 산업 발전에 필수적인 우수 인력과 시설 공급에 유리한 조건 을 갖추고 있다.

여기에 메릴랜드주 정부가 바이오산업 전담 부서까지 설치해 관내 연구기관에서 나오는 연구성과의 산업화를 적극 지원하는 등 제도적 지원까지 아끼지 않고 있는 것이 '270 바이오테크 코리도'가 미국을 대표하는 바이오밸리로 성장하고 있는 원동력이 되고 있는 것이다.

미국에서 '270 바이오테크 코리도'와 함께 최근 주목받고 있는 또 하나의 바이오밸리는 매사추세츠주 보스턴시의 케임브리지와 우스터

일대이다.

이곳 역시 하버드대학교와 MIT, 매사추세츠대학 등 첨단 생명공학 연구시설을 갖춘 대학들과 연구소, 그리고 이곳에서 배출되는 우수한 연구인력이 결합해 도시 전체가 바이오밸리로 변모해 가고 있다.

미국 북동부지역의 대학과 의료기관, 민간기업 등에서 활동중인 재미 생명과학자들의 모임인 '뉴잉글랜드 한인 생명과학협회(New England Bioscience Society)'의 회장인 홍영권 박사(하버드 의대)는 2001년 6월 인터뷰에서 "최근 케임브리지 지역에서는 사무실이나 주택을 구하는 것이 힘들어질 정도로 바이오벤처 창업이 빠르게 증가하고 있다"고 말했다.

매사추세츠 케임브리지와 우스터 지역을 중심으로 한 바이오밸리의 대표주자는 유전정보를 활용한 혁신적 신약 개발로 주가를 높이고 있는 밀레니엄 파머수티컬과 체세포 복제와 형질전환 동물, 인간 배아줄기세포 연구 등으로 유명한 어드밴스드 셀 테크놀러지(ACT)를 꼽을 수 있다.

밀레니엄 파머수티컬은 게놈정보를 이용해 신약 개발에 필요한 시간과 비용을 획기적으로 줄일 수 있는 사업모델을 제시해 미국의 시사주간지 [타임] 등이 미래 제약산업을 이끌 선도적 기업으로 꼽는 등 최근 전 세계적으로 주목을 받고 있다.

밀레니엄 파머수티컬의 최고경영자(CEO) 마크 J. 레빈 박사는 지금까지 신약을 개발하는 데에는 평균 15년이라는 긴 시간과 5억 달러라는 막대한 개발비가 들었으나 게놈 정보를 활용하면 이를 절반으로 줄일 수 있다고 장담하고 있다.

또 동물 복제와 체세포를 이용한 인간 배아복제 분야에서 세계 최고 수준의 기업으로 평가받고 있는 어드밴스드 셀 테크놀로지는 2001년

11월 인간 배아줄기세포 연구를 위해 사상 처음으로 인간 복제배아를 만드는데 성공했다고 밝혀 세계적으로 윤리논쟁을 일으킨 생명공학 벤처기업이다.

미국에서는 이 밖에 실리콘밸리 등 기존의 IT산업의 중심지들이 바이오산업의 발전에 정보기술이 필수적이라는 점을 이용해 IT와 BT의 결합을 추진하면서 정보산업 밀집지역이 바이오밸리화하는 경향도 나타나고 있다.

미국의 270 바이오 코리도나 매사추세츠 바이오밸리 등은 연구 인력과 시설이 밀집된 곳에 바이오벤처 기업들이 들어서면서 바이오밸리가 자연스럽게 형성되고 있는 반면 영국의 바이오밸리들은 정부의 적극적인 지원이 성장에 핵심요소라는 점이 미국과는 다른 점이다.

영국의 대표적인 바이오밸리로는 케임브리지대학교 일대와 스코틀랜드 에딘버러의 로슬린연구소 부근을 꼽을 수 있다.

영국 케임브리지대학교 주변에는 이 대학의 생명과학 관련 연구소와 함께 인간 게놈프로젝트의 핵심 연구기관 중 하나인 생거센터, 민간 바이오 연구소인 바라햄 등이 자리잡고 있으며 이를 중심으로 수백 개의 바이오벤처 기업이 활동하고 있다.

케임브리지대학교 생명과학연구소 소장 크리스 로우 교수는 2001년 7월 인터뷰에서 "영국 정부는 1980년대부터 바이오테크 비전을 준비해 왔다"며 "대학에서 이루어지는 생명공학 연구도 민간기관과의 공동연구 등을 통해 산업화를 모색하는 것이 일반화되어 있다"고 말했다.

스코틀랜드 에딘버러에 있는 로슬린연구소를 바이오밸리로 만들려는 움직임은 더욱 활발하게 이루어지고 있다.

로슬린연구소는 내부 연구원의 창업을 지원하고 바이오 벤처기업을 끌어들이기 위해 로슬린바이오센터(Roslin BioCentre)라는 벤처기업 지원센터를 설립해 연구성과를 산업화하는 데 적극 나서고 있다.

이곳의 바이오벤처들은 로슬린 바이오센터로부터 창업에서 경영, 회계, 특허 등 기업 활동에 필요한 거의 모든 자문과 지원을 얻을 수 있다. 글자 그대로 바이오벤처 보육센터인 셈이다.

로슬린바이오센터에는 임상시험을 자문하고 관리해주는 넥서스 바이오메드와 생명과학 연구결과의 상업화 자문회사인 신텍, 벤처캐피털인 에딘버러 테크놀러지 펀드, 게놈 DNA염기서열 분석 소프트웨어 개발회사인 에딘버러 바이오컴퓨팅 등이 입주해 바이오벤처의 성장과 발전을 지원하고 있다.

로슬린연구소의 이런 바이오벤처 지원정책은 이미 상당한 성공을 거두고 있다. 1987년 로슬린연구소의 기술을 지원받아 설립된 PPL 세러퓨틱스(PPL Therapeutics)와 1998년 설립되어 1999년 미국의 바이오벤처기업 제론에 매각된 제론 바이오메드 등이 줄기세포 생산을 위한 체세포 복제와 인체이식용 장기 생산을 위한 형질전환 동물 개발 등에서 세계적인 기업으로 도약하고 있는 것은 좋은 예라고 할 수 있다.

미국의 바이오밸리들이 대부분 생명공학 분야의 연구기관과 인력, 시설 등 인프라가 집중된 지역에 막대한 투자자금이 공급되면서 자연발생적으로 생겨난 반면 영국에서는 바이오밸리의 성장에 영국 정부의 정책적인 지원이 큰 역할을 하고 있다. 이는 미국과 영국, 일본 등 바이오 선진국에 비해 투자 재원과 인력 등이 크게 부족한 우리나라가 주목해야 할 점이다.

영국은 1999년 과학장관 세인스버리 경의 주도로 미국의 바이오밸리를 직접 방문, 조사하는 등 바이오벤처 밀집단지 바이오밸리를 어떻게 육성할 것인가에 대해 대대적인 조사활동을 벌였다.

영국 정부는 이 조사활동을 토대로 1999년 9월 '생명공학 집단지

(Biotechnology Clusters)'라는 보고서를 발표했으며 이 보고서는 영국의 생명공학 집단지 육성에 적극 활용되고 있다.

세인스버리 과학장관은 "앞으로 몇 년간이 얼마나 많은 영국의 바이오벤처들이 세계적인 경쟁력을 갖춘 기업으로 발전할 수 있느냐에 매우 중요한 기간이 될 것"이라며 "이 보고서는 영국 정부와 다른 기관들이 바이오 기업들이 발전할 수 있도록 어떻게 바이오밸리를 육성할 것인지 모색하기 위한 것"이라고 밝혔다.

바이오밸리 발전을 위한 10대 요소

1. 건실한 과학 연구 기반
: 기초, 응용, 임상 연구 등을 위한 대학과 벤처 기업 필요

2. 대학의 기업문화 흡수 자세
: 대학과 연구기관 창업 활성화 지원제도

3. 기업 성장 기반
: 벤처기업이 발전모델로 삼을 수 있는 기업 필요

4. 우수 인력 유인 요소
: 훌륭한 주거환경, 다양한 고용기회 등

5. 자금 지원
: 벤처에 대한 장기적인 자금지원 제도 필요

6. 바이오벤처 특성에 맞는 인프라 구축
: 바이오벤처 특성에 맞는 건물·사무실 임대방안 등

7. 사업 지원 서비스
: 바이오벤처를 위한 특허 업무, 인력채용, 자산관리 지원 등

8. 숙련된 노동력
: 숙련된 노동력 확보 지원과 훈련 프로그램

9. 효율적인 네트워킹
: 바이오기업 단체 등을 통한 시설과 정보 공유체계 마련

10. 정책 지원
: 중앙 정부나 지방 정부가 경제적·제도적으로 바이오밸리 발전 환경 마련

영국 정부는 이 보고서에서 바이오밸리를 발전시키는데 필요한 중요한 요소를 10가지로 정리했다.

영국의 바이오밸리 육성 정책은 우리나라에도 시사하는 바가 매우 크기 때문에 이에 대해 좀더 자세히 알아보는 것으로 이 부분을 마무리하고자 한다.

바이오밸리 육성에 필요한 10가지 중요 요소들을 정리하면 다음과 같다.

▲ **견실한 과학 연구기반 :** 기초, 응용, 그리고 임상 연구 등 앞선 과학과 대학 벤처기업, 일정 규모 이상의 연구활동 등은 바이오밸리 발전에서 혈액과 같다. 지적재산권은 그것을 창출한 기관이나 기업에 소유하도록 해 이들이 지적재산권 관련 분쟁에 대한 우려 없이 활동할 수 있게 해야 한다.

▲ **대학의 기업문화 흡수 자세 :** 대학과 연구기관들이 연구원들에게 상업화에 대한 인식과 기업가정신을 고양시켜야 한다. 또 대학은 창업자금을 상금으로 지급하는 창업 아이디어 경진대회 같은 제도를 통해 학생들에게 기업가정신을 심어주고 학원창업을 활성화시킬 필요가 있다.

▲ **기업이 성장할 수 있는 기반 :** 바이오밸리가 발전하기 위해서는 모델로 삼을 수 있는 성숙한 기업은 물론 성장기의 벤처기업이 공존할 수 있는 기반이 필요하다. 또 생산물이 시장에 나오기까지 오랜 시간이 필요한 바이오벤처의 특성상 장기적인 연구·개발(R&D)을 지원할 수 있는 재정적 지원제도도 중요하다.

▲ **우수한 인력 유인요소 :** 바이오기업들은 외국이나 대기업으로부터 우수한 경영자와 연구인력을 끌어들일 수 있는 흡입력을 가지고 있

어야 한다. 바이오밸리를 주거환경이 우수하고 다양한 고용기회를 얻을 수 있는 곳으로 발전시킴으로써 우수한 인력들이 호감을 가질 수 있는 곳으로 만들어야 한다.

▲ 자금지원 : 바이오기업들은 상당 기간 금융기관에 의지해 운영되는 경우가 많다. 영국이 유럽에서 바이오분야의 선두를 계속 유지하기 위해서는 향후 10년간 상당한 규모의 자금이 바이오기업에 투입되어야 할 것이다.

▲ 바이오벤처 특성에 맞는 인프라 지원 : 바이오기업들은 환경 변화에 따라 건물이나 사무실의 임대조건을 자주 변경하는 경우가 많다. 정부와 민간 부문에서 바이오기업에 대한 단기 임대 허용 등 바이오벤처의 특성에 맞는 지원방안을 마련해야 한다.

▲ 사업 지원 서비스 : 제약이나 화학 등 바이오벤처와 관련이 있는 대기업이 입주해 있는 곳 근처에 바이오밸리를 육성하는 것이 유리하다. 또한 바이오밸리 근처에는 사업 수행에 필요한 특허 업무나 인력 채용, 자산관리 등을 대행하는 서비스업체를 적극 유치해 바이오벤처의 업무를 돕는 것도 중요하다.

▲ 숙련된 노동력 : 바이오기업들이 과학자와 기술자를 확보하는데 어려움이 없도록 지원하고 바이오기업에서 필요로 하는 특수 분야 인력을 훈련시킬 수 있는 혁신적인 훈련 프로그램이 필요하다.

▲ 효율적인 네트워킹 : 바이오기업 협회 등을 통해 바이오기업 또는 연구자 사이에 정보가 원활히 교환될 수 있도록 하는 시스템을 갖춤으로써 바이오밸리 활성화를 위한 활동이 자체적으로 이루어질 수 있도록 뒷바침해야 한다.

▲ 정책적인 지원 : 바이오밸리는 원칙적으로 공공정책을 통해서가 아니라 민간기업 활동을 통해 육성되어야 한다. 그러나 중앙 정부나

지방 정부는 바이오밸리가 형성되고 성장할 수 있는 경제적 · 제도적 환경을 만들어야 한다.

이상이 영국 정부가 제시한 바이오밸리 육성에 필요한 10가지 중요 요소들이다. 이 10가지 요소는 모두 영국 정부의 바이오밸리 육성 정책에 반영되어 영국이 21세기 바이오대국으로 도약하는 토대가 되고 있다.

세인스버리 과학장관은 또 보고서에서 "우리는 많은 생명공학 기업을 설립하는데 성공했으며 이제는 이 기업들이 튼튼하게 성장하도록 해야 한다"며 "바이오테크 단지가 성공을 거두려면 과학적 기반을 지원하고 벤처캐피털이 기업으로 유입되도록 장려하고 그런 단지가 성장할 수 있도록 도시계획도 뒷받침되어야 한다"고 강조했다.

영국은 정부의 적극적인 바이오산업 및 바이오밸리 육성정책에 힘입어 바이오분야에 관한 한 유일하게 미국을 위협할 수 있는 국가로 떠오르고 있다. 영국은 인간게놈프로젝트에서 20%가 넘는 기여도로 일본(6%), 프랑스와 독일(각각 2%) 등을 제치고 미국(68%)에 이어 단연 2위를 차지했으며, 유럽 바이오산업에서도 25%의 점유율로 유럽국가 중 선두를 유지하고 있다.

영국의 로슬린연구소, 바이오벤처 산실로 변신중

로슬린연구소, 축산전문연구소에서 바이오벤처의 산실로

로슬린연구소(Roslin Institute).

조금 과장된 표현이겠지만 전 세계의 삼척동자도 '세계 최초로 복제 양 돌리를 만든 연구소'라고 알고 있을 만큼 유명한 영국의 생명과학 연구소이다. 이 로슬린연구소에서는 요즘 변화를 위한 조용하지만 강력한 움직임이 일어나고 있다.

만약 이 글을 읽고 있는 독자가 영국의 로슬린연구소를 "세계 최초로 체세포 복제방법으로 복제 양 돌리를 탄생시킨 영국의 축산전문연구소"라고 알고 있다면 이는 매우 정확하게 알고 있는 것이다.

하지만 그것은 또한 로슬린연구소의 살아 있는 현재 모습에 대해서는 제대로 모르는 것이기도 하다.

"세계 최초로 체세포 복제방법으로 복제 양 돌리를 탄생시킨 영국의 축산전문연구소"라는 것

▲ 양털을 깎는 복제 양 돌리

은 로슬린연구소의 현재 모습이 아니라 로슬린연구소의 옛 모습에 불과하다.

복제 양 돌리가 로슬린연구소를 세계에서 가장 유명한 생명공학 연구기관으로 만들어주기는 했지만 로슬린연구소는 사람들이 자신들을 과거의 모습으로만 기억해주는 것에 만족하지 않는다.

'세계 최초 체세포 복제 양 돌리 탄생'이라는 과학사에 길이 남을 훈장을 달고 있는 로슬린연구소가 지향하는 것은 무엇일까? 로슬린연구소가 현재 추구하고 있는 것은 바로 '바이오과학의 산업화'라고 할 수 있다. 이들은 현재 이를 실현하기 위해 바이오벤처의 산실로 변신을 꾀하고 있다.

필자는 지난 2001년 7월 중순 세계 바이오 선진국 취재의 일환으로 영국의 로슬린연구소를 방문했다.

런던에서 국내선 항공기를 타고 한 시간 남짓 북쪽으로 가면 영국 속의 또 다른 영국 스코틀랜드가 나타난다.

잉글랜드와 스코틀랜드는 자기 지역에 대한 주민들의 자부심과 상대방에 대한 반감이 우리나라의 영남과 호남 지역보다 더욱 심한 것으로 유명하다. 양쪽 지역 수도의 모습도 너무나 달랐다. 스코틀랜드의 수도인 에든버러시는 현대화를 통해 한껏 신구의 조화를 추구해나가고 있는 잉글랜드의 수도 런던을 비웃기라도 하듯 과거의 모습을 그대로 간직한 채 고색창연한 자태를 뽐내고 있었다.

이 에든버러시에서 남쪽으로 11km쯤 더 가면 한적한 시골에 로슬린연구소가 모습을 드러낸다. 세계 최초의 체세포 복제 포유동물인 복제 양 '돌리'가 태어난 이후 세계 언론의 집중 조명을 받고 있는 연구소라는 선입견을 가지고 있었기 때문인지 비가 내리는 시골 풍경 속에 놓인 로슬린연구소는 초라해 보이기까지 했다.

연구소 입구에 놓인 잘 다듬어진 노란 색 돌에 새겨진 "로슬린바이오센터"라는 문구와 바로 뒤에 보이는 회색빛 현대식 건물에 "PPL 세러퓨틱스"라는 글씨가 보이지 않았다면 우리나라 시골지역에서 흔히 볼 수 있는 농공단지의 깔끔한 공장과 다를 바가 없어 보였다.

로슬린연구소는 2001년 2월부터 영국 전역을 휩쓸면서 축산업을 초토화시킨 구제역 여파에서 아직 벗어나지 못한 것 같았다. 입구에는 출입차량을 통제하는 초소와 함께 시멘트로 만든 얕은 웅덩이에 소독약과 짚을 깔아놓고 있었다.

이곳을 출입하는 모든 사람과 차량은 반드시 소독 절차를 거쳐야만 안으로 들어갈 수 있도록 통제하고 있는 것이다. 로슬린연구소의 마스코트이자 바이오과학의 상징이 된 '돌리'에 대해서도 외부의 접촉을 금지하는 등 연구소 전체가 여전히 긴장을 늦추지 않고 있었다.

구제역 때문에 외부 접촉이 전면 금지되는 바람에 돌리와 새끼들을 볼 수 없어 아쉬웠지만 연구소측은 돌리가 태어나면서부터 사람들과 워낙 가까이 지내다보니 이제는 사람을 전혀 무서워하지 않을 뿐만 아니라 행동도 집에서 기르는 애완동물을 닮아가고 있다고 전했다.

로슬린연구소에서는 돌리만 유명세에 단련된 것은 아니었다.

돌리가 태어난 뒤 수많은 방문객과 세계 언론의 집중 조명을 받은 로슬린연구소 관계자들 자신이 이미 유명세에 단련되어 누가 방문하든 어떤 언론이 취재를 하든 전혀 개의치 않는 분위기였다.

돌리가 태어난 뒤 연구소에 생긴 변화에 대해 연구소 관계자들은 처음에는 밀려드는 취재 요청과 방문에 당혹스럽기는 했으나 본질적으로 변한 것은 아무것도 없다고 말했다.

'세계 최초의 체세포 복제 양 돌리 탄생'은 1996년까지 노력한 결과로 얻은 훈장일 뿐 연구소의 미래를 바꿔줄 수는 없다고 연구소 사람들은 생각하고 있는 것이다. 연구소 관계자는 이런 생각으로 인해 연구소 구성원들 사이에는 변화가 필요하다는 합의가 이루어졌으며 이에 따라 한없이 조용해 보이는 로슬린연구소 안에서는 과거 어느 때보다 큰 변화의 몸부림이 이미 시작되고 있다고 말했다.

이들의 변화는 앞에서도 언급했듯이 로슬린연구소를 전형적인 농업·축산 관련 생명과학 연구기관에서 첨단 바이오산업의 산실로 탈바꿈시키겠다는 것이다.

로슬린연구소는 인터넷 홈페이지(www.roslin.ac.uk) 첫머리에 연구소를 '동물 바이오기술의 선도적 연구소(The leading centre for animal biotechnology)'라고 소개하고 있다. 또 자신들의 연구목표는 동물 품종개량과 바이오기술, 동물 생산 등 3가지 산업분야에 새로운 기회를 제공하는 것이라고 밝히고 있다. 이는 연구소가 순수 연구보다는 산업화, 실용화할 수 있는 연구를 추구하고 있다는 것을 잘 보여준다.

로슬린연구소는 1913년 에든버러대학 부설연구소로 출범한 이후 지금까지 농업·축산에 관련된 기초 및 응용 생물학 연구 분야에서 세계적인 명성을 쌓아왔지만 최근 들어 로슬린연구소를 농업·축산 연구기관으로 생각하는 사람은 별로 없다.

많은 사람들에게 로슬린연구소는 이미 복제 양 '돌리'를 탄생시켜 새로운 생명공학 시대의 문을 연 바이오기술(BT)의 메카이자 인체이식용 장기를 생산하기 위한 형질전환 돼지를 연구하는 'PPL 세러퓨틱스'를 잉태한 바이오벤처의 산실로 각인되어 있기 때문이다.

이 연구소의 브루스 화이트로 박사는 이런 변화에 대해 "로슬린연구소가 1913년 출범한 이후 농업·축산 관련 생명과학에서 많은 훌륭한 성과를 냈지만 연구소가 최근처럼 대중의 관심과 산업계의 중심에 선 적은 없었다"고 말했다.

그러나 이런 변화는 결코 우연이나 세계적인 바이오 바람에 편승해 이루어진 것은 아니다. 로슬린연구소가 바이오 바람에 편승한다기보다는 앞장서서 바이오 바람을 일으키고 있다는 것이 옳은 표현일 것이다.

연구소측은 현재 340여 명의 연구원이 수행하고 있는 연구는 대부분 인력교류나 자금지원 등을 통해 산업체와 협력형태로 수행되고 있으며 연구소도 생의학(bio-medicine)과 생명기술 분야에 대해 상업적 교류를 적극 확대하는 정책을 펴고 있다고 밝혔다.

로슬린연구소의 이런 정책은 이곳에서 창업한 PPL 세러퓨틱스가 최근 인간 이식용 장기를 생산하기 위한 형질전환 돼지 복제에 한발 다가서고 제론 바이오메드가 첨단 복제기술 개발에 큰 성과를 거두는 등 결실로 이어지고 있다.

PPL 세러퓨틱스는 로슬린연구소 출신의 존 클라크 박사가 세운 바이오벤처로 1997년 7월에 '돌리'보다 한 단계 더 발전된 복제 양 '폴리(Polly)'를 탄생시켰다. 폴리는 양의 태아에 있는 섬유아세포(원시 섬유세포)에 외래 유전자를 삽입해 먼저 세포를 형질전환시킨 뒤 이 체세포를 핵을 제거한 난자와 결합시켜 복제 양을 탄생시킨 것이다.

복제와 형질전환을 동시에 성공시키는 기술은 앞으로 산업적 파급효과가 매우 클 것으로 전망되어 세계 각국이 앞다투어 연구하고 있는 첨단 기술이다. 이 기술을 활용하면 질병 치료에 사용되는 단백질을 생산할 수 있는 형질전환 동물을 대량으로 복제, 생산할 수 있게 됨으로써 동물을 이용한 생체 의약공장의 현실화를 한층 앞당길 수 있게 될 것으로 전망된다.

또 제론 바이오메드는 로슬린연구소가 1998년 설립한 바이오벤처 기업인 로슬린 바이오메드를 미국의 생명공학 회사인 제론에 매각한

회사이다. 제론 바이오메드가 목표로 하
는 것은 핵이식(nucleus transfer)을 통한
형질전환과 복제 기술을 이용해 인체에
이식해도 거부반응을 일으키지 않는 장
기를 생산할 수 있는 형질전환 돼지를 생
산하는 것이다.

제론측은 로슬린 바이오메드를 인수하
면서 로슬린연구소에 6년에 걸쳐 1,250
만 파운드(약 240억 원)의 연구비를 제공
하기로 했으며 로슬린연구소는 현재 제

▲ 복제 양 돌리를 탄생시킨 영국 로
슬린연구소의 이언 윌머트 박사

론과 함께 인체 이식용 장기를 생산할 수 있는 형질전환 복제 돼지에
대한 연구를 공동으로 수행하고 있다.

인체 이식용 장기 생산을 위한 형질전환 복제 돼지 개발은 현재 우리
나라에서도 추진되고 있다. 바이오벤처 마크로젠을 설립한 서울대학
교 의대 서정선 교수와 복제 소 '영롱'이와 '진이'로 유명한 수의대 황
우석 교수 연구진이 인체 거부반응이 없는 형질전환 복제 돼지 개발에
주력하고 있다. 또 미국의 바이오벤처기업인 어드밴스드 셀 테크놀러
지(ACT)와 이머지 바이오 세러퓨틱스 등도 이 부분에 대한 연구에 주
력하는 등 형질전환 돼지 복제는 세계적으로 경쟁이 치열한 연구 주제
가 되고 있다.

돼지가 인간에게 이식할 장기를 제공할 제1 후보로 연구되고 있는
이유는 무엇보다 돼지 장기의 구조와 크기가 인간과 비슷하기 때문이
다.

과학자들은 돼지의 세포에서 인체의 거부반응을 일으키는 초급성 거
부항원(α 1.3-Galactosyl transferase : GGTA1) 유전자를 아주 제거하거나

이 유전자의 기능을 정지시킨 뒤 이 세포를 이용해 체세포 복제 방식으로 복제 돼지를 대량 생산하면 이식용 장기 부족문제를 해결할 수 있을 것으로 기대하고 있다.

현재까지 이 부분에서 가장 앞선 결과를 내놓은 곳은 앞에서도 언급한 미국의 미주리대학과 생명공학 벤처기업 이머지 바이오세러퓨틱스 연구팀이다.

연구팀은 미국의 과학전문지 〔사이언스(2002. 1. 4.자)〕에서 돼지의 섬유아세포에서 초급성 거부항원 유전자를 제거한 뒤 이를 핵을 미리 제거한 난자와 결합시켜 복제 돼지를 생산하는데 성공했다고 발표했다.

또 로슬린연구소 안에 있는 PPL 세러퓨틱스도 2001년 4월 자신의 DNA구조에 각각 외부의 "유전표지(標識 ; marker)"가 주입된 복제 돼지새끼 5마리가 PPL사의 미국지사(버지니아주 블랙스버그 소재)에서 건강한 상태로 태어났다고 발표했다.

PPL 세러퓨틱스는 이 복제 돼지의 탄생은 인간에게 거부반응 없이 이식할 수 있는 유전자조작 돼지 장기 및 세포를 지닌 유전자 변형 돼지를 복제할 수 있는 길이 열렸음을 의미하는 것이라고 밝혔다. PPL 세러퓨틱스는 또 2002년 1월 4일 이머지 바이오 세러퓨틱스와 마찬가지로 초급성 거부항원 유전자가 제거된 복제 돼지를 탄

▲ 세계 최초의 유전자 복제 돼지. 영국 PPL 세러퓨틱스

생시키는데 성공했다고 밝혔다. 그러나 인체 내에서 거부반응을 일으키는 유전자가 제거된 돼지가 태어났다고 해서 이 돼지가 성장한 후 바로 돼지 장기를 떼어내 인간에게 이식할 수 있는 것은 아니다.

돼지의 장기를 인간에게 이식할 수 있게 되기까지는 돼지 장기를 이루는 단백질의 구조가 인간의 단백질과 다르기 때문에 문제를 일으킬 가능성과 돼지 고유의 레트로바이러스(PERV)가 인체에 미치는 영향 규명 등 아직 넘어야 할 장애가 많이 남아 있다.

하지만 현재 이 부분에 대한 연구 경쟁이 치열하게 벌어지고 있지만 머지 않은 장래에 문제점들이 해결된다면 그 주인공은 바로 로슬린연구소와 관련 바이오벤처들이 될 가능성이 많다는 것이 관련 학계의 시각이다.

이 같은 예에서도 볼 수 있듯이 로슬린연구소가 추구하고 있는 변화의 목표는 연구가 연구로 끝나는 그런 연구소에 머무는 것이 아니라 연구결과를 토대로 한 바이오벤처 창업을 지원하고 산업체에 첨단 생명공학 기술을 제공함으로써 생명공학의 산업화를 선도하는 바이오산업의 산실이 되겠다는 것이다.

로슬린연구소는 생명과학의 메카로 발전하기 위해 로슬린 바이오센터를 따로 설립해 생명공학 기술의 산업화와 바이오벤처 지원에 적극 나서고 있다.

로슬린 바이오센터에는 임상시험 관리 및 자문회사인 넥서스 바이오메드와 생명과학의 상업화 자문회사인 신텍, 게놈 염기서열 분석 소프트웨어 개발업체인 에든버러 바이오 컴퓨팅 시스템스, 벤처캐피털 에든버러 테크놀러지 펀드 등이 들어서 바이오벤처기업의 창업과 발전을 입체적으로 돕고 있다.

협력관계 체결도 활발하다. 미국의 제론사와 복제과정의 핵 재프로그래밍(reprograming), 줄기세포(stem cell) 연구, 신약의 목표유전자 발굴 등에서 협력하고 있으며 비라젠과는 계란을 이용한 인간 항체 생산 연구를, 던디대학 등과는 신약 시험을 위한 형질전환 생쥐 연구를 함께 수행하고 있다.

화이트로 박사는 "로슬린연구소가 이러한 변신에 노력을 기울여 큰 성과를 얻고 있는 배경에는 바로 정부의 정책적 뒷받침이 있다"고 강조했다. 영국 정부가 10여 년 전부터 바이오시장 규모가 2003년에는 740억 달러에 달할 것으로 전망하고 국내 연구기관과 산업체들이 바이오시장을 선점할 수 있도록 재정적, 정책적으로 지원하고 있는 것이 큰힘이 되고 있다는 것이다.

로슬린연구소는 정부의 정책 중에서도 무엇보다도 연구소가 안정적인 연구 재원을 확보할 수 있도록 돕고 있는 점을 높이 평가하고 있다. 연구소가 자체적으로 보유 기술을 산업체에 제공해 로열티를 확보하고 민간 기업과의 연구 등을 통해 상당액의 연구비를 조달하고 있지만 정부측의 연구 재원 지원이 연구소의 안정적인 연구활동에 큰힘이 된다는 것이다. 로슬린연구소는 생명과학 중 비의학분야의 기초·전략 연구를 지원하는 정부 기관인 생명공학연구위원회(BBSRC)로부터 매년 200만 파운드 이상을 지원받고 있으며 환경, 식품, 농촌개발을 담당하는 정부 부처와 민간기업 등으로부터도 연구비를 지원받는다.

이 같은 집중적인 투자가 가능한 것은 물론 영국 정부의 생명과학 육성 정책 덕분이다.

영국은 1980년대부터 이미 정책적으로 바이오비전을 준비했으며 10여 년 전부터는 매년 1,020억여 원을 생명공학 연구에 투입하고 생명공학 연구기관과 교육기관, 바이오벤처 등을 집단화하는 바이오테크 놀러지 단지, 즉 바이오밸리 육성에도 적극 나서고 있다.

영국의 이같은 정책은 인간게놈지도 작성과정에서 영국의 연구기관들이 미국을 제외한 다른 모든 선진국들보다 뛰어난 활약을 함으로써 큰 성공을 거두고 있다는 것이 입증되었다.

인간게놈프로젝트(HGP)에 참여한 6개국 가운데 미국은 전체 연구성과의 65% 이상을 차지함으로써 기여도 면에서 단연 으뜸을 차지했다. 그러나 그 나머지 국가들의 기여도를 살펴보면 영국이 그동안 얼마나 생명과학 육성에 공을 들였는지 잘 알 수 있다.

영국은 HGP의 인간게놈지도 작성에서 20%를 훨씬 넘는 기여도를 기록함으로써 3번째로 기여도가 높았던 일본의 6%와 독일과 프랑스 각각 2%, 중국 1% 등보다 훨씬 앞섰다. 이는 곧 영국이 최소한 생명공학 분야에 있어서만은 미국 다음으로 강대국 자리를 확고하게 차지하고 있음을 보여주는 것이다.

이같이 튼튼한 생명공학 기초 연구능력은 생명공학 산업으로 연결되고 있다. 영국은 지난 1999년 미국에서 38건의 바이오 관련 특허를 출원해 일본(789건)에 이어 2위를 차지했으며 유럽 전체의 바이오산업에서 25%의 점유율을 차지함으로써 유럽 국가 중 단연 선두를 유지하고 있다.

영국이 이처럼 생명공학 강국의 위치를 차지하고 있는 그 중심에는 바로 로슬린연구소 등 첨단 연구기관들이 있으며 이들의 뒤에는 웰컴트러스트라고 하는 확고한 연구자금 지원 기관과 이 모든 것이 가능하도록 정책적으로 뒷받침해주는 영국 정부의 치밀한 생명공학 육성 정책이 있다.

6 인간복제를 공언하는 세계 과학계의 이단아들

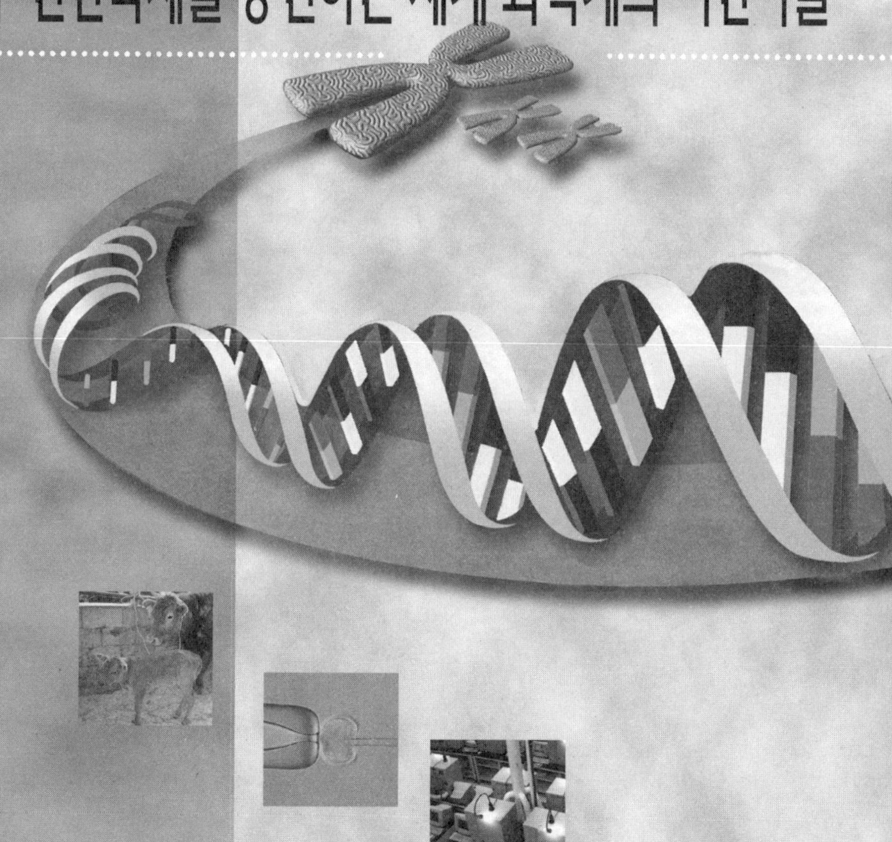

인간복제를 주장하는 사람들은 누구인가, 그리고 성공 가능성은?

　영국의 로슬린연구소가 복제 양 돌리의 탄생을 발표한 1997년 2월 이후 인간 복제 가능성이 현실로 다가오면서 복제를 둘러싼 뜨거운 논쟁이 전 세계를 휩쓸었다. 하지만 당시 과학자들은 물론 일반인들도 인간 복제는 절대 시도돼서는 안 되며 복제를 시도하는 과학자도 없을 것이라는데 동의하는 것처럼 보였다.

　많은 사람들이 돌리의 탄생을 인간복제도 과학적으로 가능하다는 것을 입증하는 일대 사건으로 받아들였지만 이것이 실제로 인간복제로 이어지지는 않을 것으로 막연히 기대했던 것이다. 인간복제 가능성에 대해 마음속으로 '설마 누가, 무엇을 위해 인간복제를 하겠는가' 라는 의문을 품으면서, 그리고 한편으로는 모든 과학자들이 누구나 가지고 있을 법한 그런 윤리의식을 가지고 있을 것이라고 기대하면서 인간복제를 시도하는 일은 결코 없을 것이라고 생각했던 것이다.

　그러나 이러한 기대는 돌리가 태어났다는 발표가 있은 지 한 달도 안 되어 깨지고 말았다. 인간복제를 하겠다고 선언하는 단체와 개인이 잇따라 등장하면서 전 세계를 인간복제에 대한 우려와 윤리논쟁 속으로 몰아넣은 것이다.

　먼저 인간을 복제하겠다고 선언하고 나선 것은 외계인과 미확인비행물체(UFO)를 숭상하는 종교집단인 '라엘리안 무브먼트(Raelian Movement)'와 미국의 괴짜 물리학자 리처드 시드 박사였다.

라엘리안 무브먼트는 인간은 DNA에 대한 정보를 완전히 이해하고 이를 마음대로 조작할 수 있는 능력을 가진 외계인이 복제를 통해 만들어낸 존재라고 주장하는 종교집단이다. 이들은 로슬린연구소가 복제 양 돌리의 탄생을 발표하자마자 세계 최초의 상업적 인간복제회사를 표방하는 '클로네이드(Clonaid. 홈페이지 www.clonaid.com)'라는 회사를 설립했다.

또 1997년 12월에는 미국의 하버드대학교 출신의 물리학자인 리처드 시드 박사가 인간을 복제하겠다며 연구팀을 구성하는 등 인간복제 추진을 공언하고 나섰다.

이들의 출현은 세계 각국의 많은 사람들에게 '인간 복제는 소설 속에서나 가능한 상상의 세계가 아니라 당장 일어날 수 있는, 우리 눈앞에 닥친 현실'이라는 문제 의식을 심어줬으며 이를 계기로 국가마다 인간복제를 법률로 금지하려는 움직임이 본격화되었다.

그러나 당시 라엘리안 무브먼트와 리처드 시드 박사가 인간복제 논쟁을 뜨겁게 달구는 역할을 하기는 했지만 이들이 실제로 인간을 복제할 수 있는 능력을 가지고 있는지에 대해서는 의구심을 갖는 사람들이 더 많았다. 앞으로 이들의 학문적 면모와 배경, 그리고 이들이 보여온 행적을 살펴보면 알 수 있겠지만 이들은 과학적인 면에서 사람들이 신뢰할 수 있는 배경을 가진 그런 단체나 과학자와는 거리가 멀었기 때문이다.

그러나 2001년 1월 앞으로 1~2년 안에 세계 최초로 복제 인간을 탄생시키겠다고 발표한 미국 켄터키대학의 생식의학 교수 출신의 남성 불임 치료 전문가 파노스 자보스 교수와 이탈리아의 인공수정 전문가 세베리노 안티노리 박사의 경우는 사정이 달랐다.

이들은 세계 불임치료 학계에서 폐경기가 훨씬 지난 여성 노인들의 임신과 출산을 돕는 등 엉뚱한 연구로 '이단자' 취급을 받고 있기는 했지만 불임 치료 분야에서 이미 세계적으로 널리 알려진 전문가들이 며, 이들이 마음만 먹는다면 인간 복제를 시도할 능력이 충분히 있다 고 평가되었기 때문이다.

특히 이들은 "인간복제는 불가피한 것이며 그렇기 때문에 인간복제 연구는 자격이 있는 교수진에 의해 공개적으로 실시되는 것이 바람직 하다"며 인간복제에 대한 사회적 논의를 유도하고 있다는 점에서 인간 복제 문제를 처음으로 진지하게 과학계 내부로 끌어들인 사람들로 볼 수 있다.

◀◀◀ 인간은 외계인이 창조 : 라엘리안 무브먼트

우선 '세계 최초의 인간복제 회사(The First Human Cloning Company)'를 자처하고 있는 '클로네이드'라는 회사와 이 회사를 설립 한 배후 단체인 '라엘리안 무브먼트'라는 종교집단에 대해 알아보자.

라엘리안 무브먼트는 1973년 현재는 '라엘'로 알려진 프랑스 출신 의 카레이서(카레이서가 아니라 스포츠잡지 기자였다는 설도 있다) 클로드 보리옹이 만든 종교단체이다. '인류는 미확인비행물체(UFO)를 타고 지구에 온 외계인이 과학적인 복제과정을 통해 만들어낸 존재'라는 것 이 이들이 내세우는 핵심적인 주장이다. 라엘리안 무브먼트는 현재 전 세계 84개국에 지부가 결성되어 있으며 신도 숫자는 모두 55,000여 명 에 이른다고 밝히고 있다.

라엘은 1973년 12월 13일 외계인을 만났으며 그들이 타고 온 UFO 를 타고 외계로 가서 6일 동안 함께 생활하면서 그들로부터 자신들이

다시 올 때 자신들을 맞
이할 대사관을 지구에 세
우라는 지시를 받고 '라
엘리안 무브먼트'를 창설
했다고 주장하고 있다.

이 외계인들은 키가
120㎝ 정도이고 짙은 색
의 머리카락과 아몬드 모

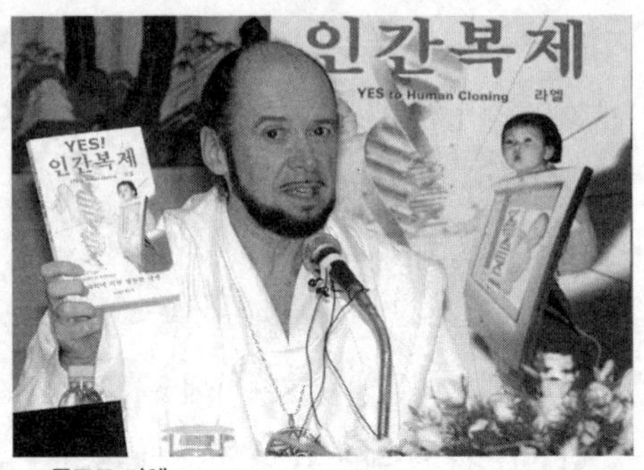

▲ 클로드 라엘

양의 타원형 눈을 가졌으며 라엘에게 "우리가 지구의 인간을 만들었다.
인간은 우리를 신(God)이라고 오해하고 있다. 모든 종교의 근원에는
우리가 있고 모세와 예수, 부처, 마호메트도 우리가 선택하고 교육시켜
지구로 내려보낸 예언자들이며 그들은 모두 우리에 대해 이야기하고
있는 것이다. 이제 인류도 우리를 이해할 만큼 성숙했으니 대사관을 통
해 공식적으로 인류와 접촉하고 싶다"라는 말을 남겼다고 한다.

이들의 주장에 따르면 인간은 자연선택이나 돌연변이 등 오랜 진화
를 통해 만들어진 존재가 아니며 초자연적이고 전지전능한 절대자인
신에 의해 창조된 존재도 아니다. 이들에게 있어 인간은 과학적으로
매우 진보한 외계인(Elohim)이 DNA를 이용해 자신들의 모양에 따라
실험실에서 의도적으로 복제해서 만든 존재라고 주장한다. 이들은 또
예수도 십자가에 못 박혀 죽은 지 사흘 만에 부활한 것에 대해서도 엘
로힘이 첨단 복제기술로 부활시킨 것이라고 주장하고 있다.

이 같은 믿음을 근간으로 한 라엘리안 무브먼트는 1997년 2월 영국
로슬린연구소가 복제 양 돌리의 탄생을 발표한 뒤 '세계 최초의 인간
복제 회사'라며 '클로네이드'를 설립했으며 1999년에는 클로네이드
한국지사를 설립해 국내에서도 본격적인 활동을 시작했다.

라엘은 1999년 8월과 2001년 8월 한국을 방문해 인간복제의 당위성을 역설하기도 했으며 클로네이드측은 지금까지 복제를 신청한 사람이 한국인 8명 등 세계적으로 모두 200여 명에 이른다고 밝히고 있다.

클로네이드는 지금도 자사 홈페이지에서 1인당 20만 달러를 받고 인간을 복제를 해주겠다고 선전하고 있으며 이 밖에도 애완동물 복제, 만일의 사태에 대비한 세포 냉동보존 서비스 등을 제공하겠다고 밝히고 있다.

1999년 클로네이드측이 국내에서 인간복제 신청을 받고 이에 대한 신문광고를 내는 등 활발한 움직임을 보였을 때 국내 일부에서는 인간복제를 금지하는 법을 하루빨리 제정해야 한다는 주장이 제기되기도 했으나 학계와 종교계에서는 인간복제 상업서비스에 대해 "전혀 현실성이 없는 주장"이라며 "진지하게 고려할 가치조차 없다"고 일축하는 반응이 더 많았다.

미국에서도 라엘리안 무브먼트와 클로네이드가 상업적 인간복제를 추진하겠다는 주장에 대해서는 과학적인 신빙성이 부족하다며 의문을 제기하는 분위기가 지배적이었다.

2001년 8월에는 미국 경찰이 웨스트 버지니아주의 니트로라는 한 시골마을의 낡은 학교건물에 있는 클로네이드의 비밀 인간복제연구소를 조사한 결과 시설과 장비가 인간을 복제하기에 어려울 만큼 조잡하고 열악한 것으로 밝혀지기도 했다.

특히 이를 전후해 클로네이드에 첫 번째로 인간복제를 신청하고 재정적 지원을 해온 것으로 알려진 웨스트 버지니아주의 마크 헌트라는 변호사가 복제 신청을 철회하고 연구지원도 중단하기로 결정해 클로네이드는 인간복제 추진에 큰 타격을 받게 되었다.

헌트 변호사는 지난 1999년 당시 생후 10개월된 아들 앤드루가 심장

수술로 인한 복합 후유증으로 사망하자 아들의 체세포 일부를 냉동 보관한 뒤 이를 복제하기 위해 라엘리안측에 복제를 신청하고 연구자금을 지원했었다.

더욱이 미국 연방 대배심이 클로네이드에서 인간복제 연구책임자로 일하고 있는 여성 생화학자 브리지트 부아셀리에 박사에 대해 사기혐의로 조사에 착수한 것으로 알려져 라엘리안 무브먼트의 인간복제 추진은 더욱 큰 난관에 봉착하게 되었다.

2001년 8월 미국의 인터넷 신문 〔드러지 리포트(Drudge Report)〕는 뉴욕주 시러큐스에서 소집된 연방 대배심이 클로네이드의 비밀 인간복제 연구소 조사가 있는 후 부아셀리에 박사가 자신이 인간복제를 할 수 있는 능력을 갖추고 있는 것처럼 속여 투자자들로부터 부당하게 자금을 유치한 혐의에 대해 조사를 벌이고 있다고 보도했다.

부아셀리에는 프랑스 출신의 생화학자로 뉴욕 해밀턴대학 화학과의 방문교수로 일했으나 2001년 봄 상업적인 인간복제 회사인 클로네이드사에 관여하고 있다는 사실이 드러난 후 교수직에서 사임한 여성 과학자이다.

미국의 법무부와 식품의약청(FDA)도 부아셀리에 박사의 인간복제 주장을 면밀히 분석한 뒤 그녀에게 연구 중단을 요청하는 방안을 검토하기도 한 것으로 전해지고 있다. 그러나 FDA는 니트로에 있는 그녀의 비밀 인간복제연구소를 조사한 뒤 그녀가 인간복제를 할 능력이 없다는 결론을 내린 것으로 알려졌다.

결국 라엘리안 무브먼트의 경우 자신들의 종교적 신념을 널리 선전하고 이를 통해 새로운 신도를 모으기 위한 방편으로 '인간복제' 라고 하는 흥미롭지만 사회적으로 매우 민감한 문제를 이용하고 있다는 것이 이들을 바라보는 과학계의 대체적인 시각이라고 할 수 있다.

그러나 라엘리안 무브먼트가 아무리 객관적으로 인간복제를 실행할 준비가 안 되어 있다고 판단되더라도 어떤 믿음을 바탕으로 한 집단은 현실적 어려움이나 위법성 등에 관계 없이 의도한 바를 강력하게 추진하는 경향이 크다는 점을 유의할 필요가 있다.

즉 이들은 준비가 안 되어 있는 상태에서라도 인간복제를 시도할 개연성이 충분히 있기 때문에 우리나라에서도 이미 활동을 벌이고 있는 라엘리안 무브먼트와 클로네이드가 인간복제에 우리나라의 시설을 끌어들이거나 우리나라 사람을 참여시키는 행위를 하지 못하도록 지속적인 관심을 기울여야 할 것이다.

·))) 괴짜 물리학자 리처드 시드 박사

인간복제 계획을 밝혀 세계적으로 주목을 받고 있는 인물로는 미국의 괴짜 물리학자인 리처드 시드 박사를 빼놓을 수 없다.

리처드 시드 박사는 하버드대학교 출신의 물리학자로서 발생학(Embryology)에 관심이 많은 인물이라는 정도만 알려져 있을 뿐 인간복제 문제가 등장하기 전에는 학계에 이름이 거의 알려져 있지 않은 사람이었다.

그는 1997년 12월 산부인과 전문의와 심리학자,

▲ 인간복제를 주장하는 리처드 시드 박사

법률가 등 8명으로 인간복제 연구팀을 구성하고 복제 희망자들을 물색하고 있다며 인간복제 계획을 발표하면서 세계 언론계의 주목을 받기 시작했다.

당시 시드 박사는 일리노이공과대학(IIT)에서 열린 생식(生殖)기술 관련 윤리문제에 관한 회의에서 인간복제 계획을 처음 발표했다. 그는 밀워키 저널 센티널지(紙)와의 인터뷰에서 "아기를 낳지 못하는 부부들을 위한 상업적 벤처사업으로서의 인간복제 방법 개발에 관심을 가지고 있다"며 "인간복제는 일부 과학자들이 생각하고 있는 것보다는 쉬울 것으로 생각한다"고 말했다.

이후 시드 박사는 인간복제에 대한 윤리논쟁이 뜨거워지면서 미국 정부와 과학계는 물론 일반인들로부터도 강력한 반발을 사기도 했으나 자신의 뜻을 굽히지 않고 있으며 어디로 튈지 모르는 '럭비공' 행보를 보이면서 세계 언론에서 화제인물이 되었다.

1998년 1월 빌 클린턴 미국 대통령은 라디오 연설에서 "과학계와 의료계에서는 인간을 대상으로 복제기술을 시도한다는 것은 안전하지 못하며 도덕적으로도 받아들일 수 없는 것이라는 공감대가 형성되어 있다"며 인간복제에 대한 반대의사를 분명히 밝혔다.

또 도너 섈레일라 당시 미국 보건후생장관도 CBS 방송에 출연해 "시드 박사의 주장을 듣다보면 그가 미치광이 과학자라는 말이 떠오르게 된다"며 "클린턴 대통령과 내 자신은 물론 미국이라는 나라 전체가 인간복제 실험에 반대하고 있다"고 말했다.

뉴욕타임스(1998. 1. 18.자)는 "리처드 시드 박사가 발표한 인간복제 계획 자체보다 더욱 흥미로운 것은 직업도 없고 돈도 없고 대부분의 과학자들이 (복제에) 성공할 가능성이 없다고 말하는 괴짜 물리학자인 시드 박사가 미국에서 온 국민의 관심을 끄는 화제의 인물이 됐다는 사실"라고 혹평하기도 했다.

그러나 시드 박사는 이 같은 비난과 반발에도 굴하지 않고 1998년 9월 보스턴에서 열린 '정치 및 생명과학학회'에서 자기 자신을 대상으로 첫 번째 인간복제 실험을 할 계획이라고 발표해 다시 한 번 세상을 놀라게 했다.

그는 이 학회에서 "한 기증자의 난자에 자신의 몸에서 떼어낸 체세포의 세포핵을 결합시켜 복제 배아를 만든 뒤 이 배아를 아내의 자궁에 이식할 것이며 아내도 이 계획에 동의했다"고 밝혔다.

그는 이어 "내가 인간복제에 대한 입증되지 않은 사실을 이용해 불임으로 절망에 빠져 있는 여성들을 악용하고 있다는 비난을 불식시키기 위해 스스로를 대상으로 복제실험을 하기로 결정했다"며 "의회가 이 실험을 금지시킨다면 인간복제 연구소를 멕시코로 이전해 복제실험을 강행할 것"이라고 주장했다.

그러나 세계의 과학자들은 시드 박사가 인간복제 계획을 발표한 뒤 보여준 돌출행동과 그에 대한 학계의 평가 등을 종합해볼 때 그가 실제로 인간복제를 할 수 있는 능력이 있는지 매우 의심스럽다는 입장을 보이고 있다.

그는 2002년이 되기 전에 3명의 여성에게 인간복제 배아를 이식해 임신시킬 것이라고 공언했지만 실제로 그가 인간복제 배아를 여성에게 이식했다는 징조는 어느 곳에도 없다. 또 그는 이를 실행하기 위해 중국에서 생식의학 전문가를 고용한 것으로 알려지고 있지만 복제에 필요한 다른 장비나 시설, 인력 등을 갖추었는지, 그리고 그가 실제로 인간복제 실험에 착수했는지는 여전히 의문으로 남아 있다.

지금까지 살펴본 바와 같이 라엘리안 무브먼트와 리처드 시드 박사는 몇 년째 세계 과학계와 언론계에서 계속되고 있는 인간복제를 둘러싼 윤리논쟁에 단골로 등장하는 인물이 되기는 했지만 이들이 실제로 인간을 복제할 가능성이 있는지에 대해서는 회의적인 시각이 더 많은 것이 사실이다.

▶ 복제는 불임시술 치료법 : 안티노리와 자보스 박사

복제기술을 연구하는 신중한 과학자 중에서는 인간복제를 실제로 추진하려는 과학자는 없을 것이라는 사람들의 막연한 기대감은 2001년 1월 미국 켄터키대학 생식의학과 파노스 자보스 교수와 이탈리아의 인공수정 전문가 세베리노 안티노리 박사가 이끄는 연구팀이 앞으로 1~2년 안에 세계 최초의 복제 인간을 탄생시킬 것이라는 대담한 인간복제 계획을 발표하면서 깨지고 말았다.

▲ 세베리노 안티노리 박사

안티노리 교수는 60대 여성의 출산을 성공시킨 것을 비롯해 폐경기에 있는 여성의 임신을 돕는 활동 등으로 학계에서 이단자라는 평판을 얻기는 했지만 인공수정을 통한 불임치료 분야에서는 세계적으로 널리 알려져 있는 전문가이다.

이탈리아 중부 아드리아해의 작은 마을 시비텔라 델 트론토에서 태어난 안티노리는 1980년 바티칸 부근에 생물학자인 부인과 함께 불임치료 전문 병원을 열었으며 이후 폐경기의 여성이 아이를 낳게 하는데 성공해

▲ 파보스 자보스 박사

인공수정 분야에서 일약 국제적인 유명인사가 되었다.

1993년에는 59세의 미혼인 영국 여성 사업가를 임신시켜 쌍둥이 딸을 낳게 했으며 바로 1년 뒤에는 63세의 여성을 임신시켜 출산케 하는 데 성공함으로써 세계 최고령 여성 임신 기록으로 기네스 북에 오르기도 했다.

이 밖에도 그는 공공연히 인간복제 필요성을 주장하고 불임의 성직자에게 자식을 갖도록 해 윤리적인 논쟁에 휘말리는 등 물의를 빚어 이탈리아 의사협회로부터 의사면허를 박탈당할 위기에 처하기도 했다.

파노스 자보스 교수는 켄터키대학 생식의학 교수 출신으로 렉싱턴에 남성 불임치료 병원을 세운 정통 과학자 출신이며 안티노리 교수와는 오랫동안 불임치료 연구에서 협력해온 남성 불임치료 전문가이다.

자보스 박사는 불임치료 분야에서 안티노리 박사와 10년 이상 호흡을 맞춰왔으며 1994년 안티노리를 도와 63세의 여성을 임신시켜 출산케 하는데 한 몫을 담당하기도 했다. 안티노리 박사는 산부인과 의사로 여성 불임 전문가이며, 자보스 박사는 남성병학 전문가라는 점을 고려하면 두 사람은 불임치료를 연구하는데 있어서는 이상적인 파트너인 셈이다.

그리스계 키프로스 태생으로 미국에 귀화한 자보스 박사는 인간복제 계획을 발표한 뒤 자신은 불임 부부들에게 도움이 되는 인간복제 기술을 개발하려는 것이며 이를 자신의 '의무'로 생각한다며 여러 해 동안 시험관 수정 실험을 거치면서 축적된 지식과 기술을 가지고 있기 때문에 인간복제에 성공할 것이라고 강한 자신감을 피력했다.

자보스 박사는 또 "인간복제는 불가피한 것이며 그렇기 때문에 인간복제 실험은 자격이 있는 교수진에 의해 공개적으로 실시되는 것이 바

람직하다"면서 "복제는 불임치료에 한해서만 시행될 것"이라고 강조
했다.

그는 이어 인간복제에 대한 비판 여론에 대해서는 유산과 기형아 출
산, 산모의 생명 위험 등의 인간복제 과정에 여러 가지 문제가 있을 가
능성이 있다는 점은 인정하면서도 이런 문제들은 앞으로 연구가 진행
되면서 극복될 수 있을 것이라고 주장했다.

영국의 선데이 타임스는 안티노리 교수가 2001년 말 지중해 연안의
한 국가에서 첫 인간복제 작업을 시작할 예정이라고 보도했다. 이 신
문은 또 안티노리 교수가 인공수정을 위한 정자조차 생산할 수 없는
남성들을 위해 인간복제를 하기로 했다면서 작업에 착수할 국가에서
이미 정식 허가를 받았다고 말했다고 전했다.

이들이 인간복제 계획을 발표하자 전 세계 과학계는 라엘리안 무브
먼트나 리처드 시드 박사가 인간복제 계획을 발표했을 때보다 훨씬 더
큰 충격에 휩싸였다.

이들은 복제계획을 통해 미국의 리처드 시드 박사나 종교단체인 '라
엘리안 무브먼트'의 복제계획보다 훨씬 현실적이고 시행 가능한 시나
리오를 제시했을 뿐 아니라 이들이 오랫동안 불임치료를 연구해왔다
는 점에서 더욱 심각한 문제로 인식되었기 때문이다.

·»»)» 인간복제, 무엇이 문제인가?

영국의 과학주간지 [뉴사이언티스트]는 2002년 4월 5일 걸프뉴스
(Gulf News) 보도를 인용해 이탈리아의 인공수정 전문의 세베리노 안
티노리 박사가 "인간복제 프로젝트에 참여중인 수천 명의 불임부부 중

한 명의 여성이 임신 8주째를 맞았다"고 말했다고 전했다.

안티노리 박사의 말대로라면 이것은 복제 인간배아를 임신한 인류 사상 최초의 사례가 되며, 이 여성이 실제로 출산에 성공하면 인류 최초의 복제인간이 태어나는 것이다.

안티노리 박사는 그러나 이 여성의 국적이나 소재지는 공개하지 않았으며, 복제 인간 임신 여부에 대해서도 언론사에 확인해주지 않고 있다. 안티노리 박사의 프로젝트에는 약 5000명의 불임부부가 참여중인 것으로 알려져 있으며, 이에 앞서 안티노리 박사와 그의 동료인 미국남성병학연구소의 파노스 자보스 박사는 2001년 말까지 복제 인간배아를 생산할 계획이라고 발표한 바 있다.

뉴사이언티스트의 이 보도가 사실일 경우 전 세계는 다시 한 번 인간복제를 둘러싼 윤리논쟁에 휩싸일 것으로 보인다.

이에 대해 영국의 포유류 복제 전문학자인 리처드 가드너는 이 잡지에서 "윤리성을 논외로 한다 해도 그 같은 임신은 현재의 과학지식 수준으로 볼 때 정말 무책임하다"면서 "다른 포유류의 사례로 미뤄볼 때 정상적인 아기의 출산 가능성을 측정하기 매우 어렵다"고 지적했다.

그는 안티노리 박사가 태아 검사를 통해 기형 발생 위험을 줄일 수 있다고 주장하고 있는데 대해 "현재 그런 것을 할 수 있는 방법은 존재하지 않는다"고 단언하고 "현재 할 수 있는 것은 염색체상의 큰 변화나 염색체 숫자 정도를 검사할 수 있을 뿐 유전자 하나하나의 이상을 찾아낼 수 있는 방법은 없다"고 말했다.

미국 MIT의 복제전문가 루돌프 재니시 교수는 "이것은 무책임하고 지금까지 복제에 성공한 7가지 포유동물 연구에서 나온 끔찍한 과학적 증거들을 무시하는 것"이라고 지적했다. 그는 "지금까지 밝혀진 과학적 증거들은 대부분의 복제동물은 일찍 죽게 되어 있으며 운좋게 살아

남을 경우에도 시간이 흐르면서 심각한 기형을 갖게 된다는 것을 입증하고 있다"며 "안티노리는 자신의 모호한 연구일정을 진척시키기 위해 인간을 기니피그(실험용 모르모트의 일종)로 이용하고 있다"고 비난했다.

　지금까지 살펴본 대로 세계 각국에는 공개적으로 인간복제를 추진하겠다고 공언하는 사람들이 엄연히 존재하고 있으며 이들 외에도 비밀리에 인간복제 연구를 하고 있는 개인이나 단체들이 있을 것으로 추정되고 있다.

　그러나 이들 대부분은 각국의 법이나 국민정서 등에 따라 인간복제에 대한 공감대가 형성될 때까지 복제 시행을 늦추거나 포기할 것으로 보이지만 문제는 자신들의 신념에 따라 또는 경제적 이익을 위해 인간복제를 강행하려는 사람들도 있을 것이라는 점이다.

　이 문제를 해결하려면 세계 각국이 인간복제에 대해 동일한 기준을 마련해 공동으로 대처할 필요가 있다. 이를 위해서는 먼저 인간복제에 대한 인류 전체의 공감대가 하루빨리 마련되어야 한다. 인간복제에 대한 공감대를 형성하기 위해서는 우선 각 사회를 구성하는 개개인이 인간복제를 주장하는 이유와 반대하는 이유가 무엇인지, 현재의 인간복제 기술이 가지고 있는 문제점은 무엇인지 정확히 파악하고 있는 것이 중요한다.

　먼저 라엘리안 무브먼트나 리처드 시드 박사, 안티노리 교수와 자보스 박사가 인간복제를 주장하는 이유에 대해 생각해보자.

　인간복제를 주장하는 이유에 관한 한 라엘리안 무브먼트는 논란의 대상이 되지 않는다고 할 수 있다. 왜냐하면 이들은 인간이 UFO를 타고 온 외계인이 복제를 통해 만든 존재라고 믿고 있기 때문에 자신들이 인간복제를 하는 것은 자신들을 만든 창조주의 뜻을 따르는 것과 같은 당위성을 갖고 있기 때문이다.

이들에게 있는 인간복제는 옳고 그름을 논할 대상이 아닌 것이다. 하지만 이들이 이런 신념을 갖는 것은 개인의 자유라고 치부할 수도 있지만 이런 신념이 인간복제 행위로 이어져 인류사회가 가지고 있는 '인간의 존엄성'이라는 보편적 가치관을 파괴할 위험이 있을 때는 절대 용납될 수 없으며 용납되어서도 안 될 것이다.

다음으로 리처드 시드 박사와 세베리노 안티노리, 파노스 자보스 박사 같은 사람들은 인간복제를 일종의 '불치병 치료 수단'이라고 주장하고 있다. 이들이 내세우는 불치병은 바로 남녀 불임을 말한다.

그러나 대부분의 과학자들은 이들이 인간복제를 '불치병 치료수단'이라고 주장하는 것은 사람들에게 혼란을 일으키려는 것에 불과하다고 지적하고 있다. 즉 이들이 인간복제를 '불치병 치료수단'이라고 주장함으로써 현재 세계적으로 널리 행해지고 있는 인간배아복제를 통해 난치병 치료에 사용할 수 있는 배아줄기세포를 추출하는 연구의 범주에 끼워넣으려 하고 있다는 주장이다.

인간배아복제를 통한 배아줄기세포 연구란 수정란이나 체세포 복제 방식으로 배아를 만든 뒤 여기서 배아줄기세포를 추출하고 배아줄기세포에서 간세포나 뇌세포, 신경세포 등을 배양해 알츠하이머병과 파킨슨병 등 난치병을 치료하는 방법을 연구하는 것이다.

과학자들은 이런 배아줄기세포 연구와 복제 인간을 탄생시키는 인간 개체 복제와는 명확히 구분되어야 한다고 주장하고 있는 것이다.

치료용 줄기세포를 연구하는 과학자들은 인간배아 복제 연구의 당위성을 주장하면서도 이런 연구가 인간 개체를 복제하는 행위로 이어져서는 절대 안 된다는 점을 강조하고 있다. 인간복제는 절대 불임치료의 한 방법이 될 수 없다는 것이 이들의 주장이다. 이들은 또 인간 개체 복제는 절대 질병 치료용 복제 연구의 범주에 들지 않을 뿐만 아니라 앞으로도 이 범위에 포함되어서는 안 된다고 강조하고 있다.

그러나 일부에서는 불임부부의 고통이나 사랑하는 사람을 잃은 사람들의 상실감을 생각할 때 엄격한 통제를 전제로 인간복제에 대해서도 검토할 필요가 있다는 주장을 제기하고 있어 이 문제에 대해서는 사회 구성원들이 합의를 통해 결론을 도출해야 할 것으로 보인다.

인간복제에는 어떤 문제가 있는지 간단하게 살펴보는 것으로 이번 장을 마무리할까 한다.

세계 각국의 정치계나 종교계, 그리고 과학계가 인간복제의 첫 번째 문제점으로 지적하는 것은 바로 복제 인간 출현으로 인간의 존엄성이 파괴될 위험이 있다는 것이다.

그리고 현재의 과학기술 수준으로는 한 명의 복제 인간을 탄생시키기 위해서 최소한 수백 개 이상의 생명체(복제 배아)가 파괴될 수밖에 없다는 점도 인간복제가 시도되어서는 안 된다는 주장의 근거가 되고 있다.

우선은 복제 인간이 태어나면 그 사람의 정체성에 문제가 생길 것이다. 자연적인 방법이나 시험관 아기 시술로도 자식을 낳을 수 없는 부부가 남편의 체세포나 체세포의 핵을 아내의 난자와 결합시키는 방법으로 복제 아기를 탄생시킬 경우 이렇게 태어난 아기는 과연 어떤 존재인가 하는 문제가 생긴다.

어쨌든 아내가 10달 동안 뱃속에서 키워 낳았으니 이들 부부의 2세라고 해야 할 것인가, 아니면 아버지와 똑같은 유전자를 가지고 태어났으니 그와 같은 존재 또는 쌍둥이 같은 존재라고 해야 할 것인가? 그리고 이 아이는 과연 어떤 인생을 살게 될 것인가? 복제 인간의 정체성에 대한 문제가 끝없이 꼬리를 물게 될 것이다.

이 부부는 또 복제 대상인 남편이 성공적인 삶을 살아온 사람일 경우 복제 아기도 남편처럼 성공적인 삶을 살게 될 것이라고 기대할 것이다.

그러나 이는 기대일 뿐이다. 예를 들어 일란성 쌍생아들은 똑같은 유전정보를 가지고 태어나는 일종의 복제아라고 할 수 있다. 이 때문에 수정란이 세포분열 과정에서 두 개로 갈라져 만들어지는 일란성 쌍생아를 신이 만든 복제아라고 하기도 한다. 하지만 지금까지 세계적으로 일란성 쌍생아들을 대상으로 행해진 많은 연구에서도 드러나고 있듯이 이들이 똑같은 유전자를 가지고 있다고 해서 똑같은 인생을 사는 것은 아니다.

인간의 삶이 유전자에 의해 100% 결정되는 것이라면 일란성 쌍둥이는 모두 똑같은 삶을 살 것이다. 그러나 인간은 어머니의 뱃속에 잉태될 때부터 주변 환경과 상호작용을 주고받으면서 저마다의 인성과 개성을 형성하고 이를 토대로 그 사람만의 독특한 삶을 만들어 가는 것이다. 이 과정에서 유전자가 중요한 역할을 하는 것은 분명하지만 유전자가 유일한 결정요인이 아니라는 것도 분명하다.

다음은 현재의 인간복제 기술이 너무나 불완전하다는 문제점이 있다.

많은 전문가들이 인간복제가 시도되어서는 안 되는 이유로 현재 복제기술의 성공률이 높아야 1% 정도에 불과하다는 점을 지적하고 있다. 이는 곧 한 명의 복제 인간을 탄생시키기 위해서는 100여 개나 되는 생명의 씨앗을 희생시켜야 한다는 것을 의미한다.

영국의 로슬린연구소가 1996년 체세포 복제방식으로 탄생시킨 세계 최초의 복제 양 돌리의 경우 암양의 유선(乳腺)세포의 핵을 미리 제거한 다른 양의 난자를 결합시켜 만든 복제 배아 277개 가운데 한 마리만이 온전히 새끼로 태어난 것이다. 복제 배아는 곧 한 마리의 새끼로 태어날 수 있는 생명의 씨앗이다. 따라서 돌리가 태어나기까지 276개나 되는 생명의 씨앗이 인간의 실험으로 죽임을 당한 것이다.

이것을 사람에게 적용한다고 생각하면 실로 끔찍한 일이 아닐 수 없다.

현재 세계적으로 널리 행해지고 있는 시험관 아기 시술의 경우에도 성공률이 30%에 못 미친다. 이는 난자와 정자를 인공 수정시켜서 만든 배아 10개를 여성의 자궁에 이식했을 때 정상적으로 아기가 태어나는 것은 3명 미만이라는 것을 의미한다.

이에 대해서도 정자와 난자가 수정되는 순간을 생명의 출발점으로 보고 있는 종교계에서는 시험관 아기 시술 중 실패하는 배아와 시험관 아기 성공 후 더 이상 필요 없어져 폐기되는 여분의 배아에 대해 비윤리적이라는 비난을 퍼붓고 있다.

이런 점을 고려할 때 종교계는 물론 많은 일반인들까지도 성공률이 1%에도 미치지 못하는 복제기술이 인간에게 적용되는 것을 용납하지 않으리라는 것은 불을 보듯 뻔하다. 특히 영장류의 경우에는 양이나 소, 쥐 등 다른 동물보다 복제가 훨씬 어렵다는 주장까지 제기되고 있어 인간복제 시도에 대한 반발은 더욱 거세질 것으로 예상된다.

로슬린연구소의 그레이엄 불필드 소장은 "복제 아기 한 명을 탄생시키는 데는 400개 이상의 난자와 50명 이상의 대리모가 필요할 것"이라고 지적했다.

또한 복제 반대론자들은 복제기술이 향상되고 있기는 하지만 아직 불완전한 상태이며 출산에 성공한다 하더라도 문제가 발생할 소지는 여전히 많다고 주장하고 있다. 복제 배아의 경우 자궁 내에서 유산되거나 출산 중 사망할 가능성이 높으며 출산에 성공한다고 해도 태아에게 유전적 결함이 있거나 기형인 상태로 태어날 확률이 매우 크다는 것이다.

그러나 인간복제에 대한 반대 움직임이 거세지고 있는 것에 대해 깊은 우려를 표명하는 과학자들도 많다. 이 같은 우려를 표명하는 사람들은 주로 인간 배아줄기세포를 이용한 질병치료를 연구하는 과학자들이다.

이들은 배아줄기세포 연구가 인류 질병 치료의 역사에 혁명적인 발전을 가져올 것으로 기대하고 있으며 배아줄기세포 연구가 인간복제와 동일시될 경우 배아줄기세포에 대한 건전한 연구마저 어려워지지 않을까 우려하고 있는 것이다.

즉 라엘리안 무브먼트나 리처드 시드 박사, 세베리노 안티노리 교수와 파노스 자보스 박사의 무분별한 인간복제 계획으로 인해 세계 각국에서 인간복제를 법으로 금지해야 한다는 요구가 강해지면 이로 인해 암과 알츠하이머병, 파킨슨병 등 난치병치료에 획기적인 발전을 가져올 수 있는 인간 배아줄기세포 연구까지 가로막힐 가능성이 있다는 것이다.

줄기세포 연구가 미래의학의 방향을 좌우할 만큼 잠재력이 큰 것으로 전망되면서 복제와 배아줄기세포에 대한 연구 경쟁은 세계 각국에서 전쟁을 방불케 할 만큼 뜨겁게 달아오르고 있다.

이 경쟁에서는 우리나라도 예외일 수 없다. 더욱이 생명공학 기술이 21세기 경제의 성패를 좌우할 핵심기술로 떠오르고 있기 때문에 우리 과학계가 복제와 배아줄기세포 등에 관련된 연구를 본격적으로 할 수 있도록 사회적·제도적·재정적 기반을 하루빨리 마련하는 것은 우리 사회가 직면한 매우 중요한 과제라고 할 수 있다.

　이를 위해서는 과학자와 정책입안자는 물론 국민 개개인이 우선 생명과학을 이해하고 이를 토대로 해야 할 것과 하지 말아야 할 것에 대한 기준을 확고히 수립해야 할 것이다.

7 한국의 바이오

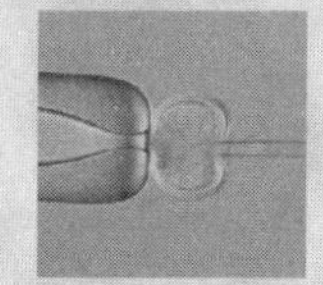

한국의 바이오 연구, 어디까지 왔나?

우리나라의 생명공학 수준은 세계적으로 볼 때 어떤 수준일까?

신문과 방송 등 언론 매체에는 며칠이 멀다하고 우리나라 연구진의 생명과학 연구에 관한 기사가 실리고 그 첫머리에는 '세계 최초', '세계에서 2번째, 3번째' 운운하는 말들이 따라붙기 일수다. 물론 일부 과학자나 연구팀의 연구능력이 세계 최고 수준에 올라 있는 것이 사실인 경우도 있으나 냉정하게 평가할 때 우리의 생명과학 수준은 아직 미국이나 영국, 일본 등 바이오 선진국에 크게 미치지 못한다는 것이 과학계의 중론이다.

예를 들어 최근 우리나라 언론에는 국내 과학자 또는 외국에서 활동 중인 교포 과학자들의 연구결과가 세계적인 과학저널인 〔사이언스〕, 〔네이처〕, 〔셀〕, '미국 과학원회보(PNAS)' 등에 게재됐다는 기사가 자주 보도되고 있다.

〔사이언스〕와 〔네이처〕에는 매주 수십 편의 논문이 게재되지만 게재되기까지 심사과정은 매우 엄격한 것으로 정평이 나 있다. 이들 과학저널에 논문이 실리려면 세계적인 과학자들로 구성된 심사진의 엄격한 평가를 거쳐야 하기 때문에 과학자라면 누구나 이들 저널에 논문을 발표하고 싶어한다. 전 세계에서 수많은 과학자들이 자신의 논문을 발표하기 위해 〔네이처〕와 〔사이언스〕에 논문을 보내지만 정작 채택되어 저널에 실리는 것은 극소수에 불과하니 실리는 것 자체가 뉴스일 수도

있다.

또 이런 과학저널에 우리 과학자들의 연구결과가 과거보다 많이 게재된다는 것은 우리 나라의 과학 수준이 그만큼 높아졌다는 것을 의미하는 것이다.

하지만 이를 뒤집어 생각해보면 이런 과학저널에 우리 과학자의 연구결과가 게재되었다는 것이 뉴스가 되는 국내 현실 또한 우리의 과학 수준이 선진국에 비해 그렇게 높지 않은 수준이라는 것을 의미하는 것이기도 하다.

이들 과학저널에 실리는 논문의 대부분을 차지하는 미국을 제외하더라도 국내와 국외에서 활동하는 과학자들까지 포함해서 우리나라 과학자의 연구결과가 이들 저널에 게재되는 경우는 영국은 물론 이웃의 일본이나 중국에 비해 매우 적은 편이다.

실제로 매주 [사이언스]와 [네이처]에 실린 논문의 저자들 이름을 살펴보면 한국인의 이름은 가뭄에 콩 나듯 발견되지만 중국인이나 중국계 과학자 또는 일본인이나 일본계 과학자의 이름은 헤아릴 수 없을 만큼 많다.

어떤 사실이 뉴스가 된다는 것은 물론 그것이 드문 현상이기 때문이다. 우리나라 과학자의 연구 논문이 세계 최고 수준의 과학저널에 실리는 것이 거의 예외 없이 뉴스거리가 되는 것은 그것이 그만큼 희소성이 있다는 것을 의미한다.

물론 미국과 일본, 중국, 영국에서도 자국 연구자의 논문이 이들 저널에 실리면 뉴스가 되는 경우가 많다. 이들 국가에서도 연구 내용이 일반인들의 흥미를 유발할 수 있는 내용이거나 흥미롭지는 않지만 학문적으로 큰 의미가 있는 것일 때는 어김없이 뉴스가 된다.

하지만 우리나라에서처럼 연구 내용에 관계 없이 [네이처]나 [사이언스]에 논문이 게재되었다고 모두 기사화되는 것은 아니다. 이는 이들 국가의 과학자들이 내놓는 논문이 이런 저널에 논문이 실리는 것이 그렇게 드문 일이 아니며 그렇기 때문에 논문이 실렸다는 것 자체가 뉴스가 되지는 않는다는 것을 뜻한다. 이는 또한 이들 국가에서 이루어지고 있는 연구의 수준이 우리보다는 한발 앞서 있다는 것을 의미하는 것이기도 하다.

그러나 다행스러운 것은 우리 과학자들의 연구가 세계적인 수준의 저널에 실리는 횟수가 점점 증가하고 있으며 그 증가속도 면에서 보면 우리나라가 다른 나라들을 훨씬 능가하고 있다는 점이다.

과학분야에서 한 국가의 연구 수준을 평가할 때는 주로 미국 과학정보연구소(ISI)가 제공하는 과학논문인용색인(SCI) 자료가 이용된다. SCI는 ISI가 세계 각국에서 발행되는 과학기술분야 학술지 가운데 일정 수준 이상의 학술지 5300여 종을 선택, 여기에 게재된 논문을 분석해 제공하는 자료이다.

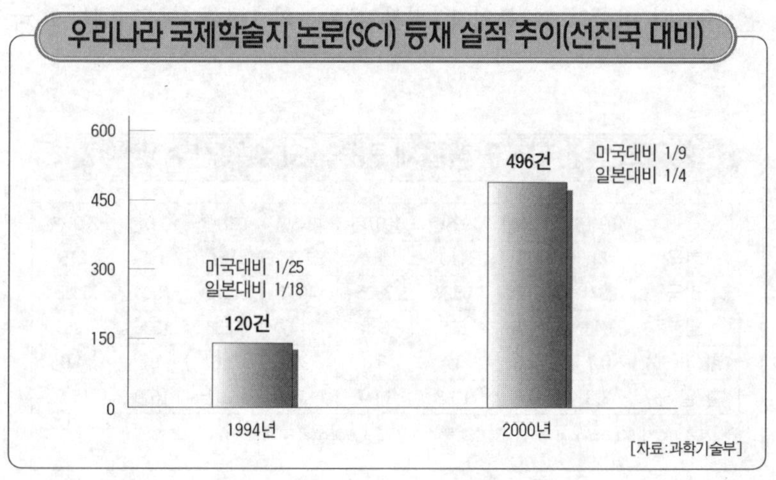

　SCI 조사 대상 학술지에 얼마나 많은 논문이 게재되느냐 하는 것과 SCI 학술지에 게재된 논문이 다른 연구자들에 의해 얼마나 많이 인용되느냐는 그 국가의 연구수준을 평가하는 기준으로 통용되고 있다. 여기에 한 학술지에 게재된 논문의 평균 피인용횟수를 조사해 산정하는 영향력지수(Impact Factor)는 학술지의 수준을 나타내는 지표로 인정받고 있다. 즉 영향력 지수가 높은 학술지일수록 수준 높은 학술지로 인식되고 있으며 세계적인 학술지로 정평이 나 있는 영국의 [네이처]와 미국의 [사이언스], 미국 학술원 회보(PNAS), 생명과학 전문학술지 [셀] 등은 모두 영향력 지수가 높은 대표적인 저널들이다.

　과학기술부가 미국 과학정보연구소(ISI)의 SCI(과학논문인용색인) 등재 논문을 분석한 자료에 따르면 모든 과학 분야에 걸친 우리나라의 SCI 논문 게재 수준은 1994년의 경우 미국의 25분의 1, 일본의 18분의 1 이었으나 1997년에는 미국의 10분의 1, 일본의 5분의 1 수준으로 높아졌으며 2000년에는 미국의 9분의 1, 일본의 4분의 1 수준까지 상승했다.

　게놈(유전체) 분야만을 놓고 볼 때도 우리나라의 SCI 논문 게재 수준은 1994년 미국의 143분의 1, 일본의 30분의 1에서 1997년에는 미국

한국의 유전체 · 단백질체 관련 SCI 수록건수 및 수준

	1994년	1995년	1996년	1997년	1998년	1999년	2000년	2001년
한국	21	71	119	114	135	157	185	215
미국	2871	3128	3527	3805	4004	4318	4500	5385
일본	643	716	865	978	1147	1238	1236	1351
한/미(%)	0.7	2.3	3.4	3.0	3.4	3.6	4.1	4.0
한/일(%)	3.3	9.9	13.8	11.7	11.8	12.7	15.0	15.9

※ 자료 : ISI사 SCI Expanded DB 검색결과(항목 : Genome & Proteome). 과학기술부

의 33분의 1, 일본의 8분의 1로 높아졌으며 2000년에는 미국의 24분의 1, 일본의 6분의 1 수준까지 따라잡았다.

이 통계 수치는 물론 논문이 게재된 저널의 수준이나 논문 자체의 수준을 고려하지 않고 단순히 논문 숫자만을 고려한 것이기는 하지만 우리나라의 연구 수준이 빠른 속도로 선진국을 따라잡고 있음을 입증하는 것이다.

그러나 다른 분야와 마찬가지로 게놈과 복제 등 생명과학 연구에서도 양적 팽창도 중요하지만 더욱 중요한 것은 질적 향상이다. 양적 팽창에서도 우리나라가 미국과 일본을 따라잡는 데에는 한계가 있을 수밖에 없다. 우리나라의 경제규모, 특히 생명공학 분야의 투자 규모나 연구 인력 규모가 미국이나 일본에 비해 매우 작기 때문에 우리나라 과학계의 연구 효율성이 이들 국가를 능가하더라도 양적으로 이들에 접근하기는 어렵다.

우리나라 정부가 2001년 바이오기술 분야에 투자한 예산은 약 2억 5,000만 달러 정도이다. 그러나 이는 미국의 1개 바이오 기업의 연구 예산에도 미치지 못하는 규모이다. 대표적인 바이오기업으로 꼽히는 미국의 암젠의 연간 연구비는 8억 5,000만 달러이며 젠엔텍도 4억 9,000만 달러에 달한다. 또 바이오의학 분야에서 단연 세계 최고 수준을 자랑하는 미국 국립보건원(NIH)의 연간 예산은 올해 228억 달러나 된다.

이처럼 투자재원 면에서 비교가 안 되는 상황에서 우리나라가 앞으로 펼쳐질 바이오시대에 경쟁을 해나갈 수 있는 유일한 방법은 연구의 질적 수준을 높이는 것, 즉 부가가치가 높은 기술을 개발해 나가는 것뿐이다.

또 우리나라 연구자들의 논문이 SCI 저널에 게재되는 수가 크게 증가하고 양적으로 미국, 일본과 격차를 크게 줄여가고 있다는 것을 곧 우리나라 연구가 질적으로도 비례해서 미국, 일본과 격차를 줄이고 있는 것으로 해석할 수는 없다.

앞에서도 언급했듯이 SCI 조사 대상 저널에 게재된 논문이라고 해서 모두 같은 수준의 논문이 아니기 때문이다. 물론 과학 논문의 수준이나 중요도를 수치로 계량화할 수는 없다. 하지만 국내 논문이 영향력 지수가 큰 수준 높은 저널에 얼마나 많이 게재되고 있는가 하는 것은 국내 연구 수준을 외국과 간접적으로 비교할 수 있는 지표가 될 수 있을 것이다.

최근 해외 학술지에 국내 연구가 게재되는 동향을 보면 SCI 저널에 게재되는 논문 숫자가 크게 늘어나는 것에 비해 영향력 지수가 높은 저널에 게재되는 논문은 많지 않은 편이다.

국내 연구의 양적 팽창과 질적 향상 간 차이는 과학기술부 분석 결과 (2000. 10.)에서도 잘 드러나고 있다. 과학기술부가 1995~1999년 사이에 SCI 저널에 발표된 세계 각국의 논문을 분석한 결과에 따르면 우리나라는 SCI 저널에 발표한 논문 숫자에서 1995년 5414건으로 세계 23위 수준이었으나 1999년에는 1만 1010편으로 세계 16위로 뛰어올랐다.

그러나 같은 기간 발표된 논문의 평균 피인용도는 1.81회로 세계 평균 3.82회의 절반에도 미치지 못했으며 순위로는 세계 60위 수준인 것으로 나타났다. 논문의 피인용도는 다른 연구자들이 해당 논문을 얼마나 많이 인용했는지를 나타내는 것으로 피인용도가 크다는 것은 논문의 수준이 그만큼 높다는 것을 뜻한다.

여기서 우리나라의 연구 수준 문제를 수치를 들어 제시하는 것은 최근 바이오 붐을 타고 생명과학 관련 연구에 대한 기사가 신문·방송을 장식하면서 국내 과학계의 연구 능력이 과대평가되고 있는 것은 아닌지 우려되기 때문이다.

한마디로 아직 갈 길이 멀다. 물론 과학기술부는 체세포 복제 기술이나 에이즈 DNA 백신, 제초제 저항성 작물 개발 등 일부 분야에서는 선진국 수준에 도달한 것으로 평가할 정도로 훌륭한 연구 성과를 내고 있는 과학자들도 다수 있다.

하지만 생명과학 분야 전체적으로 우리나라의 수준은 세계 최고 수준의 60% 수준에 불과하며 효과적인 연구 개발 투자를 통해 우리의 고유 생물자원에 대한 유전자 특허를 확보하고 기술 경쟁력을 높이는 것이 시급하다는 것이 과학기술부의 자체 분석이다.

한국 바이오 육성의 근간 '바이오테크 2000'

    우리 정부가 바이오 산업 육성에 적극적으로 나선 것은 1994년부터 이다.

    물론 생명공학육성법은 1983년 12월 제정되었고 이 법의 시행령은 1984년 9월 제정되었지만 그 후 10년간 학문적인 면에서나 산업적인 면에서 생명과학을 집중적으로 육성하기 위한 구체적인 프로그램은 없었던 것이나 마찬가지이다.

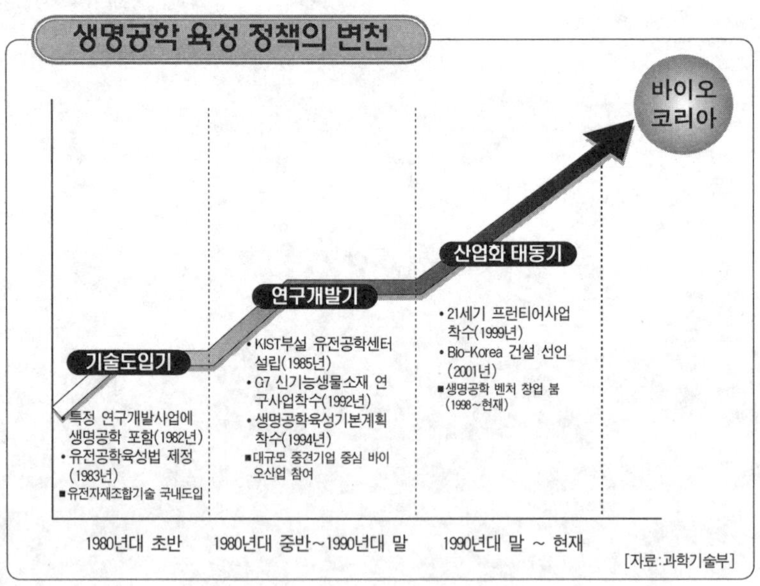

정부는 세계적으로 생명과학의 중요성이 점차 증가하자 1993년 12월 일명 '바이오테크 2000(Biotech 2000)'으로 불리는 '생명공학육성 기본계획'을 마련했으며 1994년을 '생명공학 도약의 해'로 선포했다. 목표는 2000년대 초까지 우리 기술을 선진국 수준으로 높이고 세계 생명공학시장에 우리 기술로 도전해 5% 이상의 시장을 점유하겠다는 야심찬 계획이었다.

이를 위해 정부는 과학기술부를 주관 부처로 정하고 교육인적자원부와 농림부, 산업자원부, 보건복지부, 환경부, 해양수산부 등 7개 부처가 공동 참여하는 범국가적 추진 체제를 마련했으며 1994년부터 2007년까지 정부 6조 4,134억 원과 민간 9조 6,790억 원 등 모두 16조 924억 원을 투자한다는 계획을 마련했다.

세계 최초로 인공유전자가 합성된 것이 1970년이고 선진국에서 유전공학의 출발점으로 볼 수 있는 유전자 재조합 기술이 개발된 것이 1973년이니 생명공학에 관한 한 우리나라는 출발부터 선진국에 20년 뒤진 셈이다.

2002년은 '바이오테크 2000' 시행 9년째이자 제3단계 5년 계획의 첫 해이다. 그러면 제1단계(1994~1997)와 제2단계(1998~2001) 사업은 어느 정도의 성과를 거둔 것일까? 정부는 '바이오테크 2000'을 시작하면서 구체적인 연도를 명시하지는 않았으나 2000년대 초까지 우리 기술을 선진국 수준으로 높이고 세계 생명공학시장에 우리 기술로 도전해 5% 이상의 시장을 점유하겠다는 목표를 내세웠다.

그러나 1, 2단계 8년의 사업이 마무리된 현 시점에서 평가할 때 '바이오테크 2000'의 성적표는 투자와 성과 모두에서 기대에 크게 미치지 못한 것으로 평가되고 있다.

우선 정부가 선진국 수준의 생산기반기술을 확보하는 것으로 목표를 정한 제1단계 사업기간(1994~1997)을 살펴보자. 정부는 4년 동안 모두 5,000억 원을 생명공학에 투자할 계획이었으나 3,856억 원이 투자되어 목표치의 77.1%만이 투자되었다. 이 기간에 정부의 전체 연구개발예산은 연평균 24.6% 증가한데 반해 생명공학 분야의 연구개발예산은 31.5%가 증가한 것은 그나마 다행스런 일이라고 하겠다.

그러나 민간부문의 투자는 정부 투자에 비해 훨씬 저조했다. 정부는 '바이오테크 2000'에서 제1단계 사업기간에 민간부문의 생명공학 투자가 1조 350억 원에 이를 것으로 예상했으나 실제 투자된 금액은 4,378억 원으로 목표액의 42% 수준에 불과했다.

다음으로 원천기반기술을 선진국 수준으로 향상시킨다는 목표를 가지고 추진된 제2단계(1998~2002) 사업을 살펴보자. (정부는 2001년 말 국내외 생명공학기술 환경변화를 적극 반영할 필요성을 지적하며 제2단계 사업기간을 2001년으로 종료하고 제3단계 사업기간을 2002~2007년으로 조정했다.) 이 기간에는 세계적으로 바이오 붐이 일기 시작하면서 정부와 민간부문 모두 생명공학에 대한 투자가 급격히 증가했다.

1998~2001년 사이 정부부문 투자는 8,658억 원에 달해 기본계획상의 투자목표액 6,149억원보다 41%가 초과해 투자되었으며 정부의 총 연구개발 예산에서 생명공학연구개발비가 차지하는 비중도 1998년에는 5%에서 2001년에는 8% 수준으로 높아졌다.

민간부문의 생명공학투자 역시 이 기간에 급격히 증가하기는 했으나 투자총액이 계획에 미치지는 못했다. 기본계획에서는 민간부문 투자목표를 2조 3,060억 원으로 잡았으나 실제 투자된 금액은 1조 4,957억 원으로 목표치의 65% 수준에 그쳤다. 민간부문 생명공학분야 연구개발 예산 연평균 증가율 역시 1단계 사업기간 중에는 16.4%로 정부부문의 증가율 31.5%에 크게 못 미쳤으나 1998~2001년 사이에는

67.7%를 기록해 이 기간 정부부문 투자 증가율 46%를 크게 능가했다.

투자의 효율성에 대해서는 이견이 있을 수 있겠지만 어쨌든 바이오테크 2000이 시작된 이후 국내 생명공학에 대한 정부의 투자가 크게 증가한 것만은 분명하다.

1단계 사업기간(1994~1997) 중 정부의 연구개발예산 증가율은 24.6%를 기록한 반면 생명공학분야 연구개발예산 증가율은 31.5%였으며 2단계 사업기간(1998~2001) 중에는 정부 연구개발예산 증가율이 19.4% 증가하는데 그쳤으나 생명공학분야 연구개발 예산 증가율은 46.0%를 기록했다.

또 정부 연구개발 예산 가운데 생명공학 연구개발 예산이 차지하는 비중도 1단계 사업이 시작된 1994년에는 3.5%였으나 1998년에는 5%로 늘었으며 2단계 사업기간이 끝난 2001년에는 8%까지 높아졌다.

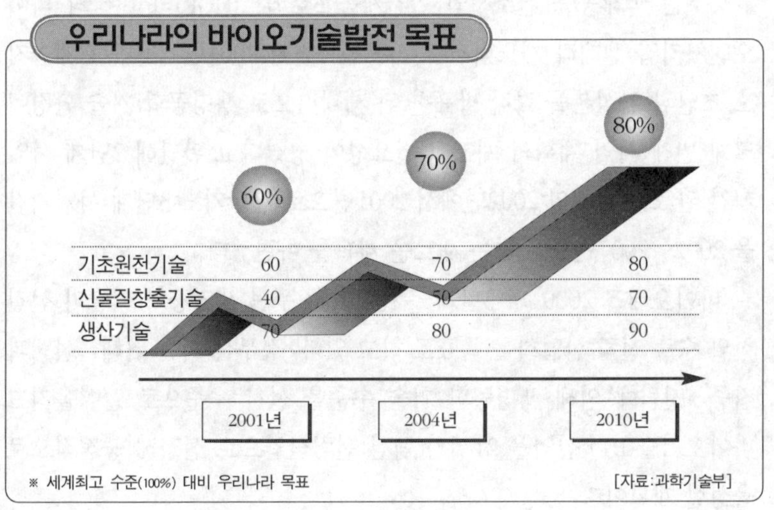

　이 같은 연구개발 투자에도 불구하고 그 성과는 처음 목표했던 수준에는 크게 미치지 못했다는 평가를 받고 있다. '바이오테크 2000' 주관 부처인 과학기술부도 2단계 산업이 끝난 2001년 말 현재 우리나라의 생명공학 분야의 전반적인 기술수준은 세계 최고 수준의 60% 수준에 불과한 것으로 분석하고 있다.

　과학기술부는 2001년 말 현재 우리나라의 생명공학 기술 수준에 대해 기초원천기술의 경우 세계 최고 수준의 60% 수준으로 자체 평가하고 있으며 신물질 창출 기술은 세계 최고 수준의 40%, 생산기술은 선진국의 70%로 평가했으며 이를 종합해 볼 때 전체적으로는 세계 최고 수준의 60%에 해당하는 것으로 볼 수 있다고 밝혔다.

　이 같은 성과는 1단계 사업의 목표가 선진국 수준의 생산기반기술을 확보였고 2단계 사업의 목표가 기초원천기술을 선진국 수준으로 향상시킨다는 것이었던 점을 고려하면 매우 미흡하고 아쉬움이 남는 결과라고 할 수 있다.

　정부는 국제공공 컨소시엄 인간게놈프로젝트(HGP)와 미국의 바이오벤처기업 셀레라 제노믹스가 2000년 6월과 2001년 2월 인간게놈지도 초안과 완성본을 각각 발표한 뒤 세계적으로 생명공학 기술 환경이 크게 변해 사업 계획의 재조정 필요성이 생겼다고 판단해 2단계 사업기간 완료를 원래의 2002년에서 2001년으로 앞당기고 3단계 사업기간을 2002~2007년으로 하는 새로운 계획을 마련했다.

　'바이오테크 2000'의 3단계 추진계획은 우선 생명공학 기술의 선진화와 수출 전략 산업화를 목표로 하고 있다. 정부는 이를 위해 '선택과 집중' 전략에 의해 생명공학 기술 수준을 선진 수준으로 끌어올리고 바이오기술(BT) 산업을 21세기 핵심 전략산업으로 선정해 중점적으로 육성할 계획이다.

　3단계 사업기간 중 국내 생명공학 기술 수준 향상 목표는 현재 세계 최고수준의 60% 수준인 기초원천기술의 경우 2004년까지 70% 수준으로 높이고 3단계 사업이 마무리되는 2007년에는 80%까지 높이는 것이다. 현재 세계 최고수준의 40%로 가장 뒤처져 있는 것으로 평가되고 있는 신물질창출기술은 2004년까지 50%, 2007년에는 선진수준의 70%까지 향상시킬 계획이며 현재 선진 수준의 70% 수준인 생산기술은 2007년까지 90%수준까지 높일 계획이다.

　정부는 또 2001년 현재 500개인 바이오벤처기업을 2007년까지 1000개로 늘리고 고용인력도 6500명에서 4만 5000명으로 확대할 계획이며 연간 수출규모도 2001년 10억 달러 수준에서 2007년에는 50억 달러로 증가시킨다는 계획이다.

　3단계 추진계획 기간 중 생명과학 분야에 투입되는 정부 예산도 1, 2단계와는 비교가 되지 않을 정도로 크게 증가할 전망이다. 정부는

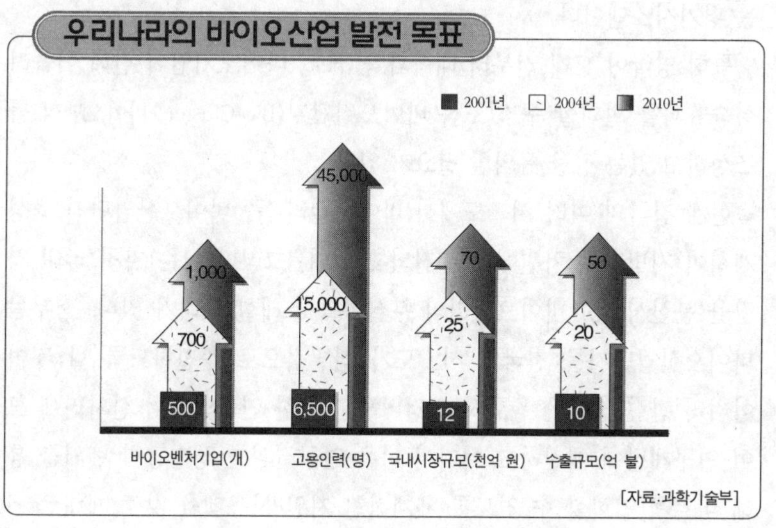

2002년부터 2007년까지 투자계획 5조 1,620억 원을 투자할 계획이다.

이는 '바이오테크 2000'의 전체 정부 투자예산 6조 4,134억 원의 80.48%에 해당하는 것이며 3단계 사업 마무리 연도인 2007년에 투자되는 1조 3,600억 원은 1단계와 2단계 사업기간의 정부측 전체 투자 금액을 합한 1조 2,514억 원보다 훨씬 많은 것이다.

다른 과학기술분야의 경우도 마찬가지지만 생명공학기술은 특히 연구성과가 연구단계에서 벗어나 산업화되기까지 장기간이 소요된다는 점을 고려할 때 지속적인 투자가 꾸준히 이루어짐으로써 연구개발이 영속성을 유지하는 것이 무엇보다 중요하다는 점에서 정부의 투자확대 계획은 매우 바람직한 것으로 평가할 수 있다.

그러나 생명공학 분야에 대한 집중적인 투자와 함께 반드시 갖추어야 할 것은 정부와 산·학·연이 효율적으로 협력해나갈 수 있도록 하는 종합적인 협력체계와 연구비의 올바른 분배시스템과 투자된 재원이 효율적으로 집행되고 있는지를 객관적으로 공정하게 평가할 수 있는 평가시스템이다.

특히 영국이 오래 전부터 대학과 연구소, 바이오기업이 한데 어울려 상승효과를 발휘할 수 있도록 바이오집단지(Bio-Cluster. 바이오밸리)를 조성하고 있는 점을 유의할 필요가 있다.

현재 전국의 여러 시·도에서 바이오밸리, 즉 바이오산업단지 육성 계획이 지방정부 차원에서 추진되고 있다. 그러나 이는 자칫 국내 역량을 분산시키고 바이오밸리의 부실화를 초래할 우려가 있다. 정부는 바이오산업단지를 전국의 시·도가 산발적으로 추진하도록 할 것이 아니라 관련 정책을 통합하고 정비해 우수한 연구인력이 한자리에 모여 연구개발에 매진하고 여기서 나온 연구결과를 생명공학 벤처를 통해 바로 산업화할 수 있도록 체계적인 지원 시스템을 갖춘 제대로 된

바이오분야 석박사급 산업기술인력 수급전망						

(단위 : 명)

구 분	2000년		2005년		2010년	
	수요	공급	수요	공급	수요	공급
유전체학	650	410	950	520	1150	660
단백질체학	700	80	1000	150	1200	270
생물정보학	190	15	320	70	500	190
총 계	1800	505	2270	740	3150	1120
부족률(%)	71.9		67.4		64.4	

[자료:과학기술부]

'바이오밸리'를 육성해야 할 것이다.

또 한 가지 바이오산업 육성을 위해 중요하게 다뤄야 할 것은 바로 우수한 인력 양성이다. 현재 우리나라는 미국이나 일본에 비해 생명공학 연구인력 규모가 매우 작은 형편이며 앞으로 바이오산업이 활성화될수록 인력 부족문제는 더욱 심각해질 것으로 예상되고 있다.

정부가 내놓은 첨단분야의 석박사급 산업기술인력 수급전망에 따르면 유전체학(Genomics) 연구인력의 경우 2000년 수요는 650명이었으나 공급은 410명에 그쳤으며 2010년에는 수요인력은 1150명으로 늘어나는 반면 공급은 660명에 그칠 것으로 전망되었다.

포스트 게놈 연구에 중요성이 더욱 커질 것으로 예상되고 있는 단백질체학(Proteomics)과 생물정보학(Bioinformatics)의 경우는 인력문제가 더욱 심각할 것으로 예상된다.

단백질체학의 연구인력은 2000년에도 700명이 필요한데 공급은 80명에 그쳤으며 2010년에는 수요가 1200명으로 늘어날 것으로 예상되지만 공급은 270명에 그칠 것으로 보인다. 또 생물정보학도 2000년 현재 수요 190명에 공급 15명으로 극심한 인력난을 겪고 있으나 2010년에도 수요 500명에 공급 190명으로 인력부족 문제는 여전히 심각할 것으로 전망된다.

인력문제는 연구 예산 확대나 연구 시설 및 장비 확충 못지 않게 중요한 문제이다.

이런 점을 고려할 때 정문술 전 미래산업사장이 바이오과학 분야의 우수인력 양성을 위해 한국과학기술원(KAIST)에 300억 원을 기부한 것은 매우 의미 있는 일이라고 평가할 수 있다. KAIST는 정 전 사장이 기부한 300억 원과 정부 출연금(10년간 200억 원)으로 2003년 1월 '바이오시스템학과'를 신설하기로 했다. 생명공학(BT)과 정보기술(IT) 융합 기술을 중심으로 한 교육, 연구를 담당할 바이오시스템학과 내에는 생물정보학(바이오인포매틱스)과 바이오일렉트로닉스, 바이오메카트로닉스(MEMS) 등 세부적인 전공이 마련될 예정이며 교수진도 기존 학과 교수 7~8명 외에 세계적인 과학자 3~4명이 초빙될 예정이다.

정부는 생명과학 육성을 더욱 체계적으로 지원하기 위한 체제도 정비하고 있다. 과학기술부는 2002년 4월 생물정보학 분야가 생명공학의 주요 연구과제로 떠오름에 따라 '바이오테크 2000' 참여 부서에 정보통신부를 포함시키도록 생명공학육성법 개정안을 마련해 관계 부처와 협의를 거친 뒤 입법 예고할 계획이라고 밝혔다.

또 생명공학 육성계획 및 생명공학분야 인력개발 분야에 '기초의과학'이 포함되고 용어의 정의가 추가되며 생명공학의 산업화에 대한 지원을 강화하기 위해 관련 지원규정이 마련되고 기초의과학 육성업무 전담 추진기구인 '의과학지원센터'의 설치 근거도 법률에 명시될 예정이다.

생명공학 시장은 앞으로 몇 년 사이에 급속히 확대될 것으로 전망되고 있다. 세계 생명공학시장 규모는 2000년 540억 달러에서 2008년에는 1,250억 달러로 증가하고 2013년에는 2,100억 달러에 이를 것으로 전망된다. 그러나 이는 생명과학이 다른 산업분야와 결합됨으로써 유발되는 관련 시장의 규모는 제외된 것이기 때문에 생명과학이 21세기 경제에 미칠 영향은 예상보다 훨씬 클 것이다.

따라서 21세기에는 한 국가의 생명과학 수준이 곧 그 나라의 경제적 수준을 좌우할 것이라는 전망을 과장된 것으로 치부할 수 없다. 이런 점에서 볼 때 '바이오테크 2000' 3단계 사업이 진행되는 2002년부터 2007년은 앞으로 전개될 바이오시대에 우리나라가 세계에서 어떤 위상을 갖게 될 것인지를 결정하는 매우 중요한 시기가 될 것이다.

정부와 경제계는 이미 생명과학의 중요성을 어느 정도 인식해 우리나라가 21세기 생명과학 선진국으로 도약하기 위한 준비작업을 착수한 상태이다. 그러나 이것만으로는 부족하다. 우리나라가 생명과학 선진국이 되는데 중요한 역할을 담당할 또 하나의 축은 바로 사회 구성원 개인들이다. 우리 사회를 구성하는 개인들의 생명과학에 대한 인식 수준이 높아지면 그것이 바로 정부와 경제계, 학계의 노력과 시너지효과를 내면서 우리나라의 바이오 선진국 도약을 앞당기는 디딤돌이 될 것이다.

⫸ 경희의료원 연구팀, 세계 최초 인간배아복제 논란

1998년 12월 14일, 국내에서는 전혀 예상하지 못했던 한 연구결과가 발표되어 큰 파문을 일으켰다. 그것은 바로 경희의료원 불임클리닉 연구팀이 체세포 복제 방식으로 인간배아복제에 성공했다는 충격적인 내용이었다.

경희의료원 불임클리닉 김승보·이보연 교수팀은 이날 인간 체세포의 핵을 미리 핵이 제거된 난자에 주입해 정상적인 수정란처럼 세포분열이 일어나도록 하는데 성공했다고 밝혔다.

연구팀은 불임치료, 즉 시험관 아기 시술을 위해 채취한 난자 가운데 사용하고 남은 난자를 기증 받아 핵(n)을 미리 제거한 뒤 여기에 체세포의 핵($2n$)을 주입, 세포분열을 유도해 4세포기까지 분열하도록 하는데 성공했다.

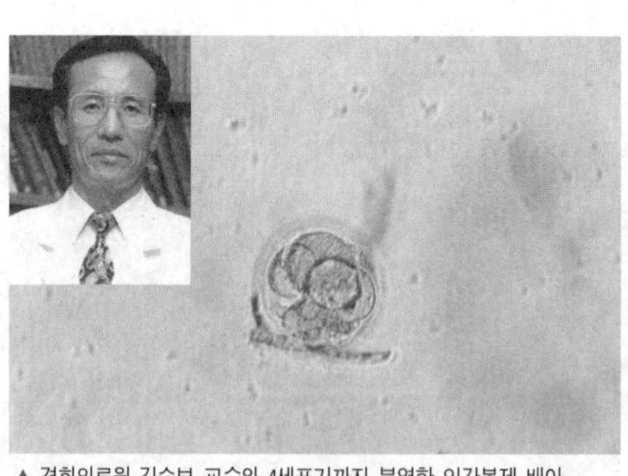

▲ 경희의료원 김승보 교수와 4세포기까지 분열한 인간복제 배아

　　이들이 사용한 방법은 바로 영국의 로슬린연구소가 최초의 체세포 복제 양 돌리를 만들 때 사용한 것과 같은 것이다. 이 연구는 그 당시까지 세계적으로 인간 배아복제를 시도한 연구팀이 전혀 없는 상황에서 복제 기술을 인간에 적용했다는 점에서 그리고 이들이 만든 4세포기 복제 배아를 계속 성장시켜 자궁에 착상시키면 복제인간이 태어날 수도 있다는 점에서 매우 중요한 시도임에 틀림없다.

　　물론 경희의료원 연구팀이 복제 인간을 염두에 두고 이 연구에 착수한 것은 아니다. 이들이 복제 배아가 4세포기까지 분열하는 것을 관찰한 뒤 실험을 중단한 것도 바로 이 연구가 초래할 수 있는 인간복제 논란을 우려했기 때문이다.

　　또 이들이 연구를 계속 진행해 배아를 더욱 성장시키고 이를 자궁에 이식했다하더라도 온전한 복제 인간이 태어날 가능성은 거의 없다. 지금까지 수행된 동물 복제 연구를 살펴볼 때 성공률이 수백분의 1~수천분의 1에 불과하고 인간의 경우 성공률이 더욱 떨어질 것임을 고려하면 단 한 번의 인간복제 시도가 성공할 가능성의 거의 없는 것이나 마찬가지이다.

　　그러나 경희의료원 연구팀의 배아 복제 시도는 이들의 의도와는 관계 없이 국내는 물론 국제적으로도 큰 반향을 일으켰으며 연구자들은 여론의 질타와 학계의 비난을 받으며 한 달 이상 고난의 시간을 보내야 했다.

　　이들의 실험은 국내 복제 기술이 연구자가 마음만 먹으면 언제든지 인간을 복제할 수 있는 수준에 도달했음을 의미하는 것으로 받아들여졌기 때문이다. 특히 일반인들은 이 연구가 국내 과학계에 소문으로 나돌던 국내 인간복제 연구가 실제로 상당히 진행되어 있음을 보여주는 것이라며 우려를 감추지 못했다.

이들의 연구가 얼마나 앞서 있었던 것인지는 당시 국내 복제 연구 현황을 살펴보면 바로 알 수 있다. 1999년 국내에서는 최초로 복제 소 '영롱이'를 탄생시킨 서울대학교 수의과대학 황우석 교수팀은 당시 복제 배아를 대리모 소에 이식하고 송아지 탄생을 기다리고 있는 상황이었다.

경희의료원 연구팀 이보연 교수는 당시 "인간 배아 복제는 실제 임상 목적이 아닌 순수 연구목적으로 시도된 것"이라며 "복제된 배아의 자궁 내 이식은 국내 불임치료 윤리규정에 위배되어 하지 않았고 앞으로도 법적, 윤리적 필요성이 인정되고 사회적 공감대가 형성되기 전까지는 자궁 내 이식을 시도하지 않을 것"이라고 강조했다.

이 교수는 또 "인간복제 기술은 완전한 개체복제보다는 간이나 신장 등 환자에게 이식할 장기만을 선택적으로 복제하는데 사용되어야 한다"는 의견을 피력했다.

그러나 경희의료원 연구팀의 이런 진화 노력에도 불구하고 파장은 과학계와 해외로 일파만파 퍼져나갔다.

복제기술을 이용해 인간의 특정 장기만을 복제하는 것은 윤리적으로 큰 문제가 되지 않는다는 이 교수의 주장에 대한 반박도 만만치 않았다. 복제에 반대하는 과학자들은 인간의 존엄성은 정자와 난자가 만나 수정된 순간부터 부여되기 때문에 정상적인 생명체로 발달하고 있는 복제 배아를 파괴해 필요한 장기를 배양한다는 생각 자체가 있을 수 없는 일이라고 주장했다.

서울대 황우석 교수는 "인간복제에 배아단계까지 성공한 것은 인간복제의 기술적 문제는 거의 해결된 것으로 볼 수 있다"며 "하지만 필요한 장기를 얻기 위한 복제라면 인간의 특정 장기 유전자를 돼지 등에 삽입, 인간에게 거부반응이 없는 장기를 만들어내는 것이 복제에 따른 윤리논쟁을 피할 수 있는 방법이 될 것"이라고 말했다.

이 연구에 대한 파장이 확산되는 계기는 먼저 해외에서 발생했다. 경희의료원 연구팀의 발표가 있은 지 이틀 뒤인 1998년 12월 16일 영국 BBC 방송은 "경희의료원 연구팀 발표가 사실이면 이는 인간 태아복제를 공개적으로 인정한 최초의 사례가 될 것"이라며 경희의료원 연구내용과 이에 대한 영국 로즐린연구소의 주장을 자세하게 보도했다.

BBC는 경희의료원 연구팀 발표의 사실성 여부와 연구팀이 인간 배아 복제가 영국 로슬린연구소에 이어 두 번째라고 주장한 부분, 그리고 복제연구에 대한 윤리논쟁 등을 중점적으로 보도했다.

BBC는 경희의료원 연구팀이 "인간복제 배아단계 성공이 영국 로즐린연구소에 이어 두 번째"라고 밝힌 데 대해 세계 최초로 복제양 '돌리'를 만든 로슬린연구소의 해리 그리핀 박사의 반박을 자세히 전했다.

그리핀 박사는 "(인간복제가 로슬린연구소에 이어 두 번째라는 주장은) 전적으로 난센스"라고 전제한 뒤 "영국에서 인간 태아에 대한 연구는 인간 수정 및 태생학 관리청(HFEA)에 의해 철저히 통제되고 있으며 우리는 이 연구를 허가 받은 적도 없고 신청한 적도 없다"며 인간복제 연구를 강력히 부인했다.

그는 또 "한국 연구팀의 발표에는 자기 선전적 요소가 강한 것 같다"며 "어떤 연구든 먼저 과학저널에 발표되어 적절한 평가를 받아야 한다"고 말해 경희의료원 연구팀의 언론 발표에 회의적인 의견도 피력했다.

이에 대해 이보연 교수는 "논문 등으로 발표하는 학문적 형식을 밟지 않은 것은 스스로의 윤리적 기준 때문에 연구를 더 이상 진행할 수 없었기 때문"이라며 "허용기준이 명확히 정해지면 모든 것을 명확히 증명할 수 있을 것"이라고 말했다.

이 교수는 또 '이번 복제가 로즐린연구소에 이어 두 번째'라고 밝힌 데 대해 영국의 로슬린연구소와 에딘버러대학 연구팀이 인간복제에서 배아단계까지 성공했다는 것을 인터넷뉴스그룹과 국내 언론보도로 알았다고 말해 이를 정식 논문 등을 통해 확인한 것이 아니었음을 인정했다.

의학윤리 저술가이며 복제반대 운동가인 패트릭 딕슨 박사는 "한국 연구팀의 발표는 세계적으로 인간복제 분야에 대한 더 이상의 연구를 금지할 필요가 있음을 보여주는 것"이라며 "오존층 보호를 위해 프레온가스 사용금지를 이끌어낸 것과 같은 생명과학 정상회담이 필요하다"고 주장했다

그러나 이 교수는 "인간 개체를 복제하는 것은 전적으로 반대하지만 불치병으로 고통을 받는 사람들에게 새로운 희망을 줄 수 있는 선택적 장기복제 등에 대해서는 엄격한 통제와 함께 신중히 추진하는 것이 바람직할 것"이라고 말했다.

경희의료원 연구팀의 인간배아복제 연구에 대한 논란은 여기서 그치지 않았다. 대한의사협회와 대한의학회가 생명복제 윤리 논쟁이 거세어지자 생명복제 소위원회(위원장 서정선 서울대 교수)를 구성해 경희의료원 연구팀에 대한 조사에 들어갔으며 그 결과를 1999년 2월 29일 발표했다.

결론은 경희의료원 연구팀의 '인간배아복제 실험 4세포기까지 성공' 발표는 과학적 뒤받침이 부족해 성공 여부를 확인할 수 없다는 것이었다. 즉 경희의료원 연구팀에 대한 실사를 벌인 결과 이 실험이 성공적으로 수행되었다는 사실을 확인할 수 없었다는 것이다.

소위원회는 경희의료원 연구팀이 모두 5개의 난자를 대상으로 핵 제

거 및 핵이식 실험을 했으며 이 과정에서 하나가 4세포기 배아에 도달했다고 주장하고 있으나 이에 대한 과학적 근거자료를 제시하지 못해 실험이 성공적으로 수행되었는지를 확인할 수 없었다고 밝혔다.

의사협회는 이와 함께 발표한 '생명복제 연구에 대한 입장'에서 "인간배아복제 등 생명공학기술이 인류의 복지향상에 유용한 수단이 될 수 있음을 인정한다"며 "1999년 4월 말까지 전문가, 기관 등과 협의, '생명복제 연구에 관한 지침' 시안을 마련하고 공청회를 통해 우리 현실과 국제적 기준에 맞는 지침을 만들 것"이라고 밝혔다.

의사협회는 또 모든 회원과 비회원 연구자들에게 지침이 마련될 때까지 인간의 세포를 사용하는 어떠한 생명복제연구도 당분간 중단할 것과 연구계획 및 결과의 공표를 유보할 것을 촉구했다.

생명복제 소위원회 서정선 위원장은 "이번 실사결과 경희대 연구팀의 실험은 실험목적과 과정 등에 대한 구체적인 근거자료 부족 등 여러 가지 문제가 있었으며 특히 과학적 검증절차를 거치기 전에 결과를 언론을 통해 공표한 것은 이해할 수 없는 일"이라고 말했다.

경희의료원 연구팀의 인간배아복제를 둘러싼 논란은 생명복제 소위원회의 조사 발표로 사실상 마무리되었다. 하지만 이 연구는 그 후에도 국내는 물론 해외 언론에서도 생명 복제를 둘러싼 윤리논쟁이 재현될 때마다 언론이 심심찮게 인용하는 단골 메뉴가 되었다.

그러나 필자는 경희의료원 연구팀의 연구 발표와 파장을 취재하고 보도하는 과정에서 학계의 대응방식이나 사회적 논의 전개방식 등에 적지 않은 아쉬움을 느꼈다. 이 사건이 많은 사람들의 관심을 끌었음에도 불구하고 배아복제의 필요성이나 관련 연구에 대한 가이드라인 마련 등 생산적인 논의로 이어지지는 못했기 때문이다.

경희의료원 연구팀의 발표에 대해 국내와 해외에서 함께 문제를 제기한 것은 왜 연구결과를 동료 과학자들로부터 검증받을 수 있는 저널에 논문으로 발표하지 않고 언론을 통해 발표했느냐 하는 것이었다.

그러나 이것은 연구자들에게 있어 바람직한 태도라고는 할 수 없지만 현재 과학계의 추세로 볼 때 큰 문제는 되지 않는다는 것이 학계의 일반적인 견해이다. 근래 과학분야의 연구 결과가 특허 또는 기업활동과 관계가 밀접해지면서 연구결과를 논문으로 발표하기보다는 먼저 특허를 출원한 뒤 바로 언론에 발표하는 것은 국내는 물론 해외에서도 일반화되어 있기 때문이다.

과학자들이 연구결과를 발표할 때 언론을 이용하는 것은 기업활동에 있어 주식시장의 중요성이 날로 커지면서 연구결과가 주식시장 등에서 호재로 작용할 수 있도록 하기 위한 것으로 풀이할 수 있다.

경희의료원 연구팀이 언론에 연구결과를 발표한 것은 이와는 다른 이유에서다. 이보연 교수는 인간배아복제를 논문으로 발표하지 않은 이유에 대해 "연구가 윤리적으로 문제가 될 소지가 있기 때문에 논문으로 발표할 수 있는 단계까지 실험을 진행하지 않았기 때문"이라고 밝히고 있다. 이 연구는 공식적인 연구과제로 선정해 추진한 것이 아니라 관련 연구의 가능성을 타진하기 위한 예비연구 수준의 실험이었다는 것이다.

그러나 대한의사협회와 대한의학회는 경희의료원 연구팀의 실험결과 자체를 신뢰할 수 없다는 반응을 보였다. 즉 경희의료원 연구팀의 '인간 배아복제 실험 4세포기까지 성공' 발표는 과학적 뒷받침이 부족해 성공 여부를 확인할 수 없다고 발표한 것이다.

그러나 이 과정을 제3자 입장에서 바라볼 때 대한의학회와 대한의사협회가 내린 이 결론은 '자기방어'를 위해 한 연구팀의 신뢰성을 짓밟는 지나친 처사가 아니었나 하는 생각이 든다. 의학적, 산업적 활용을 위한 생명복제 연구의 필요성은 인정하면서도 경희의료원 연구팀의 연구에 대해 강력한 조치를 취한 것은 이 연구로 인해 초래될 수도 있는 사회적 반발을 조기에 차단하기 위한 과학계의 자기방어 조치로 볼 수 있다.

이제 경희의료원의 발표가 있은 지 3년 6개월이 지나고 그 사이 의료계 스스로 생명복제에 관한 자율적 지침을 마련하기는 했지만 법적으로는 그때나 지금이나 큰 변화가 없는 것이 사실이다.

그리고 그 사이에 서울대 황우석 교수와 마리아생명공학연구소 박세필 박사는 소의 난자에 사람의 체세포를 결합시켜 만든 복제 배아를 포배기까지 발달시키는 등 경희의료원 연구팀보다 훨씬 논란의 여지가 많은 연구를 수행했다.

그러나 대한의학회와 대한의사협회는 이들의 연구에 대해서는 어떤 조사활동도 벌이지 않았으며 윤리적 측면에 대해서도 별다른 논의를 하지 않았다. 이들이 복제 관련 연구 또는 연구자들을 보호하기 위한 자기방어 수단으로 경희의료원 연구팀을 지나치게 매도한 것이 아닌가 하는 의구심을 자아내는 부분이다.

물론 경희의료원 연구팀의 연구진행과 발표 과정에 문제가 없는 것은 아니지만 이들의 연구가 국내에서 생명복제에 대한 논의를 활성화하고 특히 과학계 내에서 자체적으로 윤리적 측면을 고려한 규범을 마련하는 계기가 되었다는 점에서 큰 의미가 있다고 하겠다.

형질전환 소 보람이와 염소 메디

유전자 조작과 복제 등 바이오 기술이 의학적, 산업적으로 활용될 수 있을 것으로 전망되는 여러 가지 가능성 중에서도 가장 많은 관심을 끄는 것 가운데 하나는 바로 의약품을 생산하는 '살아 있는 동물공장'으로 불리는 형질전환 동물을 개발하는 것이다.

형질전환 동물은 본래 가지고 있는 유전정보 외에 다른 유전자를 인공적으로 삽입해 이 동물이 전에는 없던 새로운 특성을 나타내도록 만든 것이다. '살아 있는 동물공장'은 고가의 의약품으로 사용될 수 있는 물질을 만들어내는 유전자를 소, 염소, 양, 토끼, 닭 등 다양한 동물의 유전정보 속에 삽입함으로써 이들 동물의 젖이나 소변, 알 등에 이런 물질이 함유되도록 하는 것이다.

동물의 젖이나 소변 등을 통해 의약물질을 생산하는 것은 이를 화학적으로 합성하거나 현재 인슐린을 생산하는데 널리 이용되는 것처럼 대장균을 통해 생산하는 것보다 비용이 훨씬 적게 들 뿐만 아니라 대량생산도 용이해 세계 각국이 치열한 경쟁을 벌이고 있다.

국내에서도 형질전환 동물 연구는 활발하게 진행되고 있으며 이미 상당한 연구성과가 나오고 있다.

형질전환 동물 중 국내에서 가장 먼저 화제를 모은 것은 생명공학연구원 이경광 박사팀이 1996년 말 탄생시킨 형질전환 젖소 '보람(Boram)'이였다.

'보람'이는 이 박사가 두산농산(주)와 공동으로 개발한 것으로 면역기능을 높여 주는 모유성분 가운데 하나인 '인체 락토페린'이 우유 속에 함유되도록 유전자를 조작해 태어난 소다. 연구진은 모유성분인 인체 락토페린 생산 유전자를 사람의 몸에서 찾아낸 뒤 이를 젖소 수정란의 핵 안에 넣어 젖소 유전자에 결합시킨 뒤 이 수정란을 젖소 대리모에 이식해 송아지가 태어나도록 했다.

연구팀은 인체 락토페린 생산 유전자를 사람의 몸에서 찾아내 이를 젖소 유전자에 결합시켜 젖소 수정란의 핵 안에 넣고 이 수정란을 급속 냉동한 뒤 젖소 대리모에 이식, 송아지를 낳게 했다.

1997년 2월 연구팀은 1996년 말까지 이 과정을 거쳐 송아지 35마리가 태어났으며 이 가운데 수송아지 한 마리가 염색체 안에 인체 락토페린 생산 유전자를 가지고 있는 것으로 확인되었다고 발표했다.

연구팀은 인체 락토페린 유전자를 가진 '보람'이가 1년 정도 성장한 후 암소와 교배시키면 여기서 태어나는 송아지의 절반 정도가 인체 락토페린을 함유한 우유를 생산할 수 있는 젖소가 될 것이라고 전망했다.

연구팀은 또 4년 뒤에는 이들 젖소로부터 인체 락토페린을 대량 생산할 수 있을 것으로 전망했으며 당시 연구중인 수정란에서 인체 락토페린 유전자를 가진 암송아지가 태어나면 대량 생산시기를 1년 정도 앞당길 수 있을 것이라고 기대감을 표했다.

모유에 들어 있는 인체 락토페린은 항균, 항바이러스, 철분조절 ,방부 등의 기능이 뛰어나 신생아의 면역기능을 강화시켜 주는 것으로 알려져 있다. 그러나 모유를 먹이는 비율이 계속 감소하면서 신생아들의 면역력 약화가 문제되기 시작하자 세계 각국에서는 인체 락토페린이 많이 들어 있는 우유를 만드는 연구에 열을 올리게 된 것이다.

일반 젖소에서 생산된 우유에도 락토페린이 들어 있기는 하다. 그러나 젖소 락토페린은 인체 락토페린과 구조가 달라 인체에 흡수도가 떨어질 뿐 아니라 그 양도 모유의 10분의 1에도 미치지 못하는 것으로 알려져 있다. 락토페린은 모유 1L에 1.4g이 들어 있으나 우유에는 0.1g밖에 들어 있지 않다.

당시 이경광 박사는 "인체 락토페린 생산용 젖소 개발은 네덜란드에 이어 세계 두 번째이며, 수정란 동결방법을 이용해 형질전환 젖소가 탄생한 것은 세계 최초라고 말했다.

또 우리나라는 1992년 분유에 첨가하기 위해 락토페린 정제를 60여
억 원 어치나 수입했으며 인체 락토페린의 세계 잠재시장 규모도 171
억 달러 수준에서 계속 증가하고 있는 것으로 분석되었다. 더욱이 락
토페린은 면역기능 외에 세포증식, 감염부위 염증 억제 등의 효과가
있어 안약과 임상영양제 등에 많이 쓰이고 있어 산업적 효과도 매우
클 것으로 전망되었다.

이에 따라 '보람' 이의 탄생은 인체 락토페린이 모유 수준만큼 들어
있는 우유를 생산할 수 있는 기술이 산업화될 경우 우리나라가 국제
인체 락토페린 첨가제품 시장에서 유리한 고지를 점령하고 국내 축산
업과 유가공업, 식품, 의약품산업 등의 경쟁력을 크게 강화할 수 있을
것이라는 기대를 불러일으켰다.

그러나 이처럼 큰 기대를 모았던 인체 락토페린을 다량 함유한 우유
를 생산하는 '동물공장' 이 본격 가동에 들어갔다는 소식은 아직까지
들리지 않고 있다. 보람이의 유전자를 이어받은 암송아지가 이미 많이
태어났지만 이 가운데 우유 속에서 다량의 인체 락토페린이 함유된 젖
소가 아직 나타나지 않고 있는 것이다.

이는 형질전환 동물을 만드는 것과 이를 산업적으로 활용하는 것이
얼마나 어려운지를 반증하는 것으로 볼 수 있다. 과학자들이 인공적으
로 넣은 유전자가 태어난 새끼의 염색체에 삽입되면 일단 형질전환에
성공한 것으로 볼 수 있다. 하지만 그 동물의 염색체 속에 인공적으로
삽입된 유전자가 들어 있다고 해서 그 유전자가 제대로 작동하는 것은
아니다.

이 연구의 경우 보람이와 보람이의 새끼 중 일부는 분명히 염색체 내
에 인체 락토페린 유전자를 가지고 있는 것으로 확인되었다. 그러나
인체 락토페린 유전자를 가진 젖소에서 모유 수준의 락토페린이 들어

있는 우유가 생산되지는 않고 있다.

이는 현재 과학 수준으로는 소의 염색체에서 어느 부분에 있는 어느 유전자가 우유에 들어 있는 성분과 각 성분의 양을 좌우하는지 알 수 없으며 따라서 인체 락토페린 유전자를 그 곳에 정확하게 삽입시키는 것 또한 불가능하기 때문에 발생하는 현상이다. 즉 현재로서는 원하는 유전자를 원하는 곳에 넣는 것이 아니라 일단 수정란에 유전자를 넣고 그것이 제 기능을 발휘할 수 있

▲ 한국과학기술원 유욱준 교수와 메디2세

는 곳에 끼워져 들어가기를 바라는 수밖에 없는 것이다.

따라서 앞으로 소의 유전자 정보가 분석되고 유전자 조작 기술도 획기적으로 발달해 원하는 유전자를 원하는 위치에 정확히 삽입할 수 있게 되기까지는 형질전환 동물을 이용해 의약물질을 생산하는 연구는 확률과의 싸움이 될 것으로 보인다.

국내에서 태어난 형질전환 동물 중에서는 한국과학기술원 의과학연구센터의 유욱준 교수가 1998년 4월 탄생시킨 메디(Meddy)를 빼놓을 수 없다. 메디는 인체 내에서 백혈구 생성을 촉진시키는 고가의 의약물질을 젖을 통해 생산하도록 유전자가 조작된 토종 흑염소(산양)이다.

유욱준 교수는 1998년 4월 18일 생명공학연구원, 충남대, 한미약품 연구진과 함께 인공수정을 통해 탄생시킨 토종 흑염소 새끼 20여 마리 가운데 한 마리가 사람조혈인자(hG-CSF) 생성유전자를 가지고 있는 사실을 확인했다고 밝혔다.

연구팀은 사람 혈액이 만들어지는 과정에서 백혈구 생성을 촉진시키

는 기능을 가진 사람조혈 인자 생성유전자를 확인, 이를 인공 수정된 수정란에 삽입한 뒤 대리모 흑염소의 자궁에 이식해 사람조혈인자 생성유전자를 가진 메디를 탄생시켰다.

연구팀은 이에 앞서 1997년 쥐에 이 유전자를 넣어 쥐의 젖에서 사람조혈인자가 mL당 150μg이상 생성되는 것을 확인했으며 이 물질을 젖의 양이 월등히 많은 흑염소를 통해 생산하는 연구를 수행해왔다.

특히 당시 이 연구는 사람 조혈인자가 현재 백혈병 치료 과정에서 널리 사용되며 그 가격이 상상을 초월할 만큼 비싸다는 점에서 큰 관심을 모았다.

사람 조혈인자는 피가 만들어질 때 백혈구 생성을 촉진하는 생리활성물질로 백혈병 환자에 대한 골수이식 치료나 암 환자의 화학요법 치료 등으로 백혈구가 급격히 줄어들 때 투여하는 고가의 의약물질이며 세계적으로도 대장균 등을 이용해 소량만이 생산되고 있다.

특히 백혈병 및 암 환자 등에게 투여되는 사람 조혈인자 수백μg를 포함한 주사 1회분은 가격이 20만 원 정도로 사람 조혈인자 1g은 5~6억원 정도를 호가하고 있으며 국내에는 전량 수입되고 있을 뿐만 아니라 세계시장 규모도 수백억 달러나 되는 것으로 알려져 메디의 탄생은 말그대로 화젯거리였다.

연구팀은 이후에도 메디를 키워 백혈구 증식인자가 젖에서 생산되는 것을 확인했으며 메디를 이용한 번식작업을 꾸준히 추진해 현재 한미약품을 통해 상업화를 앞두고 있다.

또 메디는 유전자 조작이 어려운 것으로 알려진 토종 흑염소를 이용한 것이어서 앞으로 국내 의약업계가 특허분쟁을 피하며 연간 35조 원 규모의 고가 단백질 세계시장에 진출할 수 있는 토대를 마련했다는 평가를 받았다.

흑염소 자체가 순수 재래종으로 이를 이용한 유전자 조작과정은 물론 여기서 태어난 '메디' 같은 형질전환 흑염소 자체도 특허에 등록되기 때문에 국제적으로 보호를 받을 수 있다. 이 연구에서 대리모 흑염소에 백혈구 증식인자 유전자가 삽입된 수정란을 이식하는 역할을 담당한 충남대 수의학과 신상태 교수는 "재래종 흑염소는 인공수정이 잘 안 되어 유전자조작에 어려움이 있지만 임신기간이 5개월로 소(10개월)의 절반밖에 안 되어 우수한 형질을 빨리 얻는데 유리하고 국제 특허분쟁을 피해갈 수 있는 이점도 있다"고 말했다.

백혈구 증식인자는 인체에서 피가 만들어질 때 백혈구 생성을 촉진하는 단백질로 골수이식이나 항암 화학요법 후 백혈구 감소를 치료하기 위해 연간 200억 원 어치 이상이 수입되고 세계시장 규모도 14억 달러에 달하고 있으나 시장의 대부분을 미국과 일본의 제약회사들이 독점하고 있어 메디와 그의 새끼들이 앞으로 살아 있는 약품공장으로서 국내 제약업계의 세계 경쟁력 강화에 큰 역할을 할 것으로 기대된다.

한미약품은 2001년 1월 자체적으로 생산, 보유하고 있는 형질전환 흑염소로부터 '사람 백혈구 증식인자(hG-CSF)'를 대량생산하는 사업을 올 하반기 본격 착수할 계획이라고 밝혀 '살아 있는 동물공장'의 상업 운전이 임박했음을 알렸다.

한미약품 이관순 중앙연구소장은 "지난 1998년 국내 첫 형질전환 흑염소인 메디가 태어난 이후 3대째 번식하면서 현재는 형질이 전환된 흑염소와 유산양(젖염소)이 각각 6마리, 4마리로 늘었다"며 "올 하반기부터는 본격적으로 사람 백혈구 증식인자가 함유된 젖을 생산, 임상에 들어갈 수 있을 것"이라고 말했다.

이 소장은 "젖의 분비량을 늘리기 위해 2대째에는 유산양과 흑염소를 교배시켜 유산양 4마리가 태어났다"며 "현재까지는 흑염소의 유전자 전달패턴이 상당히 안정적인 것으로 나타나 하반기 대량생산에는 큰 문제가 없을 것으로 본다"고 덧붙였다.

1999년 5월에는 또 값비싼 빈혈치료제를 젖으로 분비하는 돼지가 농촌진흥청 산하 축산기술연구소 연구진에 의해 생산되어 화제가 되었다.

농촌진흥청 산하 축산기술연구소는 "사람의 신장에 있는 조혈촉진 호르몬인 에리트로포에틴(EPO : erythropoietin) 유전자를 돼지의 수정란에 주입, 형질전환시켜 빈혈치료제를 생산할 수 있는 돼지를 세계 최초로 개발했다"고 밝혔다.

연구소 발생공학연구팀 장원경 박사는 "2년간 EPO 유전자 형질전환 연구 끝에 이 분야에서 처음으로 조혈촉진제를 생산하는 형질전환 가축을 개발하는데 성공했다"며 "세계 시장이 26억 달러 규모인 EPO의 1g 가격이 67만 달러로 고가이기 때문에 산업적 가치가 높다"면서 "2년 안에 정제기술을 개발해 상품화할 예정"이라고 덧붙였다.

EPO는 신장세포에서 만들어지는 조혈호르몬으로 적혈구의 형성을 조절하며 신장에 장애가 발생할 경우 합성이 중단되어 빈혈현상이 일어나기 때문에 거꾸로 병원에서 빈혈치료제로 활용하고 있으며 최근에는 에이즈와 암 치료 보조제로도 사용되는 것으로 알려져 있다.

연구팀은 이번에 'EPO 생산공장'으로 개발한 수돼지 '새롬이'에 대해 국제특허를 출원하고 암돼지와 교배시켜 형질전환 돼지를 계속 생산하고 있다.

농촌진흥청은 이를 산업화하기 위해 2000년 7월 ㈜SK케미컬과 '생명산업 공동연구 조인식'을 가졌다. 농촌진흥청은 조혈촉진제 등 5종의 의료용 생리활성 유전자를 소·돼지 등 가축의 수정란에 주입, 형질전환 가축을 생산하게 되며 ㈜SK캐미컬은 형질전환 가축에서 인체에 유용한 의료용 단백질을 추출해 약품화하는 역할을 수행한다는 것이다.

농촌진흥청은 2001년 8월 현재 사람의 조혈촉진 유전자를 보유한 돼지가 모두 32마리로 늘었다며 이들이 생산하는 EPO에 대한 산업화가 이뤄지면 돼지 한 마리가 1년에 벌어들일 수 있는 수익은 100억 원을 넘을 것이라고 밝혔다.

))))) 슈퍼 젖소, 한우 복제 : 영롱이와 진이

1999년 2월 12일 오후 5시 30분경 경기도 화성군의 한 목장에서는 서울대학교 수의과대학 황우석 교수가 만삭의 젖소 한 마리가 새끼 낳는 것을 돕기 위해 땀을 흘리고 있었다.

서울대학교 의대에서 회의를 하던 황 교수에게 소가 새끼를 낳을 것 같다는 긴급 연락이 간 것이 오후 1시경. 급히 목장으로 달려가 새끼 받을 준비를 했다. 그러나 상황은 별로 좋지 않았다. 자궁 속의 송아지가 거꾸로 서 다리부터 삐죽이 나오고 있었기 때문에 사산의 위험마저 높은 상태였다.

다급해진 황 교수는 어미 소 자궁에 손을 집어넣고 30여 분 간을 씨름하며 송아지를 잡아 끌어냈다. 그러나 태어난 송아지는 숨을 쉬지 않았다. 황 교수는 송아지의 온몸을 문지르기 시작했다.

▲ 영롱이에게 우유를 먹이는 황우석 교수

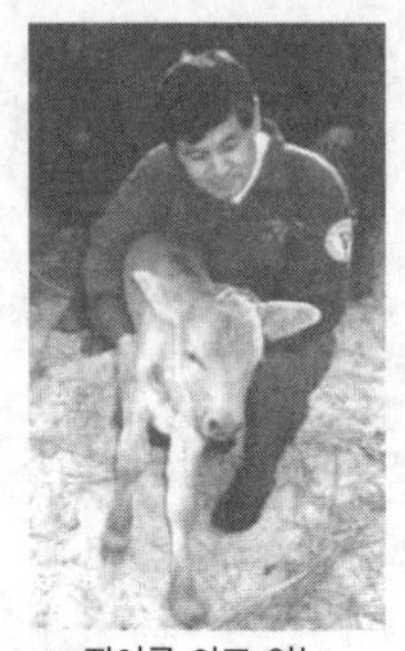

▲ 진이를 안고 있는
황우석 교수

황 교수가 초우량 젖소와 한우의 체세포를 이용해 복제를 시도한 것은 1996년 10월부터. 그러나 처음에는 실패의 연속이었다. 그러다가 1998년 1월까지 10마리의 대리모 소에 복제 배아를 착상시키는데 성공했다. 그러나 시련은 여기서 끝나지 않았다. 1998년 3월 10마리의 대리모 소 가운데 6마리가 조기 유산했고 그후 나머지 4마리 중 3마리가 다시 브루셀라 불량백신 파동으로 유산했다.

지금 새끼를 낳고 있는 것은 바로 이런 어려움을 겪고 살아남은 복제 송아지의 대리모인 것이다. 그런데 여기서 태어난 송아지가 숨을 쉬지 않고 있는 것이다.

황 교수가 송아지 몸을 문지른 지 10여 분이 지났을까. 마침내 송아지가 겨우 공기를 들이마시며 숨을 쉬기 시작했고 바로 비틀거리며 일어섰다.

우리나라가 체세포 복제 방식으로 세계 최초의 복제 양 '돌리'를 탄생시킨 영국과, 소를 복제한 일본과 뉴질랜드, 쥐를 복제한 미국에 이어 5번째로 포유동물의 체세포 복제에 성공한 나라가 되는 순간이었다.

이날 태어난 송아지가 바로 '영롱'이다. 출산 체중 43kg의 영롱이는 태어날 때 연구진의 속을 무던히도 애태우던 것과는 달리 하루가 다르게 건강한 모습으로 성장했다. 연구팀은 국내 최초의 복제 젖소에게 '영롱(Young-long)'이라는 이름을 붙여줬다. 황 교수는 '영롱'이라는 이름에 복제 소를 탄생시킨 우리 생명과학기술이 계속 발전해 세계 과학계에서 오래도록(long) '영롱하게' 빛을 발하기를 바라는 연구팀의 마음이 담겨 있다고 말했다. 또한 영롱은 한자로 영농(營農)으로 쓸 수 있어 '슈퍼젖소' 유전자를 갖고 태어난 복제송아지가 농촌 경제를 일으키는 초석이 되라는 뜻도 담고 있다.

황 교수가 영롱이를 복제하는데 사용한 방법은 영국의 로슬린연구소가 사용한 방법과 비슷한 것이다. 즉 다 자란 젖소에서 떼어낸 체세포를 다른 소에서 채취해 미리 핵을 제거한 난자와 융합시킨 뒤 대리모소에 이식시켜 송아지를 탄생시킨 것이다.

그러나 영롱이는 복제성공이라는 것 외에도 국내 과학 및 축산 측면에서 볼 때 또 다른 큰 의미를 담고 있다. 영롱이를 복제하는 데 사용된 체세포는 연간 우유생산량이 1만 8000kg으로 보통 젖소의 3배이고 각종 질병에 대한 저항력도 우수한 슈퍼 젖소였기 때문이다.

황 교수팀는 다른 소에서 미리 채취해 핵을 제거한 난자 속에 8살짜리 슈퍼 젖소의 난구세포에서 떼어낸 체세포(핵)를 넣은 뒤 전기자극으로 난자와 체세포 핵을 융합시켜 수정란처럼 만들고 이를 대리모 소에 이식하는 방법을 사용했다.

또 황 교수는 난자에 체세포 핵을 결합시키기 전에 세포주 수준에서 6가지 전염성 질병을 검사하고 염색체 검사로 유산과 유전성기형 등이 발생할 가능성이 있는 세포를 미리 제거하는 새로운 기술을 사용했다.

특히 황 교수는 다른 소에서 채취한 난자의 핵을 제거할 때 난자에 조그만 구멍을 낸 뒤 난자를 눌러 핵을 짜내는 방법(스퀴징법)을 독자적으로 개발, 복제 성공 가능성을 크게 향상시켰다는 평가를 받고 있다.

한국생명공학연구원 이경광 박사는 "황 교수팀이 영국의 로슬린연구소가 복제 양 '돌리'를 탄생시킨 것과 동일한 방법으로 소를 복제하는데 성공한 것은 이 방법의 과학적 신뢰성 논쟁에 종지부를 찍는 것일 뿐 아니라 우리나라의 생명공학을 세계적 수준으로 한 단계 높인 것"이라고 말했다.

영롱이는 이후 건강하게 성장해 2001년 4월 12일에는 37kg짜리 암송아지를 정상적으로 분만해 복제 동물도 정상적인 번식이 가능하다는 것을 입증했다. 황 교수는 "영롱이는 한우가 자연교배해 임신한 후 정상 분만했기 때문에 복제 소도 번식에는 문제가 없다는 점이 확인된 셈"이라며 "초산 산유량이 일반 젖소의 연간 산유량 6300kg보다 20~30% 많은 8500kg에 이를 것으로 예상된다"고 말했다.

1999년 3월 27일에는 복제 젖소 '영롱' 이에 이어 복제 한우 '진이'가 체세포 복제방식에 의해 태어났다. 복제 한우 진이의 출생 당시 체중은 27kg. 진이 역시 초우량 한우의 체세포를 이용해 복제된 송아지이다.

황 교수는 체중 980kg으로 일반 한우(500kg)보다 배 가까이 크면서도 육질, 내병성, 번식성 등이 뛰어난 초우량 한우의 귀 세포를 떼어낸 뒤 이를 핵 이식 기법으로 복제하는 과정을 거쳐 진이를 탄생시킨 것이다.

이 밖에도 국내에서는 농촌진흥청 축산기술연구소가 1999년 12월 31일 한우 복제 송아지를 탄생시키고, 2001년 4월에는 경상북도 축산기술연구소 역시 한우와 젖소를 복제하는데 성공하는 등 많은 다른 연구팀들도 체세포 복제에 성공을 거뒀다.

⋙ 인간 배아복제 연구

미국 매사추세츠주 우스터에 있는 바이오 벤처기업 어드밴스드 셀 테크놀로지(ACT)는 1998년 11월 12일 사람의 체세포를 핵을 미리 제거한 소의 난자와 결합시켜 초기 인간복제배아를 만들어내는데 성공했다고 밝혔다.

ACT는 이 연구결과를 발표하면서 소의 난자를 이용할 경우 사람의 난자를 제공받는 어려움을 피할 수 있을 뿐만 아니라 사람의 난자와 체세포를 이용한 인간배아복제 논란을 근본적으로 피할 수 있으며 인체에 이식해도 거부반응이 없는 장기를 대량생산할 수 있을 것이라고 설명했다.

그러나 이들의 발표는 이런 기대감과는 달리 오히려 사람과 소의 결합이라는 점에서 뜨거운 논란을 불러일으켰다. 아마도 많은 사람들이 이 연구가 가진 장점보다는 소의 난자와 사람의 체세포를 결합시켰다는 사실에서 죽은 사람의 시체를 결합시켜 괴물을 만들어낸 프랑켄슈타인을 연상했던 것 같다.

이런 연구와 이를 둘러싼 논란은 2년도 되지 않아 국내에서 똑같이 재현되었다.

서울대학교 수의대 황우석 교수는 2000년 8월 9일 배반포 단계의 인간 체세포 복제에 세계에서 처음으로 성공했다고 발표했다.

황 교수는 36살의 한국인 남성에게서 채취한 체세포를 이용한 복제실험을 통해 배반포 단계까지 배양하는 데 성공했으며 이 기술을 그해 6월 30일 미국 등 세계 15개국에 국제특허를 출원했다고 밝혔다.

인간 체세포 복제에 의한 배아연구는 복제 배아를 여성의 자궁에 이식하면 복제 인간 탄생으로 이어질 수 있다는 점에서 이 연구는 국내에서 다시 한 번 생명복제를 둘러싼 윤리논쟁을 불러일으켰다.

당시 인간배아복제는 앞에서도 언급한 미국 ACT사의 호세 시벨리 박사가 핵을 미리 제거한 소의 난자와 사람의 체세포를 이용해 8세포기까지 배양한 것이 세계에서 가장 많이 진척된 연구로 알려져 있었다.

그러나 황 교수가 만든 배반포기의 인간복제배아는 여성의 자궁에 이식해 착상되기만 하면 당장 한 사람의 태아로 발전할 수 있는 단계라는 점에서 국내 사회단체들은 비윤리적인 처사라며 어느 때보다 강하게 반발했다.

환경운동연합과 녹색연합, 참여연대, 시민과학센터 등은 황 교수의 발표가 있은 지 하루 만에 10일 공동성명을 내고 "대한의사협회가 지난 1999년 1월 관련 지침이 마련되기 전에는 인간세포를 이용한 생명복제 연구를 일시 중단해야 한다고 밝힌 바 있다"면서 "인간배아복제를 포함한 어떠한 인간복제의 연구도 즉각 중단되어야 한다"고 주장했다.

이들은 또 "이번 비윤리적 연구와 관련해 황 교수는 1차적으로 과학자 공동체 내에서 징계를 받아야 한다"면서 "황 교수에게 연구비를 지원한 정부도 국가 연구개발비가 비윤리적인 인간배아복제 연구에 사용되었는지 여부를 명확히 조사, 공개해야 한다"고 강조했다.

이들 단체들은 또 1) 사회적 합의도 없는 상태에서 비윤리적인 연구를 한 황우석 교수는 공개사과하고 체세포를 이용한 인간복제를 즉각 중단할 것, 2) 대한의사협회는 즉각 조사에 나설 것, 3) 정부는 '생명공학 인권·윤리법'을 즉각 제정할 것 등을 촉구했다.

그러나 황 교수는 이 연구는 질환 및 손상부위 등으로부터의 회복을 위한 세포이식 등 인류복지 향상을 위한 의학적 견지에서 이뤄졌으며 인간복제를 전제로 하는 것은 전혀 아니라며 배아복제 연구의 필요성을 강조했다.

황 교수는 2001년 3월 21일 도산아카데미연구원 세미나에서 "인간배아복제를 금지시키는 법규 제정은 실효성이 없을 것"이라며 생명 복제 기술의 중요성을 강조했다.

황 교수는 "현재 논란이 되고 있는 인간배아복제는 이미 되돌릴 수 없는 추세"라고 전제한 뒤 "그러나 의학이나 식량문제 해결 등 정해진 목적에 극히 제한적으로 허용될 때 인류가 인간배아복제의 이익을 얻을 수 있다"고 말했다.

그는 "인간배아복제를 통해 퇴행성 관절염, 백혈병 등 현대 의학 기술로는 치료가 어려운 세균성 질병 치료를 앞당길 수 있으며 인간에게 장기를 공여하는 복제동물의 탄생을 빠르면 연내 늦어도 내년 초반에 한국, 미국, 영국 중 한 국가에서 선보일 수 있을 것"이라고 예견했다.

황 교수는 이어 "인간배아복제에 대한 법규는 원천적으로 금지하는 것보다 복제기술을 오남용하는 위반자들에게 강한 제재를 가하는 방향으로 제정되어야 한다"고 주장했다.

시민단체들의 우려와 반대의견에 대해서 황 교수는 "그러한 비판의 목소리는 귀중하고 고마운 것"이라며 "그러나 과학기술은 후진기어 없는 자동차'와 같아서 한 번 발명된 기술을 무효화한다는 것은 불가능하므로 인간배아복제도 적절히 이용하는 지혜를 모아야 될 때"라는 입장을 밝혔다.

그는 "실제로 인간세포의 구조가 동물세포에 비해 간단하다"며 "이것은 인간도 황소나 양처럼 예상외로 쉽게 복제할 수 있다는 것을 뜻하므로 인간의 존엄성 측면에서 이 기술의 이용 방법을 진지하게 고민해야 한다"고 강조했다.

황 교수는 "일부에서 우려하는 기형이나 급사(急死) 등 복제시 나타나는 기술적 부작용은 시간이 해결해 주는 문제"라며 "이런 문제보다 생명공학 기술은 인간존엄성에 직접 영향을 미치는 것이기 때문에 '건설적' 통제가 필요하다"고 덧붙였다.

　배반포 단계는 난자와 정자가 수정된 뒤 세포분열을 시작, 전능성 보유세포 단계를 거쳐 14일이 지난 상태를 말하는데 배반포의 각 세포는 이후 신경·근육·조혈계 등 210개의 신체기관으로 성장하기 때문에 이 단계 배아를 인간개체로 인정할 것인지가 생명복제 윤리논쟁의 핵심을 이루고 있다.

　즉 복제에 성공하기 위해서는 수많은 배아의 희생을 담보로 해야 하며 배아에서 질병 치료용 줄기세포를 추출하기 위해서는 수정란보다 인간에 보다 훨씬 가까운 배반포기 이후의 배아를 희생시켜야 하기 때문에 윤리적으로 큰 문제가 될 수 있다는 것이 배아 복제 반대론자들의 주장이다.

　그러나 황 교수의 연구를 둘러싼 이런 논쟁에서는 한 가지 중요한 사실이 빠져 있다. 바로 황 교수가 만든 배반포기 인간복제배아를 만드는데 소의 난자를 이용했다는 점이다.

　황 교수는 생명윤리자문회의에서 "일부 언론에서 소의 난자를 이용해 복제했다고 보도했으나 그렇게 발표한 사실이 없으며 배아복제에 사용한 난자의 출처를 밝히면 또 다른 논란을 불러일으킬 수 있기 때문에 밝히지 않겠다"며 어떤 난자를 사용했는지 밝히지 않았다.

　그러나 황 교수의 소 난자를 이용한 인간배아복제 연구 후 한동안 잠복해 있던 이종(異種) 간 핵치환 연구에 관한 논란은 2002년 3월 8일 마리아생명공학연구소 박세필 박사(사진)가 사람에게서 떼어낸 세포핵을 소의 난자에 이식, 사람유전자를 가진 연구용 배아를 복제하는데 성공했다고 발표하면서 다시 본격화되었다.

　박세필 박사는 사람의 체세포에서 핵을 추출한 뒤 핵이 제거된 소의 난자에 이식하는 '이종간 핵치환' 방법을 통해 사람 유전형질을 99% 이상 가진 배반포기 배아를 만들어내는데 성공했다고 밝혔다.

　박세필 박사가 만든 배반포기 배아 역시
사람의 체세포 핵을 소의 난자에 넣은 뒤 7~
8일 가량 인공배양한 것으로 이 단계에서 조
금만 더 연구하면 인간 배아줄기세포와 비슷
한 분화능력을 가진 줄기세포를 얻을 수 있
다.

　박 박사는 이번에 만들어진 배아는 배아단
계에서 줄기세포를 추출하는 기술을 확보하

▲ 마리아생명공학연구소
박세필 박사

기 위한 연구용 목적으로 생산된 것으로 이종간 교잡에 의한 개체발생
(복제인간 탄생)으로 이어지지 않으며 이는 기술적으로도 불가능하다고
강조했다.

　그러나 종교 및 시민단체들은 박세필 박사가 만든 배아는 사람의 난
자를 이용한 배아복제가 아니고 사람과 소의 이종간 교잡에 의해 탄생
한 것으로 윤리적인 한계를 넘었다며 강하게 반발하며 정부는 사회단
체 및 생명윤리 학자들과 함께 생명윤리법을 만들어 이 같은 무분별한
생명공학기술에 제동을 걸어야 한다고 주장했다.

부록

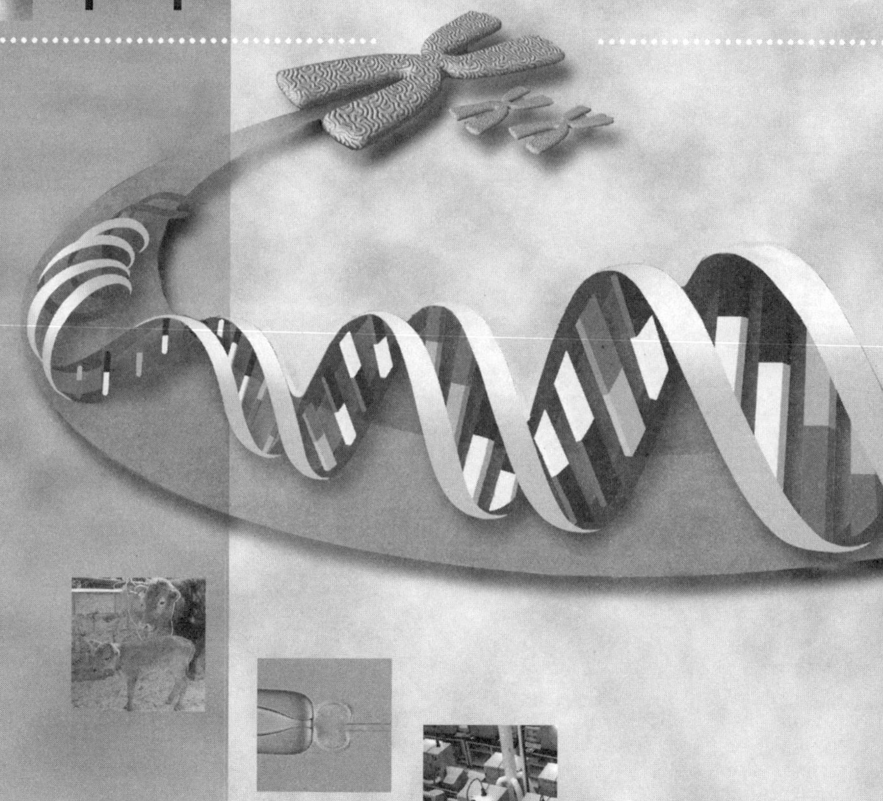

 유전학 약사(略史) 및 게놈 연구

- **1859년**　　찰스 다윈, '종의 기원' 발표

- **1865년**　　오스트리아의 수도사 그레고르 멘델, 완두콩 실험에서 유전
　　　　　　법칙 발견

- **1869년**　　스위스의 과학자 프레드리히 미셔, 백혈구에서 DNA 발견
　　　　　　(당시 이 물질의 정체와 기능은 전혀 밝혀지지 않았으며, 미셔는
　　　　　　이를 뉴클레인이라고 명명.)

- **1879년**　　월터 플레밍, 유사(有絲)분열을 처음으로 관찰

- **1882년**　　세포 핵 내 염색체 발견

- **1900년**　　드브리스, 코렌스, 체르마크, 멘델의 유전법칙 재발견

- **1902년**　　미국의 Walter Sutton, 염색체 유전설 제시

- **1909년**　　긴 분자 사슬로 된 인산과 당분으로 이뤄진 DNA의 화학적
　　　　　　구성이 밝혀짐. 덴마크의 식물학자 빌헬름 요한센이 멘델의
　　　　　　유전법칙을 설명하기 위해 '유전자(gene)'라는 말을 처음으
　　　　　　로 사용

- **1911년**　　미국의 토머스 모건 등이 과실파리 실험을 통해 염색체 내
　　　　　　유전정보 존재 증명

- **1920년**　　염색체가 부모 세대의 특성을 자손에게 전달해준다는 가설
　　　　　　이 제시됨

- **1941년**　　조지 비들, 에드워드 타툼, 유전자 하나가 효소 하나를 결정
　　　　　　한다는 것을 보임으로써 DNA가 유전 물질임을 증명

- **1943년**　　영국 William Astbury, DNA X-선 회절 사진 첫 촬영

- **1951년**　　미국 Alfred Hershey 등, 유전자가 DNA로 이뤄져 있음을 규명
- **1953년**　　제임스 D. 왓슨과 프랜시스 C. 크릭, DNA 이중나선(Double Helix) 구조 규명
- **1955년**　　Joe Hin Tjio, 인간 염색체 수는 46개라는 것을 증명
- **1956년**　　Arthur Kornberg, DNA 중합효소 분리, 처음으로 인공 DNA 제조
- **1959년**　　Jerome Lejeune, 다운증후군 원인 규명(21번 염색체가 하나 더 있음)
- **1961년**　　Sydney Brenner 등, mRNA의 DNA 단백질 정보 전달 발견
- **1966년**　　DNA가 염색체뿐만 아니라 미토콘드리아에도 존재한다는 사실이 밝혀짐
- **1969년**　　최초로 유전자 분리 성공
- **1970년**　　첫 인공유전자 합성
- **1973년**　　유전자 재조합 기술 개발(유전공학의 출발점으로 볼 수 있음)
- **1975년**　　영국 Frederick Sanger 등, 고속 DNA 염기서열 분석법 개발
- **1976년**　　인공유전자를 박테리아에 삽입, 정상적으로 작동하도록 하는데 성공. 최초의 유전공학기업 젠엔택(Genentech) 설립
- **1977년**　　바이러스의 DNA 분석 최초 완료. 리처드 로버트 등, 인트론(intron) 발견
- **1978년**　　박테리아를 이용해 인슐린을 생산하는 유전자 조작 성공
- **1981년**　　한 동물의 유전자를 다른 동물에 이식하는 유전자 이식 성공(쥐와 과실파리 형질전환 성공)
- **1982년**　　미국 국립보건원(NIH), 공공 유전자 정보 데이터베이스 젠뱅크(GenBank) 설립

- 1983년   DNA조각을 재생산하는 중합효소 연쇄반응법(PCR) 개발. 첫 인공염색체 제조 헌팅턴병 유전자가 4번 염색체에서 발견됨

- 1985년   인간게놈 해석을 주제로 첫 회의 개최. 미국 에너지부(DOE), 인간 게놈 연구계획 구상

- 1986년   하워드 휴스 의학연구소(HHMI) 주관으로 미국 국립보건원(NIH)에서 인간게놈 연구를 위한 첫 국제회의 개최

- 1988년   인간게놈 연구계획 입안. 미국 국립보건원(NIH) 내에 인간게놈연구국 신설. 미국 하버 연구소 내에 인간유전체기구(HUGO) 발족

- 1989년   인간게놈연구국이 국립인간게놈연구센터(NCHGR)로 승격

- 1990년   인간게놈프로젝트(HGP) 공식출범(NIH 5,950만 달러, DOE 2,070만 달러). 4세 여아의 질병 치료를 위한 첫 인간유전자 실험 실시

- 1993년   유전자 치료법으로 쥐의 낭포성 섬유증 치료

- 1994년   미국 식품의약청(FDA), 첫 유전자 변형 토마토 시판 허가

- 1995년   미국 직장 내 유전자에 의한 차별 금지법 제정. 게놈연구소(TIGR) H. 인플루엔자 게놈 염기서열 분석 완료

- 1996년   효모(yeast)와 아케차(archaea)의 게놈 염기서열 분석 완료

- 1997년   대장균(E. Coli) 게놈 염기서열 분석 완료

- 1998년   동물 중 처음으로 '선충(C. Elegans)'의 게놈 해석 완료. 크레이그 벤터, 셀레라 제노믹스 설립, 인간 게놈지도 연구 착수 선언. 인간게놈프로젝트, 인간게놈의 염기서열 결정에 집중할 3차 5개년 계획(1998~2003년) 발표

- 1999년   인간의 22번 염색체 해독 완료

- **2000년**　　　　빌 클린턴 미국 대통령과 토니 블레어 영국 총리, 인간게놈
지도 무료 공개 원칙 천명. 21번 염색체 해독 완료. 셀레라
게노믹스, 초파리 유전자지도 완성, 쥐의 전체 유전자 중 3
분의 1 해독. 인간게놈프로젝트와 셀레라 게노믹스, 인간게
놈지도 초안 완성 공동 발표
- **2001년**　　　　쌀 유전자 완전 해독. 인간게놈지도 1차 완성 발표. 20번 염
색체 해독 완료
- **2002년 4월**　　중국 베이징게놈연구소, 스위스 농화학기업 신젠타, 각각 인
디카종과 자포니카종 쌀 게놈지도 완성.

복제 및 배아줄기세포 관련 연구 일지

- **1990년 10월**   미국 국립보건원(NIH), 인간게놈프로젝트(HGP) 착수
- **1995년 7월**   영국의 연구진, 배아세포 분리 방법으로 복제 양 미건 (Megan)과 모래그(Morag) 탄생시킴
- **1997년 2월**   영국의 로슬린연구소, 6살짜리 암양의 유선세포를 이용해 인류 최초로 포유동물 체세포 복제에 성공, 돌리(Dolly)를 탄생시킴
- **1997년 7월**   영국의 로슬린연구소, DNA 속에 인간유전자를 삽입한 형질전환 양을 다 자란 양의 피부세포를 이용해 복제하는데 성공
- **1998년 8월**   미국의 하와이대, 쥐 한 마리에서 3세대에 걸쳐 50마리 복제 성공
- **1999년 1월**   미국 국립보건원(NIH), 낙태된 태아 또는 인간 배아에서 줄기세포를 추출하는 연구에 대한 연방기금 지원 금지
- **1999년 4월**   미국의 터프츠대, 심장 발작과 뇌졸중 치료 물질을 생산할 수 있도록 유전자가 조작된 형질전환 염소 3마리 복제
- **2000년 1월**   미국 오리건 영장류연구센터, 초기단계의 배아세포를 분리해 대리모에 이식하는 방법으로 레서스 원숭이 복제
- **2000년 8월**   미국 정부, 인간배아 줄기세포 연구목적 사용지침 발표. 불임치료 후 폐기되는 냉동 배아에서 추출된 줄기세포 연구에 연방기금 지원 허용
- **2000년 12월**   영국 의회, 인간 배아줄기세포 연구범위 확대 승인
- **2001년 1월**   미국의 부시 대통령, 클린턴 행정부가 2000년 8월에 내놓은

인간 배아줄기세포 연구에 대한 연방기금 지원방침 보류 및
재검토 결정

- 2001년 2월   파킨슨병 쥐를 줄기세포 이식으로 완치시킴
- 2001년 7월   미국의 생명공학벤처기업 ACT, 질병치료 목적의 인간 배아 복제 착수
- 2001년 7월   교황 요한 바오로 2세, 부시 대통령에게 배아줄기세포 연구 중단 촉구
- 2001년 7월   미국 하원의원 202명, 부시 대통령에게 연구지원 촉구
- 2001년 8월   미국의 부시 대통령, 인간 배아줄기세포 연구에 연방기금 지원을 제한적으로 허용
- 2001년 11월   미국의 생명공학벤처기업 ACT, 세계 최초로 질병치료용 인간 줄기세포를 생산하기 위한 인간 배아 복제 성공
- 2002년 1월   미국의 미주리대학, 바이오벤처 이머지 바이오 세러퓨틱스 (Immerge Bio Therapeutics), 영국의 PPL 세러퓨틱스, 각각 인간면역거부반응 유전자가 제거된 돼지 복제 성공
- 2002년 4월   영국의 과학잡지 〔뉴사이언티스트〕, 이탈리아의 인공수정 전문의 세베리노 안티노리가 인간 배아를 복제해 불임여성에게 이식, 임신 8주째를 맞았다고 보도.

용어

- **아데닌(*Adenine*)** DNA를 구성하고 있는 퓨린 (Purine) 염기 중의 하나. DNA 내에서 티민(Thymine)과 염기쌍을 이룬다.

- **아미노산(*Amino acid*)** 생물체 내에서 단백질을 형성하는 20가지의 기본 분자. 분자 내에 아미노기($-NH2$)와 카르복실기($-COOH$)를 가지고 있으며 아미노산이 2개 이상 결합한 것이 펩타이드(Peptide)이며, 펩타이드가 긴 사슬형태로 더 많이 연결된 것이 단백질이다. 단백질 내에서의 아미노산 결합순서는 유전자에 의해 결정되기 때문에 단백질의 종류와 기능도 유전자에 따라 결정된다고 할 수 있다.

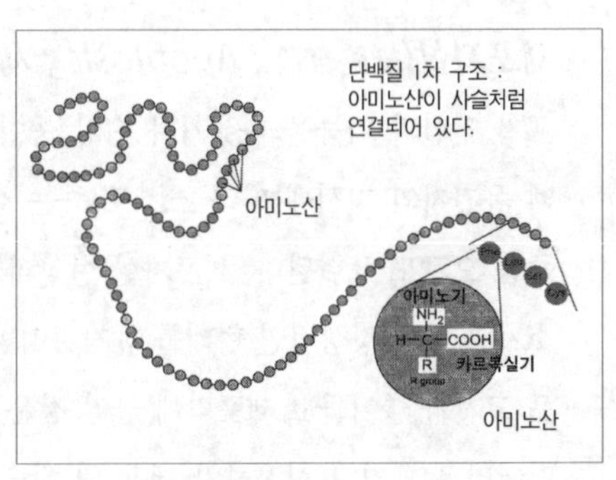

- **증폭(增幅 ; *Amplification*)** 동식물의 특정 DNA 조각의 숫자를 봉제를 통해 늘리는 것으로 체내(in vivo) 또는 체외(in vitro)에서 어디에서나 증폭을 할 수 있다. 인간게놈은 물론 모든 생물체의 DNA 염기서열을 분석할 때는 분석속도를 높이기 위해 동시에 같은 DNA 조각을 여러 개 만들어 분석하게 되는데 이를 위해 증폭과정이 필요하게 된다. 즉 증폭과정을 통해 만들어진 수십만 개의 DNA 조각을 동시에 분석하는 것이다.

- **주석(註釋 · 注釋 ; *Annotation*)** 게놈지도 작성에서 아데닌과 티

민, 구아닌과 시토신 등 4가지 염기의 순서가 단순히 나열된 DNA 염기서열에 어느 부분이 특정 아미노산 서열 정보를 담고 있는 유전자라든지 하는 등의 관련 정보나 설명을 덧붙이는 과정이다.

• **동물모델**(*Animal model = model organism*)   연구에 유용하게 사용되는 실험동물 또는 실험용 생물체를 말한다. 보통 사람의 질병에 대한 치료법 등을 연구하기 위해 사람의 질병이나 생리현상이 동물의 몸에서 일어나도록 인공적으로 유전자를 조작해 만든다.

가장 널리 사용되고 있는 동물모델은 생쥐이며 이 밖에 초파리, 토끼 등 다양한 동물들이 있다. 동물모델도 그 종류에 따라 마리당 가격이 수백만 원대에 이르고 있어 최근에는 동물모델 개발도 바이오산업의 한 분야로 각광받고 있다.

• **세포자살**(*細胞自殺 ; Apoptosis ; 세포자연사*)   생물체 안에서 세포가 역할과 기능을 다했거나 손상 등이 발생해 더 이상 필요가 없어졌을 때 유전자의 지시에 따라 스스로 죽는 현상을 말하며 '프로그램된 세포의 죽음'으로도 표현된다. 세포자살 현상이 시작되면 처음에는 세포막과 세포소기관 등이 정상적인 형태를 유지하지만 시간이 흐르면서 탈수로 인해 세포 크기가 줄어들고 세포막에 물집 같은 것이 생기고 핵 안에서 DNA가 큰 덩어리로 깨지기 시작하며 세포 내 칼슘 농도가 증가한다. 다음에는 DNA가 더욱 작은 조각으로 깨지면서 세포막의 기능이 완전히 소실되면서 백혈구 등 주변 세포에 의해 먹히는 과정을 거치게 된다. 세포자살은 화상 등으로 세포가 심하게 손상되었을 때 세포막과 미토콘드리아 등이 갑자기 기능을 상실하면서 세포가 팽창하고 세포 내 물질이 세포 밖으로 나오면서 염증 현상 등을 일으키는 세포괴사(Necrosis)와는 완전히 다르다. 끝없이 세포분열을 계속하는 암세포는 세포자살 프로그램이 고장난 세포로 볼 수 있으며 최근에는 세포자살 메커니즘을 이용해 암 등의 질병을 치료하려는 연구가

활발히 진행되고 있다.

- **조합(組合 ; *Assembly*)**　　　염색체를 작은 조각으로 나누어
각각 염기서열 분석을 한 뒤 염기서열 분석이 끝난 DNA 조각들을 염색체
상의 정확한 위치에 맞게 재배열하는 작업이다. 세계의 게놈 연구진은
DNA 염기서열 분석 속도를 높이기 위해 DNA를 수많은 조각으로 나누어
분석하는 방법(Shotgun method)을 사용했기 때문에 조합작업이 정확하게
제대로 이뤄지지 않으면 게놈지도의 정확도가 매우 낮아지게 되며 엄밀한
의미에서 게놈지도가 완성되었다고 볼 수 없다고 해도 과언이 아니다.

- **상염색체(常染色體 ; *Autosome*)**　생물의 성별 결정에 관계가 없는
일반 염색체를 말하며 성의 결정과 관계가 있는 염색체를 성염색체(sex
chromosome)라고 한다. 인간 게놈은 2배체(diploid)로서 모두 23쌍(46개)의
염색체로 구성되어 있으며, 이 가운데 1번부터 22번까지 염색체의 22쌍은 X
염색체 2개가 쌍을 이룬 상염색체이고 X염색체와 Y염색체로 이뤄진 23번
염색체는 성염색체이다.

- **박테리아인공염색체(*Bacterial artificial chromosome BAC*)**
DNA 분석 연구에 적절한 형태로 유전자를 인공적으로 재조합시켜 대장균
내에서 생장할 수 있도록 만든 박테리아를 뜻한다. DNA 염기서열을 분석
하고자 하는 생물체의 염색체를 10만~20만 개 염기쌍 정도로 자른 뒤 이
조각을 박테리아인공염색체에 끼워 넣은 후 이것을 다시 대장균(Escherichia
coli) 내에 삽입시켜 배양한다. 이렇게 하면 대장균 분열과 함께 인공박테리
아는 삽입한 DNA 조각을 무한정 복제하게 된다. 과학자들은 10만~20만 염
기쌍 크기의 DNA 조각이 들어 있는 인공박테리아를 추출해 DNA 염기서열
을 분석한다.

- **염기(鹽基 ; *Base*)**　　　DNA와 RNA 사슬을 구성하고 있
는 4가지 분자를 염기라고 한다. DNA를 이루는 염기에는 아데닌(A)과 티

민(T), 시토신(C)과 구아닌(G)이 있고 RNA에는 아네닌(A)과 우라실(U), 시토신(C)과 구아닌(G)이 있다. 염기와 당, 인산이 결합하여 DNA 및 RNA가 만들어지며 여기서 당이 디옥시리보스이면 DNA, 그냥 리보스(ribose)이면 RNA가 된다.

• **염기쌍**(*Base pair,bp*) 　　DNA는 사다리가 꼬여 있는 모양의 이중나선구조로 되어 있다. 당과 인산은 이 사다리에서 두 기둥에 해당하며, 두 기둥을 결합시키고 있는 것은 염기쌍으로서 사다리의 계단 부분에 해당한다. 염기 가운데 아데닌은 반드시 티민과 결합해 쌍을 이루며 구아닌은 시토신하고만 결합하는 규칙성을 가지고 있다.

• **염기서열**(**鹽基序列** ; *Base sequence*) 　　DNA와 RNA를 이루고 있는 염기쌍의 배열순서를 말한다. 염기쌍 중 아데닌과 티민, 구아닌과 시토인이 연결된 순서는 단백질의 구조를 결정하는 정보를 담고 있으며, 이 정보에는 생물체의 겉모습뿐만 아니라 생리현상 등 모든 생명현상에 대한 프로그램이 들어 있다. 인간게놈프로젝트(HGP)는 인간 DNA를 이루고 있는 31억 쌍의 염기서열을 밝혀 내고 그 속에 담겨 있는 의미를 밝혀 내는 것이라고 할 수 있다.

• **염기서열분석**(*Base sequence analysis*) 　　염기서열을 밝혀 내는 작업으로 현재는 모든 과정이 자동화되어 있으며 분석속도도 더욱 빨라지고 있다. 과거에는 DNA조각에 차례차례 방사성 동위원소 표지를 한 뒤 순서대로 염기서열을 분석하는 방법이 사용되었으나 최근에는 형광물질을 이용하여 대량의 염기서열을 컴퓨터로 단시간에 해독하는 것이 가능하다. 그 예로 미국의 셀레라 게노믹스가 사용한 숏건(shot-gun) 방식을 이용한 자동화분석법이 있다.

• **행동유전학**(**行動遺傳學** ; *Behavioral genetics*) 생물의 행동에 영향을 주는 유전자의 역할을 연구하는 유전학의 한 분야이다. 현대의학에서

는 중독질환의 약 50%가 유전적 요인으로 발생하는 것으로 보고 있기 때문에 인간게놈지도 완성과 포스트게놈 연구가 각종 중독성 질환이나 정신 질환 치료에 큰 발전을 가져올 것으로 기대되고 있다. 셀레라 게노믹스의 연구원인 피터 맥거핀 박사는 게놈지도 완성 후 약물 남용이나 정신질환 환자에 대한 치료제 개발이 가능해질 것이라며 치료약품이 교도소를 대신할 날도 올 수 있다고 전망하기도 했으며 약품으로 반사회적 행동을 예방하거나 치료하는 것도 가능할 것이라는 전망도 나오고 있다.

- **생물정보학(生物情報學 ; *Bioinformatics*)**   생물학(Biology)과 정보학(Informatics)를 결합시킨 단어로 컴퓨터(하드웨어와 소프트웨어)를 활용해 생물학을 연구하는 분야이다. 1950년대 이후 분자생물학이 등장하면서 생물학에서 분석해야 할 자료가 증가하기 시작했으며 특히 게놈연구가 활발해지면서 DNA 염기서열 자료 등 처리해야 할 데이터의 양이 방대해져 이를 수작업이나 간단한 통계 프로그램으로 분석하는 것이 불가능해졌다. 생물정보학은 방대한 생물체 관련 자료를 분석하는 기법과 소프트웨어를 개발하고 실제 대형 컴퓨터를 이용해 분석하는 모든 과정을 통칭하는 것으로 게놈연구의 핵심 도구라 할 수 있다.

- **바이오테크놀러지(*Biotechnology*)**   생물공학 또는 생명공학이라고도 한다. 기초 및 응용연구를 통해 생물체의 유용한 특성을 공업적 공정이나 생화학적 공정 등에 적용하고 제품 개발과 생산에 이용하는 학문 및 기술을 일컫는 말이다. 바이오테크놀러지는 생물체에 대한 기초연구와 이를 토대로 한 응용분야까지 모두 포함하는 포괄적인 용어지만 최근에는 유전공학과 게놈연구 등이 활발해지면서 DNA 재조합과 세포 융합, 생물공정 등의 산업적 이용을 지칭하는 용어로 사용되고 있다.

- **캐필러리 어레이(*Capillary array*)**   DNA 염기서열을 분석하기 위해 작은 조각으로 분쇄한 염색체 조각들을 크기에 따라 분리하

는데 사용되는 모세관의 다발을 의미한다. 이 미세관 내에는 겔 상태의 실리카(silica)가 채워져 있다. 이 매우 가는 미세관에는 높은 전기장이 걸리기 때문에 전통적인 겔을 사용할 때보다 훨씬 빠르게 DNA 조각들을 크기에 따라 분리할 수 있다.

- **상보적 DNA 라이브러리(cDNA library)**   게놈의 구조는 유전정보를 결정하는 염기서열 부분과 그렇지 않은 부분으로 나누어져 있는데 cDNA 라이브러리는 유전자 정보를 담고 있는 DNA 염기서열 부분을 모아 놓은 것을 말한다. cDNA 라이브러리는 DNA에서 단백질 정보가 들어 있는 부분의 염기서열이 전사되어 있는 mRNA를 이용해 만들기 때문에 단백질 합성 정보가 들어 있는 DNA 부분(유전자)만 포함되어 있다. 생체 내에서 RNA는 그 구조가 매우 불안정하여 쉽게 파괴될 가능성이 높기 때문에 연구에 사용하기 위해서는 안정된 구조의 DNA로 복제할 필요성이 있다. 이와 같이 RNA 구조와 완전히 상보적인 염기로 복제한 DNA를 cDNA (complementary DNA)라고 하며, 하나의 세포 혹은 조직 내에 들어 있는 모든 RNA를 cDNA 구조로 복제해 놓은 것을 cDNA 라이브러리라고 한다. 예를 들어 DNA상에서 유전자 부분의 염기들이 —ATTCGCGGAT— 순서로 나열되어 있다면 mRNA는 —UAAGCGCUA—라는 염기서열을 갖게 되며 이를 이용해 DNA를 조각을 만들면 원래 염색체에 있는 것과 똑같은 —ATTCGCGAT—라는 서열을 가진 cDNA 조각이 된다.

- **동원체**(動原體 ; **Centromere)**   세포가 분열되기 전에 핵분열이 일어나는데 이때 염색체 부위 중 방추사가 부착되는 곳으로 염색체의 운동과 분배 및 제어에 필수적인 영역이다. 이 용어는 1936년 달링턴이 처음 사용했다.

- **코돈(Codon)**   모든 생명현상을 유발하는 행동대원인 단백질은 아미노산의 집합체로서 이 아미노산의 배열순서는 단백질

의 모양을 결정한다. 또 이 아미노산은 3개 염기의 DNA 혹은 RNA의 특정 순서에 따라 결정되는데, 이때 암호가 되고 있는 3개의 DNA 또는 RNA의 염기배열을 코돈이라고 한다. 그러므로 유전자의 DNA 염기서열을 분석하면 여기서 만들어지는 mRNA의 염기서열도 예측할 수 있으며, 이를 분석하면 아미노산이 배열되는 순서까지도 예측할 수 있어 최종적으로 생성되는 단백질의 종류도 미리 가늠해 볼 수 있다. 이 용어는 DNA의 이중나선구조를 밝혀낸 프랜시스 C. 크릭이 1963년 폴리펩티드 사슬 속에 특정 아미노산이 삽입되도록 하는 DNA와 RNA 상의 염기서열을 뜻하는 말로 처음 사용했다.

- **비교게놈학(비교유전체학(比較遺傳體學 ; *Comparative genomics*)**
인간의 게놈을 쥐나 초파리, 대장균 등의 게놈과 비교 분석하여 인간의 질병 치료 방법 및 생명의 원리를 밝히고자 하는 유전학의 한 분야이다. 초파리나 쥐는 인간과 게놈상 많은 유사성을 가지고 있어 인간에게는 할 수 없는 유전자 확인을 위한 유전자 조작실험 등을 손쉽게 할 수 있어서 이들의 게놈과 인간 게놈을 비교하는 것은 아직 밝혀지지 않은 수많은 인간 유전자를 찾는데 큰 도움이 될 것으로 기대되고 있다.

- **컴퓨터생물학(*Computational biology*)**　　컴퓨터를 이용해 생물체 관련 연구의 데이터를 분석해 유용한 정보를 얻고 생명 현상을 컴퓨터 기술로 재현하고자 하는 생물학의 연구 분야이다. 일반적으로 가상세포기술(virtual cell technology) 혹은 in silico technology가 이 분야에 해당한다.

- **시토신(*Cytosine*)**　　DNA와 RNA를 구성하는 4가지 염기 가운데 하나로서 DNA와 RNA에서 반드시 구아닌(G)과 쌍을 이뤄 결합하게 된다.

- **DNA복제(*DNA replication*)**　　현재 유전정보를 가지고 있는

DNA와 동일한 염기 배열순서를 가진 새로운 DNA 가닥을 합성하는 것을 말한다. DNA는 이중나선의 구조를 가지고 있기 때문에 일반적으로 한 번 복제가 일어나면 2개의 새로운 DNA 가닥이 만들어지며 결론적으로 한 개의 세포 내에는 4가닥의 DNA가 만들어지게 된다. 자연상태에서의 DNA 복제는 인간과 다른 진핵생물에서 세포분열이 일어나기 직전 세포의 핵 안에서 일어난다.

- **DNA서열(DNA sequence)**   DNA 조각이나 유전자, 염색체 또는 한 생물체의 전체 게놈의 DNA를 이루고 있는 염기쌍들의 상대적인 배열 순서를 뜻한다.

- **DNA염기서열 초안(Draft sequence)**   인간게놈프로젝트(HGP)가 2000년 6월 발표한 유전자 염기서열을 말한다. 염기서열 초안은 불완전하기는 하지만 인간의 모든 유전자 가운데 약 95%에 대한 가상적인 지침을 제공해줬다는 평가를 받고 있다. 이 DNA 염기서열 초안의 데이터는 염색체상의 대략적인 위치가 이미 알려져 있는 염기쌍 1만 개 정도의 크기로 분석, 공개되었다.

- **효소(Enzyme)**   생체 안에서 일어나는 생화학적 반응에서 촉매 역할을 하는 단백질을 이르는 말이다. 효소는 생체 내 생화학반응의 속도를 빠르게 하지만 반응의 방향이나 특성을 변화시키지는 않는다.

- **대장균(大腸菌 ; Escherichia coli)**   대장균은 지구상에서 가장 흔한 박테리아 가운데 하나이다. 대장균은 게놈의 크기가 작고 실험실에서 배양하기가 쉬울 뿐만 아니라 질병을 유발하는 경우도 적어 유전학자들이 가장 많이 연구하고 있는 미생물 중에 하나가 되었다. 이름에서 알 수 있듯이 사람이나 동물의 장(腸) 속, 특히 대장에 많이 존재한다.

대장균은 장 속에서는 보통 질병을 일으키지 않지만 장 외에 다른 부위에 들어가면 방광염이나 복막염, 패혈증 등을 일으킬 수 있다. 또 일부 대장균은 대장 내에서도 전염성 설사를 일으키기도 하는데 이 같은 대장균을 병원성 대장균으로 분류한다.

대장균은 열에 특히 약하기 때문에 60℃에서 20분 정도 가열하면 모두 죽는다. 따라서 여름철에 많이 발생하는 대장균에 의한 설사병은 물이나 음식을 끓여 먹으면 대부분 예방할 수 있다.

최근 몇 년 동안 많은 사람들의 입에 오르내린 O-157균이 바로 대표적인 병원성 대장균이라 할 수 있다.

• **우생학(優生學 ; _Eugenics_)** 인공적인 선택을 통해 종(種)의 특성을 개량하는 것을 연구하는 학문으로 일반적으로 인류를 유전학적으로 개량하기 위한 연구를 지칭한다.

영국의 생물학자인 프랜시스 골턴이 1883년에 유전학과 의학, 통계학 등을 기초로 우생학을 창시했다. 우생학은 우수한 특성을 가진 인구를 늘리고 열성 형질을 가진 인구를 줄이는 것을 목적으로 시작되었으며 이를 토대로 여러 나라에서 유전성 정신질환 등을 가진 사람들의 2세 생산을 금지하는 법이 제정되어 인권침해 논란을 빚기도 했다. 독일의 나치정권이 유대인을 대량 학살한 사건이 우생학을 악용한 대표적인 인권 침해 사례라고 할 수 있다.

• **진핵생물(眞核生物 ; _Eukaryote_)** 핵이 핵막으로 둘러싸여 세포질과 분리되어 있으며 다른 세포질 기관들이 잘 발달되어 있는 생물체를 말한다. 바이러스와 박테리아, 남조식물 등을 제외한 대부분이 이에 속한다. 진핵생물의 세포에서는 핵산과 히스톤, 단백질, 핵소체로 이루어진 핵이 핵막에 싸여 있고 유사분열을 할 때에는 생물의 종에 따라 일정한 수의 염색체가 만들어진다. 또 세포질에는 소포체와 미토콘드리아 등 세포 소기관이 발달되어 있다. 진핵생물과 달리 핵이 핵막으로 둘러싸여 있지 않아 유전물질이 세포 안에 퍼져 있는 생물은 원핵생물(原核生物 ; Prokaryote)이라 한다.

• 엑손(Exon)

유전자에서 단백질 합성 정
보가 들어 있는 염기서열 부
분을 의미한다. 이 부분은
mRNA로 전사되어 리보솜에
서 단백질이 합성될 때 정보
로 이용된다. 단백질 합성 정
보가 들어 있지 않은 염기서
열 부분은 인트론(intron)이라
한다.

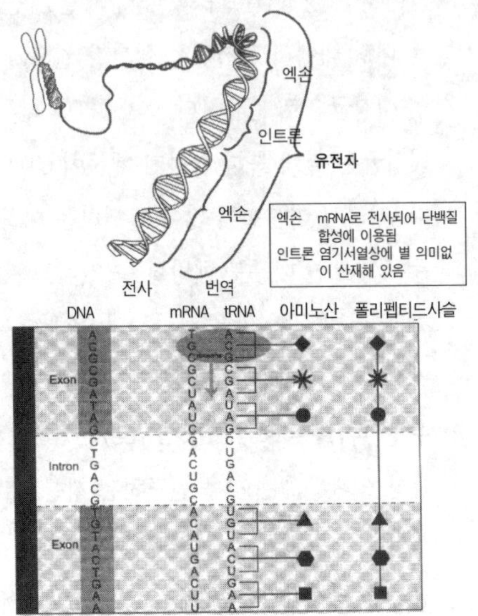

• 발현유전자 단편(EST : Expressed sequence tag)

DNA에서 유전자로 발현된 mRNA의 염기배열 중에서 일부의 염기배열을
결정하여 얻은 단편적 유전자 정보. EST는 유전자 위치를 찾아내거나 유전
자 지도를 작성할 때 유전자 지표로 이용된다. 유전자 부분에서 단백질 정
보가 들어 있지 않은 인트론 부분은 없앤 뒤 단백질 정보가 들어 있는 엑손
부분만 연결한 것이다.

• DNA 염기서열 최종완성본(Finished DNA sequence)

국제 공공컨소시엄인 인간게놈프로젝트(HGP)가 2003년까지 완성할 예정인
인간게놈의 DNA 염기서열. HGP는 이 최종본의 정확도를 크게 높이고 에
러도 염기 1만 개당 하나 이하로 줄이며 염기서열이 분석되지 않는 영역도
모두 없앤다는 계획이다. 2003년은 왓슨과 크릭이 DNA의 이중나선구조를
밝혀 낸 지 50년이 되는 해로써 그 의미가 있다고 할 수 있다.

- **이란성 쌍생아(二卵性雙生兒 ; Fraternal twin)** 2개 의
정자가 2개의 난자와 동시에 수정되어 태어난 쌍둥이. 이란성 쌍생아는 각
기 다른 정자와 난자가 수정된 것이기 때문에 유전적으로 똑같지는 않으며
다른 형제들과 마찬가지로 일부는 어머니 쪽에서 그리고 일부는 아버지 쪽
에서 물려받게 된다. 반면 일란성 쌍생아는 하나의 정자와 하나의 난자가
수정된 후 세포분열 과정에서 분리되어 쌍둥이가 되는 경우를 말하며, 이들
은 유전자의 구성은 동일하지만 유전자가 발현되는 시기나 양상이 자라는
환경에 따라 차이가 있기 때문에 형태와 성격 등에서 차이를 보이게 된다.

- **기능게놈학(Functional genomics. 기능유전체학)**
게놈에 존재하는 유전자가 생체 내에서 활동하는 기능을 연구하는 것으로
일반적으로 유전자의 조절기능연구, 단백질 구조연구, 단백질의 상호작용
연구 등이 있다.

- **유전자(遺傳子 ; Gene)** 유전을 결정하는 물질적, 기능적
기초 단위. 유전자는 특정 염색체 위의 특정 부위에 특별한 순서로 나열되
어 있는 뉴클레오타이드로 이루어져 있으며 사람의 유전자 수는 25,000여
개에서 150,000여 개까지 다양하게 추정되고 있으나 인간게놈프로젝트와
셀레라 게노믹스 연구팀은 3만~4만 개 정도가 될 것으로 추정하고 있다.

- **유전자 발현(Gene expression)** 유전자에 담긴 유
전 정보가 세포 내에서 실제로 어떤 구조나 물질로 전환되거나 기능을 발휘
하는 것. 유전자 발현에는 유전정보가 전령 RNA(mRNA=messenger RNA)로
전사(轉寫)되고 해석되어 단백질로 전환되는 것과 RNA로 전사되기는 하지
만 단백질로 만들어지지 않는 것이 모두 포함된다.

- **유전자군(遺傳子群 ; Gene family)** 비슷한 물질을 생
산하거나 기능을 담당하는 면에서 밀접한 관계가 있는 유전자 집단.

- **유전자 지도 작성(Gene mapping)** 한 DNA 분자나

염색체, 플라스미드 등에서 유전자들이 각각 차지하고 있는 상대적인 위치와 유전자들 사이의 거리를 결정하여 지도를 만드는 작업.

- **유전자 예측(Gene prediction)** 이미 알고 있는 유전자 염기서열과 새로 작성한 게놈지도의 DNA 염기서열을 서로 비교하는 컴퓨터 프로그램을 이용해 DNA상에 유전자가 존재할 가능성을 예측하는 것.

- **유전자 산물(Gene product)** 한 유전자가 발현되어 생성된 RNA나 단백질과 같은 생화학 물질. 유전자 산물이 얼마나 생성되는가는 그 유전자의 활성이 얼마나 강한가를 측정하는 지표가 된다. 유전자 산물의 양이 비정상적일 경우 질병을 유발하는 유전자가 관련되어 있을 가능성이 있다.

- **유전자 검사(Gene testing=Genetic testing, Genetic screening)**

- **유전자치료법(Gene therapy=Human gene therapy)**
질병이나 장애를 치료하기 위해 제대로 작동하지 않거나 기능이 잘못된 유전자를 조작하여 건강한 유전자로 대체하거나 활성을 정상으로 회복시켜주는 생물학적 치료법.

- **유전자 이식(Gene transfer)** 변형 바이러스 등의 벡터를 이용해 생물체의 세포 내에 새로운 유전자나 DNA 조각을 삽입하는 것. 주로 유전자 치료법에 사용된다.

- **유전암호(遺傳暗號 ; Genetic code)** 유전형질을 결정하는 핵산의 염기 배열. 염색체를 구성하고 있는 DNA는 아데닌(A), 구아닌(G), 티민(T), 시토신(C) 등 4개의 염기로 되어 있는데 사슬처럼 연결되어 있는 DNA 염기의 배열 순서 속에는 단백질 합성 정보가 들어 있다. DNA 속의 단백질 정보는 전령 RNA(messenger RNA mRNA)로 판독되고 이 정보는 다시 아미노산 정보로 번역되어 아미노산이 사슬처럼 연결된 단백질이

만들어진다. DNA 정보에서 전사된 mRNA는 아데닌(A), 우라실(U), 구아닌
(U), 시토신(C) 중 3개가 조합되어 하나의 아미노산 정보로 번역되는데 이
3개의 RNA 염기를 코돈이라 하며 코돈의 수는 모두 64개가 된다.

- **유전적 차별(*Genetic discrimination*)** 　　유전 장애나 질환
을 가지고 있는 사람들에 대한 선입견이나 편견으로 차별하는 것.

- **유전공학(*Genetic engineering*)** 　　생물체나 세포가
새로운 물질을 만들어내거나 새로운 기능을 수행할 수 있도록 유전물질에
변화를 일으키는 방법을 연구하는 학문 분야. 원하는 형질들을 가진 생물체
를 만들기 위해 생체 외 조작을 통해 DNA분자의 염기서열을 변화시키거나
DNA를 한 종(種)에서 다른 종으로 이식하는 방법을 사용한다.

- **유전공학기술(*Genetic engineering technology*)=DNA 재조합
기술**

- **유전질환(*Genetic illiness*)** 　　하나 또는 2개 이상의 유해한 유
전자로 인해 발생하는 질병이나 신체적 결함. 일반적으로 하나의 유전자 이
상으로 인하여 생기는 유전질환을 단일성 유전질환(Momogenic disease) 혹
은 멘델성 질환이라 하며 2개 이상의 유전자 이상으로 인하여 생기는 유전
질환을 다인자성 유전질환(Polygenic disease)이라고 한다.

- **유전정보학(*Genetic informatics=bioinformatics*)**

- **유전자 지도(*Genetic map=Linkage map*)** 　　이미 알려져 있는
유전자나 유전 표지 등의 염색체상 위치를 보여주는 염색체 지도이다. 그러
나 이 유전자 지도는 각각의 염색체의 어느 부분에 어떤 유전자가 있다는
것을 의미하는 것이 아니라 이미 알려져 있는 부분들의 상대적 위치만을 보
여준다. 유전자 지도에서 유전자 또는 유전 표지 사이의 거리는 센티모건
(cM)으로 표현된다.

- **유전 표지(*Genetic marker*)** 　　염색체상에서의 물리적 위치가

확인된 DNA 조각이나 이미 알려진 유전자 혹은 염기서열의 정보를 가리키는 말. 염색체상에서 가까이 위치해 있는 DNA 부분들은 함께 유전되는 경향이 많기 때문에 유전 표지는 때때로 대량적인 위치는 알려져 있지만 기능이 밝혀지지 않은 유전자의 유전 패턴을 추적하는 간접적인 방법으로 사용되기도 한다.

- **유전자 검사(Genetic screening)** 특정 유전질환이나 장애를 가지고 있을 가능성이 높은 사람을 확인하기 위해 일단의 사람들의 유전자 구조를 검사하는 것.

- **유전자 테스트(Genetic testing)** 사람의 건강 상태나 특정 질병에 걸릴 위험 등을 알아보거나 유전질환을 진단하기 위해 그 사람의 유전물질을 분석하는 것.

- **유전학(Genetics)** 유전현상과 유전자의 성질 및 유전자의 작용기전 등 유전과 관련된 전체 분야에 관하여 연구하는 학문 분야.

- **게놈(Genome)** 특정 생물체나 세포 속의 염색체에 들어 있는 DNA와 유전정보 전체를 가리키는 말. 게놈에는 핵 속에 들어 있는 염색체와 미토콘드리아에 들어 있는 DNA도 포함된다.

- **게놈 프로젝트(Genome project)** 인간이나 다른 모델 동물이나 식물 게놈의 유전자 지도를 작성하고 염기서열을 분석하는 연구와 관련 기술을 개발하는 것.

- **게놈학(=유전체학. Genomics)** 어떤 생물 속에 포함되어 있는 모든 DNA의 염기배열순서를 밝혀 내고 컴퓨터를 이용하여 유전자의 기능 및 구조를 밝혀 냄으로써 생명의 본질을 규명하고자 하는 새로운 학문의 조류. 접근 방법은 기존의 분자생물학과 확연한 차이를 보이고 있다.

- **생식세포(Germ cell)** 정자와 난자 그리고 이들 세포의 전단계 세포를 포함하는 생식에 관여하는 세포를 총칭하는 말. 생식세포들

은 염색체 수가 몸을 구성하는 체세포의 절반에 해당하는 반수체이기 때문에 사람의 경우 생식세포의 염색체는 23쌍(46개)이 아니라 23개만 가지고 있다.

• **생식세포 유전자 치료(*Germ line gene therapy*)**   유 전 적 변화를 일으키기 위해 정자와 난자 등 생식세포나 수정란에 유전자를 삽입해 질병을 치료하는 것. 이를 통해 일어난 유전적 변화는 자손에게 유전된다.

• **구아닌(*Guanine*)**   퓨린계 유기 질소 염기의 하나로 DNA와 RNA에서 시토신(C)과 쌍을 이룬다.

• **유전성 암(*Hereditary cancer*)**   한 가계(家系) 내 구성원이 모두 가지고 있는 변이 유전자가 유전됨으로써 발생하는 암. 가장 대표적인 유전성 암으로는 대장암(colon cancer)을 꼽을 수 있다.

• **인간게놈구상(*Human Genome Initiative : HGI*)**
미국 에너지부(DOE)가 1986년 출범시킨 인간게놈연구 계획의 총칭. 이 인간게놈구상에는 이미 밝혀진 염색체상의 유전자 위치를 이용해 DNA 조각들의 순서를 맞추는 것에서 유전자 지도를 분석하고 DNA 염기서열 데이터를 분석할 수 있는 새로운 컴퓨터 기법을 개발하는 것, 그리고 DNA를 분석하고 유전자를 검색할 수 있는 새로운 기술과 장비를 개발하는 것까지 모두 포함된다. DOE가 출범시킨 인간게놈구상은 후에 DOE가 미국 국립보건원(NIH)과 공동 추진하는 인간게놈프로젝트(HGP)로 확대 개편되었으며 2003년에 최종 연구결과가 나올 예정이다.

• **인간게놈프로젝트(*Human Genome Project : HGP*)**
미국의 DOE가 1986년 출범시킨 인간게놈구상(HGI)이 미국 NIH과의 공동으로 추진하는 국제공동 연구프로젝트로 확대 개편된 것이다. 23쌍, 46개의 염색체를 이루고 있는 31억 쌍의 DNA 염기서열 전체를 밝혀 내고 이 속에

서 인간 유전자를 모두 찾아내고 그 기능까지 밝혀 내 질병치료와 신약 개
발 등 의학분야와 각종 산업분야에 활용하는 것이 그 목표이다.

- **잡종**(雜種 ; *hybrid*) 유전적으로 다른 부모의 교배에
의해 생산된 자손. 보통 서로 다른 종이나 계통 사이의 교배에 의해서 생긴
자손을 의미한다.

- **교잡**(交雜 ; *hybridization*) 각기 다른 유전자 구성을 가진 두
개의 개체를 교배시키는 것. 흔히 교배와 교잡을 혼용해 사용하는 경우가
많지만 교배는 유전자 조성이 같은 경우에 쓰는 용어이다. 유전자 조성이
다른 두 개체 사이의 교배는 교잡이라고 해야 한다.

- **일란성 쌍생아**(*Identical twin*) 하나의 정자와 하나의 난자가 결
합한 수정란이 세포분열을 통해 배아로 성장하는 과정에서 2개로 분리되면
서 각각 하나의 태아로 성장해 태어나는 것. 일란성 쌍생아는 하나의 수정
란에서 비롯된 것이기 때문에 똑같은 유전자형을 가지게 된다.

- **면역요법**(*Immunotherapy*) 면역체계를 이용해 질병을 치료
하는 것. 백신 개발이 대표적인 면역요법이라고 할 수 있다. 또한 면역체계
에 의해 발생하는 질병의 치료법을 의미하기도 한다.

- **생체 외**(*In vitro*) 어떤 실험이나 연구를 살아 있는
생물체 안에서가 아니라 실험실이나 시험관 등에서 하는 것.

- **생체 내**(*In vivo*) 어떤 실험이나 연구가 살아 있는
생물체 내에서 이루어지는 것.

- **삽입**(*Insertion*) 어떤 DNA 염기서열 조각이 정상
적인 유전자 안으로 들어가 그 유전자의 구조에 변형을 초래함으로써 정상
적인 기능을 하지 못하게 하거나 비정상적인 기능을 나타내도록 하는 유전
자 조작의 한 단계.

- **인트론**(*Intron*) 유전자에서 단백질 정보를 담고

있는 부분인 엑손 사이사이에 존재하는 단백질 정보가 들어 있지 않은 부분이다. 인트론 부분은 mRNA로 전사되기는 하지만 단백질이 만들어질 때 번역(translation)은 되지 않기 때문에 단백질 합성에 직접 관여하지는 않는다.

- **정크 DNA(Junk DNA)** DNA에서 유전자 정보가 들어 있지 않은 염기서열 부분. 인간 게놈에서는 50% 이상이 정크 DNA인 것으로 알려져 있으며 이 부분은 유전자의 기능을 조절하는 등의 역할을 하고 있는 것으로 추정된다.

- **킬로베이스(Kilobase=kb)** DNA 염기 1000개가 연결된 길이를 나타내는 단위.

- **녹아웃(Knockout)** 특정 유전자를 제거하여 그 유전자의 기능을 없애거나 정지시키는 것. 특정 유전자의 기능을 연구하거나 특정 질병에 걸린 동물모델을 만들 때 사용된다.

- **유전자 위치(Locus =Gene locus)** 염색체상에서 유전자가 존재하는 위치로 특정 유전자의 주소라고 할 수 있다. 이 용어는 유전자뿐만 아니라 염색체상의 다른 표지(marker)가 있는 위치를 표현하는 말로도 사용되며 발현 유전자 영역만을 제한적으로 의미하기도 한다.

- **메가베이스(Megabase=Mb)** DNA 염기 100만 개가 연결된 길이를 나타내는 단위. 1메가 베이스는 대략 1센티모건(1cM)과 같다.

- **멘델 유전(Mendelian inheritance)** 부모 세대의 형질이 자손으로 유전되는 한 방식을 가리키는 말로 이런 현상을 학문적으로 처음 규명한 오스트리아의 유전학자 멘델의 이름을 따서 명명된 것이다. 멘델 유전에는 대립형질이 있을 경우 잡종 1대에는 우성 형질만 나타나는 우열의 법칙과 잡종 1대를 교배시킨 잡종 2대에는 우성 형질과 열성 형질이 3 대 1의 비율로 나타나는 분리의 법칙, 그리고 대립형질이 2가지 이상인 다성 잡종의 경우에는 각각의 대립형질이 독립해서 우열의 법칙과 분리의 법칙

에 따라 유전된다고 하는 독립의 법칙 등이 있다.

- **전령 RNA**(*Messenger RNA=mRNA*) DNA의 유전정보
에 들어 있는 단백질 정보를 그대로 복사해 단백질이 실제로 합성되는 세포
질로 전달하는 RNA.

- **미세배열기술**(*Microarray technology*) 부착력이 강한 슬
라이드 글라스 위에 DNA, cDNA, 단백질 등의 단편들을 미세한 침을 이용
하여 일정한 배열로 붙이는 기술이다. 이렇게 만들어진 슬라이드는 붙어 있
는 시료의 종류에 따라 DNA 칩, 단백집 칩이라고 한다. 이런 칩은 주로 유
전자의 기능적 상호연관성이나 새로운 유전자 검출을 단시간에 수행할 수
있는 기술로서 그 활용성이 기대되고 있다. 특히 DNA 칩은 앞으로 유전자
이상이 질병검사 등에 널리 사용될 것으로 전망되고 있어 산업적으로 중요
한 기술로 간주된다.

- **미생물유전학**(*微生物遺傳學 ; Microbial genetics*)
박테리아나 아케차, 조류, 세균, 바이러스 등 미생물을 재료로 이용해 유전
자의 구조 및 기능 등 유전현상의 본질에 대해 연구하는 학문 분야. 미생물
유전학은 때때로 바이오 치료와 대체에너지, 질병 예방 등의 분야의 연구에
활용되기도 한다.

- **극미 주사**(*極微注射 ; Microinjection*) 현미경 아래에서
극미세관 피펫을 이용해 DNA 용액을 세포 안으로 주입하거나 세포 내의
물질을 제거하는 기술.

- **미토콘드리아 DNA**(*Mitochondrial DNA*) 미토콘드리아는
세포 내에서 에너지를 생산하는 역할을 하는 세포의 작은 기관으로서 세포
의 에너지 생산공장이라고 할 수 있으며 미토콘드리아 DNA는 이 안에 들
어 있는 독립된 유전물질이다. 미토콘드리아 DNA는 핵 속에 들어 있는
DNA와는 다른 방식으로 유전된다.

- **모델 생물**(Model organisms)   연구에 이용되는 실험동물이나 다른 생물체의 총칭.

- **분자생물학**(分子生物學 ; Molecular biology)   생물학을 분자 수준으로 연구하는 것. 생물체를 구성하고 있는 고분자 화합물, 특히 핵산과 단백질의 구조를 밝히고 그 분자구조의 특성을 바탕으로 하여 중요한 생명 현상을 설명하는 생물학의 한 분야.

- **분자유전학**(分子遺傳學 ; Molecular genetics)   유전학을 분자 수준에서 연구하는 학문 분야. 유전학은 본질적으로 유전현상을 연구하는 것이므로 분자유전학의 주요 연구대상도 유전자가 된다. 유전자는 DNA와 단백질로 이루어져 있기 때문에 DNA와 단백질의 구조와 기능 등을 연구하는 것이 주된 연구과제이다.

- **분자의학**(Molecular medicine)   분자 수준에서 질병이나 부상을 치료하는 것. DNA 정보에 기초를 둔 질병 진단이나 DNA 염기서열 정보를 토대로 개발한 약품 등을 치료에 이용하는 것 등이 이에 포함된다.

- **단유전자 질환**(Monogenic disorder)   하나의 유전자에서 발생한 변이 때문에 발생하는 질환이나 장애.

- **돌연변이원**(突然變異原 ; Mutagen)   X선이나 감마선, 자외선 등 방사선이나 화학물질 등 세포 내 유전물질에 변화를 초래해 후손으로 계속 유전되는 돌연변이를 일으킬 수 있는 요인이나 물질.

- **변이**(Mutation)   DNA 염기서열상에 후손으로 유전되는 변화가 발생하는 것. DNA 염기서열에 변이가 생기면 유전자의 기능에 변화가 발생해 부모와 전혀 다른 형질이 나타날 수 있으며 유전질환의 원인이 되거나 진화의 원인이 되기도 한다.

- **핵 이식**(Nuclear transfer)   한 세포의 핵을 미리 핵을 제거해

놓은 난자에 주입한 뒤 전기적 충격이나 화학적 방법으로 수정란처럼 배아
로 만드는 것. 이렇게 만들어진 배아가 가진 유전정보는 핵을 제공한 생물
과 똑같게 된다. 이런 과정을 거쳐 새끼를 생산하는 것이 핵이식을 통한 복
제가 되며 세계 최초의 복제양 돌리(Dolly)도 이 방법으로 태어났다.

• **핵산(Nucleic acid)** 뉴클레오티드로 이루어진 거대
분자. 인산과 당, 염기로 이루어져 있으며 모노뉴클레오티드가 중합반응을
통해 긴 사슬처럼 연결되어 폴리펩타이드가 된다.

• **뉴클레오티드(Nucleotide)** DNA와 RNA에서 유기 질소 염기
〔DNA의 아데닌(A), 티민(T), 구아니(G), 시토신(C), RNA의 아데닌(A). 우
라실(U), 구아닌(G), 시토신(C)〕와 인산 분자, 그리고 당 분자(DNA의 디옥
시리보스와 RNA의 리보스)로 이루어진 부분이다. 수천 개의 뉴클레오티
드가 긴 사슬처럼 연결되어 하나의 DNA나 RNA 분자가 된다.

• **올리고뉴클레오티드(Oligonucleotide)** 보통 25개 이하의
뉴클레오티드로 이루어져 있는 분자를 의미하며 일반적으로 기계를 이용하
여 인공적으로 뉴클레오티드를 합성해놓은 것을 말한다. 올리고뉴클레오티
드는 cDNA나 RNA를 탐색하거나 복제할 때 사용된다.

• **암유전자(癌遺傳子 ; Oncogene)** 정상세포가 암 세
포로 변하는 과정에 관여하는 유전자. 많은 암 유전자들은 세포의 성장 속
도를 제어하는데 직간접적으로 관여하는 것으로 알려져 있다.

• **펩티드(Peptide)** 2개 또는 그 이상의 아미노산이
'펩타이드결합' 이라는 결합으로 합쳐진 것. 아미노산을 인공적으로 결합시
켜 합성하거나 단백질을 분해해서 만들 수 있다.

• **약리유전체학(Pharmacogenomics)** 한 사람의 유전적
특성이 특정 약품에 대해 어떻게 반응하는지를 연구하는 학문 분야로 약물
유전학과 유전체학이 결합해서 생긴 분야.

- **플라스미드(Plasmid)**　　세균에 있는 DNA로 작은 고리모양이며 세균 게놈 본체와 관계 없이 존재하고 세균의 생존에도 큰 영향을 미치지 않는다. 일부 플라스미드는 숙주 세포의 게놈에 끼어 들어가는 능력이 있어 어떤 세포에 특정 DNA를 삽입하고자 할 때 플라스미드를 벡터로 이용하기도 한다.

- **다원유전자 질환(Polygenic disorder)**　　심장 질환과 당뇨병, 그리고 일부 암처럼 하나 이상의 유전자가 동시에 작용해 발생하는 유전질환. 이들 질환은 유전되기는 하지만 발병 여부는 여러 가지 대립 형질 유전자가 동시에 존재하느냐에 달려 있다. 또한 환경적인 요소와 매우 밀접한 관련이 있으므로 이들 질환의 유전 패턴은 단일유전자 질환보다 훨씬 복잡한 경우가 많다.

- **중합효소연쇄반응(PCR : Rolymerase chain reaction)**　　매우 적은 양의 유전자(DNA)를 중합효소를 이용한 인위적 복제 방법으로 복제해서 수십만 배로 증식시키는 기술.

  90℃의 고온에서 유전자의 이중나선구조를 풀어 두 가닥으로 만든 다음 50~70℃의 낮은 온도에서 중합효소에 의해 중합과정이 일어나도록 하면 두 가닥으로 풀어진 DNA가 처음의 이중나선구조가 된다. 즉 똑같은 유전자 2개가 생긴 것이다. 이 과정이 반복될 때마다 똑같은 DNA 가닥이 두 배로 늘어나게 되어 원하는 만큼 만들 수 있게 된다.

- **중합효소(Polymerase, DNA or RNA)**　　DNA와 RNA 등 핵산의 중합반응을 일으키는 효소. 중합효소는 리보뉴클레오티드와 디옥시리보뉴클레오티드의 공유결합을 촉진시켜 각각 RNA와 DNA의 만들게 된다.

- **다형성(Polymorphism)**　　개인 사이에 존재하는 DNA 염기서열 혹은 유전적 구조상의 차이. 이 차이에 의해 개인들 사

이에 외모와 선천적 질환 등 차이가 발생하는 것으로 추정되고 있다. 최근 주목을 받고 있는 대표적인 다형성은 인간게놈지도 연구결과 모든 인간의 DNA 염기서열은 99.9%가 똑같고 단 1%만이 다른 것으로 나타났으며, 이 1%의 DNA 염기서열 차이가 실제 인간의 몸에서 어떤 차이를 일으키는지 규명하는 것은 포스트 게놈 연구의 중요한 과제가 될 것으로 보인다.

- **폴리펩티드(Polypeptide)** 펩타이드결합(Peptide bond)으로 연결된 사슬모양의 아미노산으로 이뤄진 단백질 또는 단백질의 한 부분.

- **촉진자(Promoter)** RNA 중합효소가 결합해 유전정보 전사를 시작하는 DNA의 특정 염기 부위.

- **단백질(Protein)** 아미노산이 특별한 순서에 따라 적게는 수십 개에서 많게는 수천 개가 연결된 긴 사슬로 이루어진 거대 분자. 아미노산이 연결되는 순서는 단백질 정보를 담고 있는 유전자의 염기서열에 따라 결정된다. 단백질은 인체 세포와 조직, 장기의 생성이나 구조와 기능, 제어 등에 반드시 필요한 물질이며 단백질 하나하나는 각각 고유의 기능을 가지고 있다. 호르몬과 효소, 항체 등은 모두 단백질들이다.

- **단백질체(Proteome)** 특정 시점에 특정 조건하에서 한 세포나 기관에 의해 발현된 단백질.

- **단백질체학(Proteomics)** 게놈 속에 들어 있는 유전정보에 따라 만들어지는 단백질의 종류와 기능, 구조, 생리적 현상 등을 종합적으로 연구하는 학문 분야.

- **유사유전자(Pseudogene)** 염기서열은 유전자와 비슷하지만 실제로는 유전자 기능을 하지 않는 것. 과학자들은 유사유전자에 대해 과거에는 유전자로 기능을 하다가 점차 변이가 축적되면서 유전자 기능을 상실한 부분일 것으로 보고 있으며 진화의 과정을 분자생물학적으로 설명하는 중요한 표지로 사용되고 있다.

- **퓨린(*Purine*)**   핵산을 구성하는 이중 고리구조의 유기 질소 화합물. DNA와 RNA에서 이에 속하는 염기는 아데닌(A)과 구아닌(G)이다.

- **피리미딘(*Pyrimidine*)**   핵산을 구성하는 단일 고리구조로 된 유기 질소 화합물. DNA에서 피리미딘계 염기는 시토신(C)과 티민(T)이 있으며, RNA에는 시토신(C)과 우라실(U)이 이에 속한다.

- **열성유전자(*Recessive gene*)**   대립형질 중에서 잡종 제1대에서는 우성유전자에 눌려 발현되지 않는 유전자. 키가 큰 완두콩과 키가 작은 완두콩처럼 서로 대립되는 형질이 있을 경우 서로 교배시키면 다음 세대(잡종 1대)에서는 키가 큰 완두콩만 나타나게 되는데 이때 키가 큰 것을 우성형질이라 하고 키가 작은 것을 열성형질이라 한다. 또 우성형질 정보를 담고 있는 유전자가 우성유전자이고 열성형질의 정보를 담고 있는 유전자가 열성유전자이다. 그러나 잡종 1대끼리 교배하면 잡종 2대에서는 키가 큰 완두콩과 키가 작은 완두콩이 3 대 1의 비율로 나타나게 된다.

- **재조합 클론(*Recombinant clone*)**   유전적 특성이 다른 두 개의 클론을 잡종으로 만들어 DNA 분자를 재조합시킨 클론.

- **재조합 DNA 분자(*Recombinant DNA molecules*)** 각기 다른 곳에서 얻은 DNA 조각들을 DNA 재조합 기술을 이용해 하나로 연결해서 만든 일종의 인공 DNA.

- **DNA 재조합 기술(*Recombinant DNA technology*)** 시험관 등 세포나 생물체 밖의 환경에서 DNA 단편들을 결합시키는 기술이다. 적절한 조건이 되면 재조합 DNA 분자는 세포 안에 들어갈 수 있으며 그곳에서 자동적으로 또는 그 세포의 염색체 가운데로 끼어 들어간 뒤 복제가 이루어지게 된다.

- **재조합(*Recombination*)**   딸세포가 부모로부터 각기 다른

대립유전자를 하나씩 물려받아 한 쌍의 조합을 형성하는 과정. 재조합은 주로 고등동물의 염색체 교차를 통해 이루어지며, 다음 세대로 유전이 되는 재조합은 정자와 난자를 형성하는 시기에 일어나는 유전자 재조합이다.

- **DNA 반복부(Repetitive DNA)**　게놈에서 반복적으로 나타나는 다양한 길이의 염기서열. 인간 게놈에는 이 같은 반복 부위가 전체에서 약 40%를 부분을 차지하고 있는 것으로 알려져 있다. 일반적으로 이러한 DNA는 유전자의 이동과 긴밀한 관계가 있는 것으로 추정하고 있으며 진화의 메커니즘을 연구하는 중요한 지표로 사용되고 있다.

- **리보스(Ribose)**　RNA를 구성하는 5탄당 물질. DNA의 경우에는 리보스 대신 디옥시리보스가 있다.

- **리보솜(Ribosomes)**　세포 내 원형질에서 볼 수 있는 구형의 소기관으로 리보솜 RNA(rRNA) 60%와 단백질 40%로 구성되어 있다. 크기는 약 150~200Å(Å 1옹스트롬은 1억 분의 1m) 정도이며 단백질이 합성되는 장소이다.

- **RNA(Ribonucleic acid)**　세포의 핵과 세포질에서 발견되는 화학물질로 단백질 합성과 세포의 여러 가지 화학작용에서 매우 중요한 역할을 한다. 세포 내에 존재하는 RNA는 mRNA(messenger RNA)와 tRNA(transfer RNA) 등이 있다.

mRNA는 DNA로부터 단백질을 만드는데 필요한 아미노산 배열순서를 결정하는 정보를 넘겨받아 담고 있는 단일나선의 구조체이며 tRNA는 mRNA의 코돈(codon)에 일치하는 아미노산을 운반하는 역할을 하는 3차원적인 세포 내 구조체이다. RNA 역시 나선구조를 가지고 있으나 DNA는 이중나선구조인데 반해 RNA는 단일나선구조이다. RNA는 또 DNA와 달리 디옥시리보스 대신 리보스를 가지고 있으며 티민(T) 대신 우라실(U)을 가지고 있다. 따라서 RNA 염기쌍에서는 아데닌(A)이 우라실(U)이 결합하고, 구아닌(G)이 시토신(C)과 결합한다.

- **염기서열 재조합(Sequence assembly)**   DNA 염기서열 분석에서 무작위로 자른 DNA조각의 염기서열을 결정한 뒤 각각의 조각이 원래 염색체상에서 어떤 위치에 있었는지를 결정해 연결하는 작업.

- **서열분석(Sequencing)**   DNA나 RNA에서 염기쌍의 배열순서를 밝혀 내는 일이나 단백질에서 아미노산이 배열되어 있는 순서를 결정하는 것을 뜻한다.

- **성염색체(Sex chromosome)**   성이 결정에 관여하는 염색체로 포유류에는 X염색체와 Y염색체가 있다. 여성은 X염색체 2개를 가지고 있으며 남성은 X염색체 하나와 Y염색체 하나를 가지고 있다. 사람의 경우 성결정과 관계 없는 상염색체가 22쌍이 있으며, 성염색체는 23번 염색체 쌍을 이룬다.

- **숏건방식(Shotgun method)**   미국의 생명공학 벤처기업인 셀레라 게노믹스사가 인간게놈지도 작성에 사용한 방법으로 전체 DNA를 무작위로 자른 다음 잘라진 DNA 조각들을 대량으로 복제해 염기서열을 분석한 뒤 이를 컴퓨터를 이용해 원래 순서대로 재조합해 게놈지도를 완성하는 방법이다.

이 방법은 국제컨소시엄인 인간게놈프로젝트(HGP)가 사용한 생거방식 염기서열 분석 (Sanger sequencing)과는 다르다.

HGP는 먼저 유전자 지도를 만들어 염기서열을 분석할 각 DNA 조각의 염색체상 위치를 먼저 파악한 뒤 DNA 조각 각각에 대해 염기서열을 분석하는 방법을 썼다.

그러나 숏건방식과 HGP 방식 모두 나름대로의 장점이 있기 때문에 연구자들은 인간게놈의 염기서열을 분석할 때 두 가지 방법을 함께 사용하는 경우가 많다.

- ## 단일염기다형성(*Single nucleotide polymorphism SNP*)

단일염기다형성. 게놈 염기서열의 한 부위에서 단일염기(A, T, C, G)가 서로 다르게 나타나는 것을 뜻한다. 이러한 염기의 차이는 집단 내에서 흔히 존재하지만 이런 차이가 변이인지 아니면 다형현상의 표지인지를 구별하는 지표가 매우 중요한 의미가 있다. 일반적인 전체 집단 중에서 1% 이상의 변이가 발견되는 염기에 대해서는 다형성인자(Polymorphism)로 판정하며 그 이하는 변이로 판정한다.

일반적으로 염기 500~1000개당 하나 꼴로 나타나는 것으로 알려져 있다. 인간게놈이 31억쌍의 염기로 이루어져 있는 것을 고려하면 모든 개인 사이에는 약 300만 개 이상의 SNP가 있는 것으로 추정된다.

사람들의 외모나 체질 등이 인종이나 연령, 성별 등에 따라 차이가 생기는 것도 바로 SNP 때문인 것으로 추정되고 있으며 같은 병의 경우에도 발병원인이 다르거나 잘 듣는 약이 다른 이유도 SNP 때문인 것으로 추정되고 있어 SNP는 미래에 맞춤의학 실현에 매우 중요한 존재로 간주되고 있다.

- ## 단일유전자 질환(*Single-gene disorder*)

단일 유전자들의 돌연변이 대립형질에 의해서 발생하는 유전성 장애를 의미하며, 일반적으로 멘델성 질환(Mendelian disease)이라고도 한다. 뒤셴형 근위축증과 망막아세포종(網膜芽細胞腫 ; Retinoblastoma) 등이 이에 속한다. 대립형질은 나팔꽃 빛깔의 붉은 색과 흰색, 초파리 날개의 정상 모양과 흔적 날개, 사람의 눈에서 보통 눈과 쌍꺼풀 눈 등과 같이 서로 대립되는 형질을 의미하며 이 같은 형질이 나타나도록 하는 유전자를 대립유전자(Allele)라고 한다. 단일 유전자 장애는 곧 어떤 형질이 나타나도록 하는 정보가 담긴 단일 유전자상에서 발생한 변이가 질병이나 장애로 나타나는 것을 의미한다.

- ## 체세포(*Somatic cell*)

생물체의 몸을 구성하는 세포 가운데 정자와 난자 등 생식세포나 그 전구(前驅) 세포를 제외한 모든 세포를

뜻한다. 체세포의 염색체는 언제나 2배성($2n$)이고 일반적으로 유사분열에
의해 증식하지만 생식세포는 감수분열을 하기 때문에 염색체 수가 체세포
의 반(n)이 된다.

- **체세포 유전자 치료법(*Somatic cell gene therapy*)**　　새로운
유전물질을 세포 안에 주입하는 방법으로 질병을 치료하는 것을 말한다. 새
로 주입된 유전물질은 그 환자의 자손에게 유전된다.

- **체세포 유전자 변이(*Somatic cell genetic mutation*)**　　자손에
게 전달되지 않는 유전자 구조의 변화를 뜻하는 것으로 후천성 변이
(Acquired mutations)라고도 한다.

- **산발성(돌발성) 암(*Sporadic cancer*)**　　개인에 따라 무작
위적으로 발생하는 암을 일컫는 것으로 유전되지 않는다. 한 세포 안에서
발생한 DNA 변화로 인해 발생한 암이 성장하고 분열하면서 몸 전체로 퍼
져나가게 된다.

- **줄기세포(幹細胞 ; *Stem cell*)**　　줄기세포는 신체 내에 있는 모든
세포나 조직을 만들어내는 기본적인 세포를 말한다. 줄기세포에는 사람의
배아를 이용해 만들 수 있는 배아줄기세포와 여러 가지 혈구세포를 끊임없
이 만들어내는 골수세포와 같은 성체 줄기세포가 있다.(제2장 '배아줄기세
포' 참조)

- **구조유전체학(*Structural genomics*)**　　실험적 방법과 컴
퓨터 시뮬레이션 기법 등을 이용해 수많은 단백질의 3차원(3D) 구조를 밝
혀 내는 연구분야.
단백질의 3차원 구조를 밝혀 내는 일은 DNA 염기서열을 밝혀 내는 인간게
놈지도 작성만큼이나 기본적인 연구라고 할 수 있다. 유전자에 의해 만들어
지는 단백질은 몸을 이루며 여러 생리기능에 관여하기 때문에 어떤 면에서
보면 유전자 자체보다 질병 발생 및 치료와 더 직접적인 관련이 있다.

이미 많은 유전자가 발견되고 앞으로 인간게놈지도 분석과정에서 수많은 유전자가 발견되겠지만 이들 유전자가 어떤 단백질을 만들어내는지, 그리고 그 기능은 무엇인지는 거의 알려져 있지 않다.

단, 단백질은 자물쇠와 열쇠처럼 다른 분자와 상호작용을 하기 때문에 이들의 3차원 구조를 밝혀 내는 것은 단백질을 이용한 신약 개발이나 질병 치료법 개발에 매우 중요하다.

지금까지는 주로 X-선을 이용해 단백질의 고체 결정에서 3차원 구조를 밝혀 냈으나 최근에는 고성능 핵자기공명장치(NMR) 등이 등장해 단백질의 3차원 구조 규명작업이 한층 가속화될 것으로 기대된다.

• **억제유전자(Suppressor gene)** 다른 유전자의 활동을 억제하는 유전자. 억제유전자가 제 기능을 하지 못할 때 암이 발생하는 것으로 알려져 있다. Rb 유전자는 망막아세포종과 관련이 있는 것으로 알려져 있으며 p53 gene은 전체 암환자의 50% 정도와 관련이 있는 것으로 추정되고 있다.

• **텔로머라제(Telomerase)** 텔로미어를 복제하는 기능을 가진 효소. 세포가 분열을 거듭하고 노화가 진행되면서 텔로미어가 짧아지는 것을 막아주는 역할을 한다.

• **텔로미어(Telomere)** 염색체의 양끝에 존재하는 말단 부위로서 세포 내에서 유전자의 변이나 손실 등을 보호해주는 역할을 하고 있다. 이 부분은 복제와 DNA 분자의 안정성에 관련이 있으며 세포가 노화됨에 따라 텔로미어의 길이도 점점 짧아진다.

• **티민(Thymine. T)** DNA를 구성하고 있는 피리미딘(Pyrimidine) 염기 중 하나로 아데닌과 염기쌍을 이룬다.

• **독성게놈학(Toxicogenomics)** Toxicogenomics는 Functional genomics과 Molecular toxicology의 합성어로 독성물질이나 환경 스트레

스 등에 대한 게놈의 반응을 연구하는 분야이다. 질병이나 장애 등에서 유전자와 환경의 상호작용이 어떤 역할을 하는지 밝혀 내기 위해 생물정보학(bioinformatics)을 이용해 게놈 전체적으로 mRNA 발현 양상과 단백질 발현 패턴을 연계해 연구한다. 이를 통해 독성물질에 대한 독성 반응과 이 같은 독성물질에 노출된 사람의 유전자에 나타나는 변화의 관계를 찾아내는 것을 목적으로 한다.

• **번역(Translation)**　　전령RNA(mRNA)로 옮겨진 유전정보를 아미노산의 연결체인 단백질로 바꾸는 과정.

• **전사(Transcription)**　　DNA의 한 가닥이 주형이 되어 DNA의 염기순서 RNA의 염기 순서로 복사하여 상보적인 RNA를 만드는 과정.

• **운반 RNA(Transfer RNA=tRNA)**　　운반 RNA는 유전자의 단백질 합성정보가 들어 있는 전령 RNA(mRNA)의 정보를 해독한 뒤 그에 해당하는 아미노산을 단백질 합성기관인 리보솜까지 운반해주는 RNA이다. tRNA는 직접 아미노산과 결합해 이를 리보솜까지 날라준다.

• **우라실(Uracil)**　　RNA를 구성하는 피리미딘 염기 중의 하나로 아데닌과 염기쌍을 이룬다. DNA에는 우라실이 없다.

• **벡터(Vector=cloning vector)**　　바이러스나 플라스미드, 또는 고등생물의 세포를 이용해 만든 일종의 DNA 분자로서 자체 복제능력을 유지하면서 적당한 크기의 외부 DNA 조각이 안에 삽입되어 있다. 벡터는 외부 유전자(DNA)를 어떤 세포의 유전자에 삽입해 대량생산하고자 할 때 재조합 DNA를 세포 내로 운반하는 운반체로 사용된다. 플라스미드와 박테리오파지 등이 주로 벡터로 이용된다.

• **바이러스(Virus)**　　살아 있는 숙주세포(Host cell) 안에서만 생존, 번식할 수 있는 비세포성 생물체. 생존에 필요한 소량의 핵산

(DNA 또는 RNA)이 단백질에 둘러싸여 있는 간단한 구조로 되어 있으며 무생물 물질처럼 결정체로 만들 수도 있어 생물, 무생물 논란의 대상이 되기도 하지만 생물만 가지고 있는 증식과 유전이라는 특성을 가지고 있어 생물로 보는 시각이 많다. 크기는 세균보다 매우 작기 때문에 세균여과기도 그대로 통과할 수 있어 때때로 위생상 문제가 되기도 한다.

- **X염색체(X chromosome)**　　성염색체의 하나. 모양이 영어 알파벳 X와 흡사해 붙여진 이름이다. 23번 염색체가 X염색체 쌍으로 이뤄져 있으면 여성이 된다.

- **Y염색체(Y chromosome)**　　성염색체의 하나. 모양이 영어 알파벳 Y자를 뒤집어놓은 것과 비슷해 붙여진 이름이다. 23번 염색체가 X염색체와 Y염색체 쌍으로 이루어지면 남성이다.

"목마른 사람이 우물 판다"고 했던가.

이 책을 쓰기 전까지 책은 일종의 경외의 대상 같은 것이었다. 1994년 연합뉴스 기자가 된 후 매일 원고지 수십 장 분량의 글을 써왔으면서도 불과 1년 전까지 책을 쓰는 것에 대해 구체적으로 생각해 본 적은 없었다. 언젠가는 책을 쓸 기회가 있을지 모른다는 생각에 자료를 모으고는 있었지만 책은 쓴다는 것은 감히 넘볼 수 없는 장벽 저편의 일처럼 느꼈었다.

그러나 국내 과학과 의학 분야를 취재하고 내근 부서인 국제뉴스국에 온 뒤에는 해외 과학과 의학 기사를 쓰면서 저술에 대한 생각이 바뀌게 되었다. 기사를 쓰면서 부족한 내 지식을 보충하기 위해 집어든 관련 서적에서 아쉬움을 많이 느꼈기 때문이다.

사실 다양한 바이오 분야를 취재할 때 접하는 전문용어들은 여간 골칫거리가 아니었지만 서점에서는 참고할 만한 책을 찾을 수가 없었다. 또 기존의 바이오 관련 책들은 수준이 너무 높거나 전문적이어서 일반인이 이해하기에는 너무 어려운 경우가 많았다.

그러던 중 2000년 6월과 2001년 2월, 인간게놈프로젝트(HGP)와 셀레라 제노믹스의 인간게놈지도 발표와 2001년 6월과 7월에 일본과 미국, 영국 등 선진국의 바이오 현황을 취재하면서 읽기 쉬운 바이오 책을 내 손으로 써야겠다는 욕심과 자신감이 생겼다.

그리고 무작정 컴퓨터 앞에 앉아 인터넷을 뒤지고 그 동안 모은 자료를 읽으면서 원고를 쓰기 시작한 지 10개월 만에 이 책을 내놓게 되었다. 책을 쓰기에는 내 지식이 너무 부족하다는 부담 때문에 몇 번이나 책 쓰기를 중단할까 고민도 했지만 독자들에게는 다양한 수준의 정보가 필요하다는 생각을 위안 삼아 집필작업을 마쳤다.

생명과학 정보의 수요자는 전문연구자로부터 초등학생에 이르기까지 다양하기 때문이 이들이 원하는 정보의 수준도 다양할 수밖에 없다. 대중 과학서가 전문연구자들에게 별 도움이 안 되는 것처럼 정확하고 신속한 [셀(Cell)]이나 [네이처(Nature)], [사이언스(Science)] 같은 저널도 일반인에게는 별 도움이 안 될 것이다. 그런 점에서 볼 때 이 책은 비전문가가 비전문가를 위해 쓴 책, 즉 정보의 수요자가 수요자 입장에서 쓴 바이오 서적이라고 할 수 있다.

사실 이 책을 쓰면서 그 동안 몰랐던 것을 더 많이 알게 되었고 잘못 알고 있던 것을 깨닫게 되었다는 점에서 이 책은 이미 나에게 큰 도움이 되었다. 다만 한 가지 바라는 것은 내가 쓰면서 얻은 것들을 이 책을 읽는 독자들도 똑같이 얻었으면 하는 것이다.

이 책의 과학적 내용들은 대부분 미국의 과학저널 [사이언스]와 영국의 과학저널 [네이처]에 발표된 논문과 분석기사, 대중 과학잡지인 영국의 [뉴사이언티스트]와 미국의 [사이언티픽 아메리카], 시사주간지 [타임] 등에 실린 기사를 토대로 작성되었다.

또 국내외 과학분야를 취재하면서 모은 자료와 기사, AP통신과 AFP통신 기사, 미국과 영국의 방송 · 신문 기사 자료들도 중요하게 사용되었으며 본문에 사용된 사진들은 저자가 소유하고 있거나 [연합뉴스] 사진자료실에서 구입한 것들이다.

그러나 저자가 경험이 부족해 출처를 꼼꼼히 정리하지 못했기 때문에 이를 일일이 밝히지 못한 점에 대해서는 인용된 매체는 물론 더 많은 정보를 원하는 독자들에게 이 자리를 빌어 머리 숙여 죄송하다는 말씀을 드린다.

2002년 6월

이주영

가림출판사 · 가림M&B · 가림Let's에서 나온 책들

문 학

바늘구멍
켄 폴리트 지음 · 홍영의 옮김

미국 추리작가 협회의 최우수 장편상을 받은 초유의 베스트 셀러로 전쟁을 통한 두뇌싸움을 치밀하고 밀도 있게 그려낸 추리소설.　신국판 / 342쪽 / 5,300원

레베카의 열쇠
켄 폴리트 지음 · 손연숙 옮김

최고의 모험, 폭력, 음모 그리고 미국적인 열정 속에 담긴 두 남녀의 사랑이야기를 독자들의 상상을 뒤엎는 확실한 긴장감으로 마지막까지 흥미진진한 켄 폴리트의 장편 추리소설.
신국판 / 492쪽 / 6,800원

암병선
니시무라 쥬코 지음 · 홍영의 옮김

금세기 최대의 난적인 암을 퇴치하기 위해 7대양을 누빌 암병선을 무대로 인간생명의 존엄성을 지키기 위해 불의와 맞서는 시라도리 선장의 꿋꿋한 의지와 애절한 암환자들의 심리가 생생하게 묘사된 근래 보기드문 걸작.　신국판 / 300쪽 / 4,800원

첫키스한 얘기 말해도 될까
김정미 외 7명 지음

이 시대의 젊은 작가 8명이 가슴속 깊이 간직했던 나만의 소중한 이야기를 살짝 털어놓은 상큼한 비밀 이야기.
신국판 / 228쪽 / 4,000원

사미인곡 上 · 中 · 下
김충호 지음

파란만장한 일생을 보낸 정철의 생애를 통해 난세를 살아가는 우리에게 삶의 지혜와 기쁨을 선사하는 대하 역사 소설.
신국판 / 각 권 5,000원

이내의 끝자리
박수완 스님 지음

앞만 보고 살아가는 우리에게 자신을 뒤돌아볼 수 있는 여유를 갖게 해주는 승려시인의 가슴을 울리는 주옥 같은 시집.
국판변형 / 132쪽 / 3,000원

너는 왜 나에게 다가서야 했는지
김충호 지음

세상에 대한 사랑의 아픔, 그리움, 영혼에 대한 고뇌를 달래야 했던 시인이 살아 있는 영혼을 지닌 이들에게 전하는 사랑의 메시지.　국판변형 / 124쪽 / 3,000원

세계의 명언
편집부 엮음

위인이나 유명인들의 글, 연설문 혹은 각 나라에서 전해져 오는 속담을 통하여 지난날을 되새겨보는 백과전서로서, 오늘을 반성하는 교과서로서, 그리고 미래를 설계하는 참고서로서 역할을 해줄 것이다.　신국판 / 322쪽 / 5,000원

여자가 알아야 할 101가지 지혜
제인 아서 엮음 · 지창국 옮김

남녀가 함께 살면서 경험으로 터득한 의미심장하면서도 재미있는 조언들을 발췌한 내용으로 독신의 삶을 청산하려는 이들이 알아야 할 유용하고 상상력 풍부한 힌트로 가득찬 감동의 메시지이다.　4 · 6판 / 132쪽 / 5,000원

현명한 사람이 읽는 지혜로운 이야기
이정민 엮음

현대를 살아가는 우리들에게 삶의 가치를 부여해주고 자기 성찰의 기회를 갖게 해준다.　신국판 / 236쪽 / 6,500원

성공적인 표정이 당신을 바꾼다
마츠오 도오루 지음 · 홍영의 옮김

고통스러울 때, 괴로울 때, '그럼에도 불구하고'의 스마일을 통해 자신뿐만 아니라 주위 사람들의 마이너스 사고를 플러스 사고로 바꾸어서 사람의 마음을 움직이며, 그리고 사람의 마음에 남는 최고의 웃는 얼굴을 만드는 비법 총망라!
신국판 / 240쪽 / 7,500원

태양의 법
오오카와 류우호오 지음 · 민병수 옮김

불법 진리 사상의 윤곽과 그 목적 · 사명을 명백히 함으로써 한 사람 한사람의 인간이 깨달음을 추구하고 영적으로 깨우치기 위한 명확한 방향을 제시하였다.　신국판 / 246쪽 / 8,500원

영원의 법
오오카와 류우호오 지음 · 민병수 옮김

일찍이 설해졌던 적도 없고 앞으로도 설해지지 않을 구원의 진리를 한 권의 책에 이론적 형태로 응축한 기본 삼법의 완결편.
신국판 / 240쪽 / 8,000원

옛 사람들의 재치와 웃음
강형중 · 김경익 편저

옛 사람들의 재치와 해학을 통해 한문의 묘미를 터득하고 한자를 재미있게 배우며 유머감각까지 높일 수 있는 일석삼조의 효과 만점.　신국판 / 316쪽 / 8,000원

지혜의 쉼터
쇼펜하우어 지음 · 김충호 엮음

쇼펜하우어의 철학체계를 통하여 풍요로운 삶의 지혜를 얻고 기쁨을 얻을 수 있도록 꾸며 놓은 철학이야기.
4 · 6판 양장본 / 160쪽 / 4,300원

헤세가 너에게
헤르만 헤세 지음 · 홍영의 엮음

순수한 애정과 자유를 갈구하는 헤세의 아름다운 세상을 통한 깨끗한 정신세계를 공유할 수 있는 기회를 제공.
4 · 6판 양장본 / 144쪽 / 4,500원

사랑보다 소중한 삶의 의미
크리슈나무르티 지음 · 최윤영 엮음

금세기 최고의 사상가이자 철학자인 크리슈나무르티가 인간의 정신적 사고의 구조와 본질을 규명하여 인간의 삶에 대한 가장 완벽한 해답을 제시. 신국판 / 180쪽 / 4,000원

장자-어찌하여 알 속에 털이 있다 하는가
홍영의 엮음

동양 사상의 저변에 흐르고 있는 자연에의 경외감을 유감없이 표현한 장자를 통하여 인간 본연의 자세로 돌아가 나를 돌아보는 계기를 만들어 주는 책. 4 · 6판 / 180쪽 / 4,000원

논어-배우고 때로 익히면 즐겁지 아니한가
신도희 엮음

인간에게 필요불가결한 윤리와 도덕생활의 교훈들을 평이한 문체로 광범위하게 집약한 논어의 모든 것!! 4 · 6판 / 180쪽 / 4,000원

맹자-가까이 있는데 어찌 먼 데서 구하려 하는가
홍영의 엮음

반성과 자책을 통해 잃어버린 양심을 수습하고 선으로 복귀할 것을 천명하는 맹자 사상의 집대성!! 4 · 6판 / 180쪽 / 4,000원

건 강

식초건강요법
건강식품연구회 엮음 · 신재용(해성한의원 원장) 감수

가장 쉽게 구할 수 있고 경제적인 식품이면서 상상할 수 없을 정도로 뛰어난 약효를 지닌 식초의 모든 것을 담은 건강지침서! 신국판 / 224쪽 / 6,000원

아름다운 피부미용법
이순희(한독피부미용학원 원장) 지음

피부조직에 대한 기초 이론과 우리 몸의 생리를 알려줌으로써 아름다운 피부, 젊은 피부를 오래 유지할 수 있는 비결 제시! 신국판 / 296쪽 / 6,000원

버섯건강요법
김병각 외 6명 지음

종양 억제율 100%에 가까운 96.7%를 나타내는 기적의 약용버섯 등 신비의 버섯을 통하여 암을 치료하고 비만, 당뇨, 고혈압, 동맥경화 등 각종 성인병 예방을 위한 생활 건강 지침서! 신국판 / 286쪽 / 8,000원

성인병과 암을 정복하는 유기게르마늄
이상현 편저 · 민형기 감수

최근 들어 각광을 받고 있는 새로운 치료제인 유기게르마늄을 통한 성인병, 각종 암의 치료에 대해 상세히 소개. 신국판 / 304쪽 / 7,000원

난치성 피부병
생약효소연구원 지음

현대의학으로도 치유불가능했던 난치성 피부병인 건선 · 아토피(태열)의 완치요법이 수록된 건강 지침서. 신국판 / 232쪽 / 7,500원

新 방약합편
정도명 편역

약물의 성질과 효능을 쉽게 꾸며 놓아 자신의 병을 알고 증세에 맞춰 스스로 처방을 할 수 있는 가정 한방 주치의 역할을 해 준다. 증상과 처방에 따라 가정에서 조제할 수 있는 보약 506가지 수록. 신국판 / 416쪽 / 15,000원

자연치료의학
오홍근(신경정신과 의학박사 · 자연의학박사) 지음

대한민국 최초의 자연의학박사가 밝힌 신비의 자연치료의학으로 자연산물을 이용하여 부작용 없이 치료하는 건강 생활 비법 공개!! 신국판 / 472쪽 / 15,000원

약초의 활용과 가정한방
이인성 지음

현대과학이 밝혀낸 약초의 신비와 활용방법을 수록하여 가정에서도 주변의 흔한 식물과 약초를 활용하여 각종 질병을 간편하게 예방 · 치료할 수 있는 비법제시. 신국판 / 384쪽 / 8,500원

역전의학
이시하라 유미 지음 · 유태종 감수

일반상식으로 알고 있는 건강상식에 대해 전혀 새로운 관점에서 비판하고 아울러 새로운 방법들을 제시한 건강 혁명 서적!! 신국판 / 286쪽 / 8,500원

이순희식 순수피부미용법
이순희(한독피부미용학원 원장) 지음

자신의 피부에 맞는 관리법으로 스스로 피부관리를 할 수 있는 방법을 제시하고 책 속 부록으로 천연팩 재료 사전과 피부 타입별 팩 고르기. 신국판 / 304쪽 / 7,000원

21세기 당뇨병 예방과 치료법
이현철(연세대 의대 내과 교수) 지음

세계 최초 유전자 치료법을 개발한 저자가 당뇨병과 대항하여 가장 확실하게 이길 수 있는 당뇨병에 대한 올바른 이론과 발병시 대처 방법을 알기 쉽게 상세히 수록! 신국판 / 360쪽 / 9,500원

신재용의 민의학 동의보감
신재용(해성한의원 원장) 지음

주변의 흔한 먹거리를 이용하여 신비의 명약이나 보약으로 활용할 수 있는 건강 지침서로서 저자가 TV나 라디오에서 다 밝히지 못한 한방 및 민간요법까지 상세히 수록!! 신국판 / 476쪽 / 10,000원

치매 알면 치매 이긴다
배오성(백상한방병원 원장) 지음

자연의 생기를 빨아들이면서 마음을 다스리는 B.O.S.요법으로 뇌세포의 기능을 활성화시키고 엔돌핀의 분비효과를 극대화시켜 증상에 맞는 한약 처방을 병행하여 치매를 치유하는 획기적인 치유법 제시. 신국판 / 312쪽 / 10,000원

21세기 건강혁명 밥상 위의 보약 생식
최경순 지음

항암식품으로, 아름다운 몸매를 유지하면서 할 수 있는 다이어트식으로, 젊고 탄력적인 피부를 유지할 수 있게 해주는 자연식으로의 생식을 소개하여 현대인들의 건강 길라잡이가 되도록 하였다. 신국판 / 348쪽 / 9,800원

기치유와 기공수련
윤한홍(기치유 연구회 회장) 지음

기 수련을 통해 길러지는 기치유는 누구나 노력만 하면 개발할
수 있고 활용할 수 있는 능력임을 강조하는 저자가 기 수련 방
법과 기치유 개발 방법을 자세하게 소개하고 있다.
신국판 / 340쪽 / 12,000원

만병의 근원 스트레스 원인과 퇴치
김지혁(김지혁한의원 원장) 지음

현대를 살아가는 사람들에게 스트레스는 피할 수 없는 존재.
만병의 근원인 스트레스를 속속들이 파헤치고 예방법까지 속
시원하게 제시!! 신국판 / 324쪽 / 9,500원

김종성 박사의 뇌졸중 119
김종성 지음

우리나라 사망원인 1위. 뇌졸중 분야의 최고 권위자인 저자가
일상생활에서의 건강관리부터 환자간호에 이르기까지 뇌졸중
의 예방, 치료법 등 모든 것 수록. 신국판 / 356쪽 / 12,000원

탈모 예방과 모발 클리닉
장정훈 · 전재홍 지음

미용적인 측면과 우리가 일상적으로 고민하고 궁금해 하는 털
에 관한 내용들을 피부과 전문의인 저자들의 치료 경험을 토대
로 다양하고 재미있게 예를 들어가면서 흥미롭게 구성. 저자
들의 글을 풀어가는 입담을 느낄 수 있는 편집도 이 책의 또다
른 특징. 신국판 / 290쪽 / 8,000원

구태규의 100% 성공 다이어트
구태규 지음

하이틴 영화배우의 다이어트 체험서.
저자만의 다이어트법을 제시하면서 바람직한 다이어트에 대해
서도 알려준다. 건강하게 날씬해지고 싶은 사람들을 위한 필독
서! 4 · 6배판 변형 / 240쪽 / 9,900원

암 예방과 치료법
이춘기 지음

현재 미국 암센터에서 활동하고 있는 저자가 암환자와 가족들
을 위해서 암의 치료방법에서부터 합병증의 예방 및 암이 생기
기 전에 알 수 있는 방법에 이르기까지 상세하게 해설해 놓은
책. 신국판 / 296쪽 / 11,000원

알기 쉬운 위장병 예방과 치료법
민영일 지음

소화기관인 위와 관련 기관들의 여러 질환을 발병 원인, 증상,
치료법을 중심으로 알기 쉽게 해설해 놓은 건강서.
속이 쓰리거나 음식을 삼킬 때 가슴이 막히는 증상 때문에 걱
정이 되는 독자들은 이 책으로 근심을 한 방에 날려버릴 수 있
다. 신국판 / 328쪽 / 9,900원

이온 체내혁명
노보루 야마노이 지음 · 김병관 옮김

음이온의 생성, 음이온이 많은 환경, 음이온이 건강에 미치는
영향 등을 구체적인 실험사례를 들어가면서 설명한 신개념의
건강서. 새로운 건강관리 이론으로 주목을 받고 있는 음이온을
통해 건강을 돌볼 수 있는 방법 제시. 신국판 / 272쪽 / 9,500원

어혈과 사혈요법
정지천 지음

침과 부항요법 등을 사용하여 피를 맑게 함으로써 모든 질병을
다스릴 수 방법을 알려 준다. 특히 우리 주변에서 흔하게 접할
수 있는 각 질병의 상황별 처치를 혈자리 그림과 함께 상세하
고 쉽게 해설. 신국판 / 308쪽 / 12,000원

성장클리닉 (배오성)   홍채학 (김성훈)
항암식품 (신재용)   발건강학 (최미희)
카이로프랙틱 (이승원)   간클리닉 (전재웅)
녹차와 건강 (석자연스님)   자연피부미용 (이순희)
생활인의 선체조 (혜원스님)   고혈압 (이정균)
심장병 (박승정)   여성질환(차선희)

우리 교육의 창조적 백색혁명
원상기 지음

자라나는 새싹들이 기본적인 지식과 사고를 종합적 · 창조적으
로 발전시켜 창조적인 사고능력을 배양할 수 있도록 한 교육지
침서. 신국판 / 206쪽 / 6,000원

육아아이디어 263
생활컨설턴트그룹 엮음 · 한양심 옮김

세상에서 가장 예쁘고 소중한 우리 아기에게 언제나 여유로우
면서도 무슨 일이든 척척 처리하는 현명한 신세대 엄마가 되기
위한 최신 육아 정보 수록! 신국판 / 318쪽 / 6,000원

현대생활과 체육
조창남 외 5명 공저

현 체육대학 체육과 교수들이 저술한 생활체육의 모든 것으로
건강의 개념 및 체력의 개요를 비롯한 각종 현대병의 원인과
예방 및 운동요법에 대한 이론과 요즘 각광받는 골프 · 스키 ·
볼링 등의 레저스포츠 분야로 나눠 체육학을 전공하는 학생들
및 일반인들이 관심 있는 부분까지 총망라!!
신국판 / 340쪽 / 10,000원

퍼펙트 MBA
IAE유학네트 지음

기존의 관련 도서들과는 달리 Top MBA로 가는 길을 상세하고
완벽하게 수록하였으며, 또 톱 비즈니스 스쿨 지원자들에게 있
어 가장 큰 애로사항 가운데 하나인 에세이를 쉽게 작성할 수
있는 작성법과, 톱 비즈니스 스쿨에 합격한 학생들의 원문도
수록하여 톱 MBA를 꿈꾸는 지원자들에게 가장 완벽하고 충실
한 최신의 정보를 제공해 줄 것이다. 신국판 / 400쪽 / 12,000원

유학길라잡이 I -미국편
IAE유학네트 지음

미국으로의 유학 · 연수준비생을 위한 알짜배기 최신정보서!!
미국의 교육제도 및 유학을 가기 위해서 준비해야 할 절차, 미
국 현지 생활 정보, 최신 비자정보 등을 한눈에 볼 수 있는 유
학길잡이. 4 · 6배판 / 372쪽 / 13,900원

유학길라잡이 II - 4개국편
IAE유학네트 지음

영어권 국가로의 유학 · 연수준비생을 위한 알짜배기 최신정보
수록!! 영국 · 캐나다 · 호주 · 뉴질랜드의 현지 정보 · 교육제도
및 각 국가별 학교의 특화된 교육내용 완전 수록!!
4 · 6배판 / 348쪽 / 13,900원

조기유학길라잡이.com

IAE유학네트 지음

영어권으로 나이 어린 자녀를 유학보내기 위해 준비중인 학부모 및 준비생들이 반드시 읽어야 할 필독서!!
영어권 나라의 교육제도 및 학교별 데이터를 완벽하게 수록하여 유학정보서의 질을 한 단계 상승시킨 결정판!!
4 · 6배판 / 428쪽 / 15,000원

현대인의 건강생활

박상호 외 5명 공저

현대인들의 건강한 삶을 위한 사회체육의 중요성을 강조. 건강과 체력 증진을 위한 기본상식, 노인과 건강 등 이론과 스쿼시 · 스키 · 윈드 서핑 등 레저스포츠 등의 실기편으로 이루어진 알찬 내용 수록. 4 · 6배판 / 268쪽 / 15,000원

천재아이로 키우는 두뇌훈련

나카마츠 요시로 지음 · 민병수 옮김

화이트 브레인을 발달시켜야 머리가 좋은 아이가 된다. 머리가 좋은 아이로 키우기 위한 환경 만들기, 식사, 운동 등 연령별 두뇌 훈련법 소개. 국판 / 288쪽 / 9,500원

취미 · 실용

김진국과 같이 배우는 와인의 세계

김진국 지음

포도주 역사에서 분류, 원료 포도의 종류와 재배, 양조 · 숙성 · 저장, 시음법, 어울리는 요리에 이르기까지 일반인의 관심사와 함께 와인의 유통과 소비, 와인 시장의 현황과 전망 등 산업적 부분까지 다루었다.
특히 와인소매점과 레스토랑 종사자들을 겨냥, 와인 판매 요령, 와인의 보관과 재고의 회전뿐만 아니라 고객에게 와인을 권하고 추천할 수 있는 능력, '와인 양조 비밀의 모든 것'을 동영상으로 제작한 CD까지, 와인의 모든 것이 담긴 종합학습서.
국배판 변형양장본(올 컬러판) / 208쪽 / 30,000원

경제 · 경영

CEO가 될 수 있는 성공법칙 101가지

김승룡 편역

21세기를 맞이하면서 새롭게 떠오르는 분야가 바로 'CEO'의 탄생이다. 냉혹한 기업 세계의 현실에서 높은 성장과 수익을 달성하기 위해서는 최고 경영자로서의 자질을 갖춰야 한다.
이 책은 미래의 CEO를 위한 획기적인 경영실용서로서 또 한번의 경제위기를 겪고 있는 우리의 현실을 극복하고 일어설 수 있는 리더로서의 역할과 책임에 대한 명확한 해답을 제시해줄 것이다. 신국판 / 320쪽 / 9,500원

정보소프트

김승룡 지음

홍수처럼 쏟아지는 정보를 수집 · 분석하여 효과적으로 활용하는 방법을 총망라한 정보 전략 완벽 가이드!!
신국판 / 324쪽 / 6,000원

기획대사전

다카하시 겐코 지음 · 홍영의 옮김

무한경쟁시대 창업 전문가의 시대에서 성공할 수 있는 것은 완벽한 기획에서만 가능하다. 저자가 신사업 기획안과 지역 활성화의 프로젝트맨으로 수십 년간 활약하면서 얻은 경험과 체험을 토대로 엮은 완전 실용판 기획지침서로서 히트상품의 개발, 창업의 성공, 업무의 효율화, 성공적인 마케팅전략, 인재조직의 활용, 비용절감 등 기획에 관련된 모든 사항을 실례와 도표를 통하여 초보자에서 프로기획맨에 이르기까지 효율적으로 활용할 수 있도록 체계적으로 총망라하였다.
신국판 / 552쪽 / 19,500원

맨손창업 · 맞춤창업 BEST 74

양혜숙 지음

창업대행 현장 전문가가 추천하는 유망업종을 7가지 주제별로 나누어 수록한 맞춤창업서로 창업예비자들에게 창업의 길을 밝혀줄 발로 뛰면서 만든 실무 지침서!!
신국판 / 416쪽 / 12,000원

무자본, 무점포 창업! FAX 한 대면 성공한다

다카시로 고시 지음 · 홍영의 옮김

완벽한 FAX 활용법을 제시하여 가장 적은 자본으로 창업하려는 예비자들에게 큰 투자를 필요로 하지 않으면서 성공을 이끌어주는 길라잡이가 되는 실무 지침서. 신국판 / 226쪽 / 7,500원

성공하는 기업의 인간경영

중소기업 노무 연구회 편저 · 홍영의 옮김

무한경쟁시대에서 각 기업들의 다양한 경영 실태 속에서 인사 · 노무 관리 개선에 있어서 기업의 효율을 높이고 발전을 이룰 수 있는 원칙을 제시하고 있다.
아울러 인간경영에 관한 이론적 바탕과 실천적 내용이 잘 조화를 이루어 급변하는 21세기에 살아남을 수 있는 획기적인 이정표를 제시해줄 것이다. 신국판 / 368쪽 / 11,000원

21세기 IT가 세계를 지배한다

김광희 지음

21세기 화두로 떠오른 IT혁명의 경쟁력에 대해서 일반인들도 쉽게 이해할 수 있도록 전문가의 논리적이고 철저한 해설과 더불어 매장 끝까지 실제 사례를 곁들여 이 책을 통해 21세기 최정상에 오르는 방편을 터득하게 해줄 것이다.
신국판 / 380쪽 / 12,000원

경제기사로 부자아빠 만들기

김기태 · 신현태 · 박근수 공저

날마다 배달되는 경제기사를 꼼꼼히 챙겨보는 사람만이 현대생활에서 부자가 될 수 있다. 언론인의 현장감각과 학자의 전문성을 접목시킨 것이 이 책의 특성! 누구나 이 책을 읽고 경제원리를 체득, 경제예측을 할 수 있게 준비된 생활경제서적.
신국판 / 388쪽 / 12,000원

포스트 PC의 주역 정보가전과 무선인터넷

김광희 지음

이제 포스트 PC시대를 준비하자.
이 책은 포스트 PC의 주역으로 급부상하고 있는 정보가전과 무선인터넷 그리고 이를 구현하기 위한 관련 테크놀러지를 체계

적으로 소개한 21세기의 현자(賢者)가 되기 위한 지침서이다.
신국판 / 356쪽 / 12,000원

성공하는 사람들의 **마케팅 바이블**
채수명 지음

마케팅의 A에서 Z까지 마케팅 박사가 최근의 이론을 보완하여
내놓은 마케팅 관련 실무서. 마케팅의 정보전략, 핵심요소, 컨
설팅실무까지 저자의 노하우와 창의적인 이론이 결합된 마케
팅서.　신국판 / 328쪽 / 12,000원

느린 비즈니스로 돌아가라
사카모토 게이이치 지음 · 정성호 옮김

미국식 스피드 경영에 익숙해져 현실의 오류를 간과하고 있는
대기업, 중소기업, 조그맣게 자기 가게를 하고 있는 사람들을
위한 어떻게 팔 것인가보다 무엇을 팔 것인가를 차분히 설명하
는 마케팅 컨설턴트의 대안 제시서!　신국판 / 276쪽 / 9,000원

적은 돈으로 큰돈 벌 수 있는 **부동산 재테크**
이원재 지음

700만 원으로 부동산 재테크에 뛰어들어 100배 불린 저자가 부
동산 재테크를 계획하고 있는 사람들이 반드시 알아두어야 할
내용을 경험담을 담아 해설해 놓은 경제서.
신국판 / 340쪽 / 12,000원

바이오혁명
이주영 지음

21세기 국가간 경쟁부문으로 새로이 떠오르고 있는 바이오혁
명에 관한 기초지식을 언론사에 몸담고 있는 현직 기자가 아주
쉽게 해설해 놓은 바이오 가이드서. 바이오에 관심은 있지만
쉽게 접근하기 어려워하던 독자들이 바이오에 금방 친숙해질
수 있고, 관련 용어 해설을 수록해 놓았다는 것이 이 책의 최대
장점!!　신국판 / 328쪽 / 12,000원

재테크 경제학 (박근수)　　　　창업(김종결)

부자 만들기 주식성공클리닉
이창희 지음

주식투자에 성공하기 위해서는 자신만의 투자철학을 가지고
적기투자를 해야만 한다. 저자의 경험담을 섞어서 주식이란 무
엇인가를 풀어서 써놓은 주식입문서. 초보자와 자신을 성찰해
볼 기회를 가지려는 기존의 투자자를 위해 태어났다.
신국판 / 372쪽 / 11,500원

선물 · 옵션 이론과 실전매매
이창희 지음

철저한 정글의 법칙이 적용되는 선물과 옵션시장에서 일반인
들이 실패하는 원인을 분석하고, 반드시 지켜야 할 투자원칙
에 따라 유형별로 실전 매매 테크닉을 터득함으로써 투자를 성
공적으로 할 수 있게 한 지침서!!
실패를 딛고 일어선 저자의 생생한 실전 노하우를 수록.
신국판 / 372쪽 / 12,000원

주가차트 (홍성무)

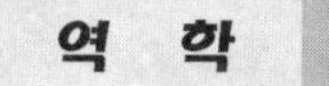

역리종합 **만세력**
정도명 편저

피흉취길해 나갈 수 있는 생활의 지침서!!
현존하는 만세력 중 최장 기간을 수록하였으며 누구나 이 책을
보고 자신의 사주를 쉽게 찾아보고 맞춰 볼 수 있게 하였다.
신국판 / 532쪽 / 10,500원

작명대전
정보국 지음

좋은 이름 짓는 원리를 체계적으로 공식화한 "쉽게 짓는 작명법"
으로 독자들 스스로 작명할 수 있도록 한글 소리 발음에 입각한 작
명의 원리를 밝힌 길라잡이이다.　신국판 / 460쪽 / 12,000원

하락이수 해설
이천교 편저

점서학인 하락이수를 직역으로 풀어 놓아 원작자의 깊은 뜻을
원형 그대로 전달하고 원문을 공부하려는 사람들에게 도움이
되는 해설서이다.　신국판 / 620쪽 / 27,000원

현대인의 창조적 **관상과 수상**
백운산 지음

관상에는 그 사람의 평생 운명이 담겨져 있다. 관상을 보면 그
사람의 성격 및 운세, 미래의 성공 여부도 예측할 수 있다.
관상학을 터득하여 적절히 운명에 대처해 나감으로써 어느 분
야에서든지 성공적인 삶을 누릴 수 있는 비법을 전해줄 것이
다.　신국판 / 344쪽 / 9,000원

대운용신영부적
정재원 지음

운명을 새롭게 변화시켜주는 신비의 영부적!!
수많은 역사와 신비로운 경험을 지닌 1,000여 종의 부적과 저
자가 수십 년간 연구 · 개발한 200여 종의 부적들을 집대성한
국내 최대의 영부적이다.　신국판 양장본 / 750쪽 / 39,000원

주　식

개미군단 대박맞이 주식투자
홍성걸(한양증권 투자분석팀 팀장) 지음

초보에서 인터넷을 활용한 주식투자까지 필자의 현장에서의
경험을 바탕으로 한 주식 성공전략의 모든 정보 수록.
신국판 / 310쪽 / 9,500원

알고 하자! 돈되는 주식투자
이길영 외 2명 공저

일본과 미국의 주식시장을 철저한 분석과 데이터화를 통해 한
국 주식시장의 투자의 흐름을 파악함으로써 한국 주식시장에
서의 확실한 성공전략 제시!!　신국판 / 384쪽 / 12,500원

항상 당하기만 하는 개미들의 매도 · 매수타이밍 999% 적중 노하우
강경무 지음

승부사를 꿈꾸며 와신상담하는 모든 이들에게 희망의 등불이
될 것을 확신하는 Jusicman이 주식시장에서 돈벌고 성공할 수
있는 비결 전격공개!!　신국판 / 336쪽 / 12,000원

사주비결활용법
이세진 지음

컴퓨터와 역학의 만남!! 왕초보자도 한글만 알면 신녹현사주 방정식을 실전에 응용할 수 있다. 운명의 숨겨진 비밀을 꿰뚫어 보는 신녹현사주 방정식의 모든 것을 수록하였다.
신국판 / 392쪽 / 12,000원

컴퓨터세대를 위한 新 성명학대전
박용찬 지음

이름 속에 운명을 바꾸는 비결이 있다. 태어난 아기 이름은 물론 개명·상호·아호 짓는 법까지 사람이 살아가면서 필요한 모든 이름 짓기가 총망라되어 각자의 개성과 사주에 맞게 이름을 지음으로써 본인의 삶에 이름값을 할 수 있도록 누구나 쉽게 짓는 작명비법을 수록하였다.　신국판 / 388쪽 / 11,000원

길흉화복 꿈풀이 비법
백운산 지음

김일성 사망과 올림픽 유치, 월드컵 공동 개최를 예언하는 등 국내의 큰 예언을 꿈풀이를 통해서 정확히 맞춰온, 30년이 넘는 세월을 역학에 몸담으면서 터득한 꿈과 관련된 해몽들이 상세하게 수록되어 있고 길몽과 흉몽을 구분하여 그림과 함께 보기 쉽게 엮었으며, 특히 요즘 신세대 엄마들에게 관심이 많은 태몽이 여러 가지로 자세하게 풀이되어 있다.
신국판 / 410쪽 / 12,000원

새천년 작명컨설팅
정재원 지음

오랜 세월 철학원을 운영한 저자의 경험을 바탕으로 일반인들도 '참 쉽다'라는 표현이 저절로 나올 수 있도록 쓰여졌다. 독학으로 풍수지리학, 사주추명학 및 성명학을 섭렵한 저자의 경험을 되살려, 혼자 배워야 하는 독자들도 정말 이해하기 쉽도록 구성된 신세대 부모를 위한 쉽고 좋은 아기 이름만들기의 결정판이다. 더불어 개명·상호명·회사명·상품명까지 체계적으로 원리화하여 손쉽게 지을 수 있는 작명비법을 제시한다.
신국판 / 470쪽 / 13,000원

백운산의 신세대 궁합
백운산 지음

인간의 운명을 예언하는 역리학의 대가이며, 매스컴을 통하여 잘 알려진 백운산 선생이 남녀궁합 보는 법뿐만 아니라 인간관계, 출세, 재물, 자손문제, 건강문제, 성격, 길흉관계 등을 미리 규명할 수 있도록 쉽게 풀어놓았다.　신국판 / 304쪽 / 9,500원

동자삼 작명학
남시모 지음

한글 성명만으로 사람의 운세를 예측할 수 있다. 최초의 한글 성명학으로 한글의 독창성·우수성·과학성을 운명철학 차원에서 검증한, 한국사람에게 알맞은 건물명·상호·물건명 등의 이름을 자신에게 맞는 한글이름으로 지을 수 있는 작명비법을 제시한다.　신국판 / 496쪽 / 15,000원

구성학의 기초
문길여 지음

좋지 않은 운(運)을 길운(吉運)으로 바꾸어 운명을 새롭게 변화시키는 방위학의 모든 것을 통하여 개인의 일생운·결혼운·사고운·가정운·부부운·자식운·출세운을 성공적으로 이끄는 비법 공개.　신국판 / 412쪽 / 12,000원

제조물책임배상
강동근(변호사)·윤종성(검사) 공저

2002년에 새로 제정되는 제조물책임배상법에 관한 모든 것 수록. 제품의 설계·제조·표시상의 결함 등으로 소비자가 생명, 신체, 재산상의 피해를 입었을 때 제조업자가 책임져야 할 법적 한계 등이 자세히 설명되어 있다.　신국판 / 304쪽 / 9,800원

여성을 위한 성범죄 법률상식
조명원(변호사) 지음

성희롱에서 성폭력범죄까지 여성이었기 때문에 특히 말 못하고 당해야만 했던 이 땅의 여성들을 위한 성범죄 법률상식서. 사례별 법적 대응방법 제시.　신국판 / 248쪽 / 8,000원

아파트 난방비 75% 절감방법
고영근 지음

예비역 공군소장이 잘못 부과된 아파트 난방비를 최고 75%까지 줄일 수 있는 방법을 구체적인 법적 근거를 토대로 작성한 아파트 난방비 절감방법 제시.　신국판 / 238쪽 / 8,000원

일반인이 꼭 알아야 할 절세전략 173선
최성호(공인회계사) 지음

세법을 제대로 알면 돈이 보인다.
현직 공인중계사가 알려주는 합법적으로 세금을 덜 내고 돈을 버는 절세전략의 모든 것!
신국판 / 392쪽 / 12,000원

변호사와 함께하는 부동산 경매 닷컴
최환주(변호사) 지음

경매재테크의 성공을 위한 입찰준비에서 낙찰까지의 경매 입찰 테크닉을 경매 전문 변호사가 명쾌하게 해설한 실전 경매 완벽 가이드서.　신국판 / 364쪽 / 11,000원

혼자서 쉽고 빠르게 할 수 있는 소액재판
김재용·김종철 공저

소액재판·지급명령·민사조정제도는 변호사의 도움 없이도 나 혼자서 간단하고 빠르게 해결할 수 있는 법정분쟁해결방법이다. 나홀로 소액재판을 할 수 있도록 소장작성에서 판결까지의 실제 재판과정을 상세하게 수록하여 이 책 한 권이면 모든 것을 완벽하게 해결할 수 있다.　신국판 / 312쪽 / 9,500원

"술 한 잔 사겠다"는 말에서 찾아보는 채권·채무
변환철 지음

현대인들의 삶은 채권·채무라는 법률영역으로부터 벗어나서 살 수 없기 때문에 채권·채무 관련 분쟁이 끊임없이 발생하고 있다. 이러한 사실에 착안하여 전문 변호사가 속시원하게 구수한 문장력으로 해설해주는 일반인들이 꼭 알아야 할 채권·채무에 관한 법률 사항을 빠짐없이 수록했다.
신국판 / 408쪽 / 13,000원

알기쉬운 부동산 세무 길라잡이
이건우 지음

부동산을 사거나 팔 경우, 상속을 받을 경우, 또는 부동산을 소유하고 있을 경우에 세금을 내야 한다는 사실을 모르는 사람은 없을 것이다. 이 책에서는 부동산에 관련된 모든 세금을 알기

쉽게 단계별로 해설하고 있다. 합리적이고 탈세가 아닌 적법한 절세법 제시. 신국판 / 400쪽 / 13,000원

알기쉬운 어음, 수표 길라잡이
변환철(변호사) 지음

어음, 수표의 발행에서부터 추심과 지급, 사고 어음, 수표의 처리방법, 도난 또는 분실한 경우의 공시최고와 제권판결에 이르기까지 어음, 수표 관련 법률사항을 쉽고도 상세하게 설명, 한 권으로 압축해 놓은 생활법률서.
신국판 / 328쪽 / 11,000원

제조물책임법
강동근 · 윤종성 공저

제품의 설계, 제조, 표시상의 결함으로 소비자가 피해를 입었을 때 제조업자가 배상책임을 져야 하는 제조물책임 시대를 맞아 제조업자가 갖추어야 할 법률적 지식을 조목조목 설명해 놓은 법률서. 신국판 / 368쪽 / 13,000원

생활법률

부동산 생활법률의 기본지식
대한법률연구회 지음 · 김원중 감수

부동산관련 기초지식과 분쟁해결을 위한 노하우, 테크닉을 제시하고 권두 특집으로 주택건설종합계획과 부동산 관련 정부 주요 시책을 소개하였다. 신국판 / 480쪽 / 12,000원

고소장 · 내용증명 생활법률의 기본지식
하태웅 지음

독자들이 고소 · 고발의 법적 의미를 정확히 이해하고 스스로 고소 · 고발장을 작성할 수 있도록 예문과 서식을 함께 소개하여 문제 해결에 대응할 수 있도록 하였다. 또 민사소송에 대해서도 자세하게 설명하였으며 부록에는 형법과 형사소송법의 원문을 게재하여 법전 역할까지 할 수 있도록 하였다.
신국판 / 440쪽 / 12,000원

노동 관련 생활법률의 기본지식
남동희 지음

인터넷 노무 상담실을 운영하며 4만 여 건 이상의 무료 상담을 계속하고 있는 저자의 상담 사례를 통해 문답식으로 속시원하게 풀어나가는 노동 관련 생활법률 해설의 최신 결정판이다. 아울러 취업규칙 · 단체협약 · 고용보험 관련 여러 가지 서류 및 직장 내 성희롱 예방 지도 지침 등과 같은 노동 관련 양식도 곁들였다. 신국판 / 528쪽 / 14,000원

외국인 근로자 생활법률의 기본지식
남동희 지음

외국인 연수협력단의 자문위원으로 오랜 시간 실무를 접했던 저자의 경험을 바탕으로 외국인 근로자의 체류자격 및 취업자격 등 법적 문제와 법률적 지위를 상세하게 다루었다.
신국판 / 400쪽 / 12,000원

계약작성 생활법률의 기본지식
이상도 지음

법을 전공하지 않은 사람이라도 국민생활과 직결된 계약법의

기초를 이루는 핵심 기본지식을 체계적으로 쉽게 이해할 수 있도록 했으며, 간단명료한 해설과 더불어 이와 관련된 계약서 작성 예문을 상세하게 예시함으로써 실제 상황에 활용가능하게 하였다. 신국판 / 560쪽 / 14,500원

지적재산 생활법률의 기본지식
이상도 · 조의제 공저

현대 산업사회에서 중요시되고 있는 특허, 실용신안, 의장, 상표, 저작권, 컴퓨터프로그램저작권 등 지적재산의 모든 것을 체계화하여 한 권으로 요약하였다. 아울러 지적재산 전체를 통틀어 다루되 상호 연관적으로 해설하여 실무에 직접 활용할 수 있도록 하였다. 신국판 / 496쪽 / 14,000원

부당노동행위와 부당해고 생활법률의 기본지식
박영수 지음

노사관계 이슈 중에서 주요 핵심사항인 부당노동행위와 정리해고 · 징계해고를 중심으로 간단 명료한 해설과 더불어 대법원 판례, 노동위원회에 의한 구제절차, 소송절차 및 노동부 업무처리지침을 소개하여 실질적인 도움이 되도록 하였다.
신국판 / 432쪽 / 14,000원

주택 · 상가임대차 생활법률의 기본지식
김운용 지음

전세업자들이 보증금 반환소송이나 민사소송, 경매절차까지의 모든 기본적인 흐름을 알 수 있도록 인터넷을 통한 실제 법률상담을 전격 수록하였다. 이 책을 통하여 사전 분쟁을 막고 많은 시간과 비용 및 정신적 고통까지 당하는 소송이나 강제집행의 단계에 이르지 않고 문제 해결을 할 수 있도록 하였다.
신국판 / 480쪽 / 14,000원

하도급거래 생활법률의 기본지식
김진홍 지음

경제적 약자인 하도급업자를 위하여 하도급거래 관련 필수적인 법률사안들을 쉽게 해설함과 동시에 실무에 필요한 12가지 하도급표준계약서를 소개하여 공정한 하도급거래의 법률자문 역할을 할 수 있도록 하였다. 신국판 / 440쪽 / 14,000원

이혼소송과 재산분할 생활법률의 기본지식
박동섭 지음

이혼과 관련하여 해결해야 할 법률문제들을 저자의 실무경험을 바탕으로 명쾌하게 해설하였다. 아울러 약혼이나 사실혼과 기로 인한 위자료문제도 함께 다루어 가정문제로 고민하는 사람들에게 길잡이가 되도록 하였다. 신국판 / 460쪽 / 14,000원

부동산등기 생활법률의 기본지식
정상태 지음

등기를 하지 않으면 어떤 위험이 따르고, 등기를 하면 어떤 효력이 생기는가! 등기신청은 어떻게 하며, 필요한 서류는 무엇이고, 등기종류에는 어떤 것들이 있는가 등 부동산등기 전반에 걸쳐 일반인이 꼭 알아야 할 법률상식을 간추려 간단, 명료하게 해설하였다. 신국판 / 456쪽 / 14,000원

기업경영 생활법률의 기본지식
안동섭 지음

사업을 구상하고 있는 사람이나 현재 경영하고 있는 사람 및 관리실무자에게 필요한 법률을 체계적으로 알려줌으로써 성공적인 기업 경영자의 비전을 제시해준다. 또한 관련 법률서식과 서식작성 예문도 함께 소개하였다. 신국판 / 466쪽 / 14,000원

교통사고 생활법률의 기본지식
박정무 · 전병찬 공저

교통사고 관련 법률문제를 몰라 당황한 나머지 억울하게 피해를 보는 사람들이 많은 점을 고려하여 사고당사자가 쉽게 응용할 수 있도록 단계별 해결책을 제시함과 동시에 사고유형별 Q&A를 통하여 상세한 법률자문 역할을 하였다.
신국판 / 480쪽 / 14,000원

소송서식 생활법률의 기본지식
김대환 지음

일상생활과 밀접한 소송서식을 중심으로 소장작성부터 판결을 받을 때까지 그 절차마다 법원에 제출하는 순위에 따라 그 서식작성요령을 서식마다 항목별로 자세하게 설명하였다. 실제 "소장 작성례"를 예시하고 주요 항목마다 번호를 붙여 그에 따른 작성요령을 소장말미에 기재함으로써 독자 스스로 소송을 하는 데 실질적인 도움이 되도록 하였다.
신국판 / 480쪽 / 14,000원

호적 · 가사소송 생활법률의 기본지식
정주수 지음

모든 국민은 호적신고에 따라 그 신분관계의 발생 · 변경 · 소멸의 효력이 발생한다. 이 책은 개명, 성 · 본 창설, 취적절차 및 법원의 허가 및 판결에 의한 호적정정절차, 친권 · 후견절차, 실종선고 · 부재선고절차에 이르기까지 상세한 해설과 함께 신고서식 작성요령과 구비할 서류 및 재판절차에 대하여 자세히 설명하였다.   신국판 / 516쪽 / 14,000원

상속과 세금 생활법률의 기본지식
박동섭 지음

지금 우리 주위에 상속을 둘러싸고 형제간, 부모자식간에 다툼이 갈등이 있는 경우를 심심치 않게 본다. 이럴 때 상속재산분할, 상속회복청구, 유류분반환청구, 상속세부과처분취소 등 상속관련 사건들을 해결하는 데 도움이 되도록 상속법과 상속세법을 상세하게 함께 수록.   신국판 / 480쪽 / 14,000원

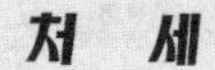

성공적인 삶을 추구하는 여성들에게 우먼파워
조안 커너 · 모이라 레이너 공저, 지창영 옮김

사회의 여성을 향한 냉대와 편견의 벽을 깨뜨리고 성공적인 삶을 이루려는 여성들이 갖추어야 할 자세 및 삶의 이정표 제시!!
신국판 / 352쪽 / 8,800원

聽 이익이 되는 말 話 손해가 되는 말
우메시마 미요 지음 · 정성호 옮김

상호 교류감이 있는 대화가 인생과 비즈니스를 성공으로 이끈다. 직장이나 집안에서 언제나 주고받는 일상의 화제를 모아 실음으로써 대화의 참의미를 깨닫고 비즈니스를 성공적으로 이끌기 위한 대화술을 키우는 방법 제시!!
신국판 / 304쪽 / 9,000원

성공하는 사람들의 화술테크닉
민영욱 지음

개인간의 사적인 대화에서부터 대중을 위한 공적인 강연에 이르기까지 어떻게 말하고 어떻게 스피치를 할 것인가에 관한 지침서. 자신의 경험을 바탕으로 한 이론을 통해 화술이 부족해서 사회에 적응하지 못하는 사람들에게 길라잡이가 된다.
신국판 / 320쪽 / 9,500원

부자들의 생활습관 가난한 사람들의 생활습관
다케우치 야스오 지음 · 홍영의 옮김

경제학의 발상을 기본으로 하여 사람들이 살아가면서 생활에서 생각해 볼 수 있는 이익을 보는 생활습관과 손해를 보는 생활습관을 수록, 독자 자신에게 맞는 생활습관의 기본 전략을 설계할 수 있도록 제시.   신국판 / 320쪽 / 9,800원

명상으로 얻는 깨달음
달라이 라마 지음 · 지창영 옮김

티베트의 정신적 지도자이자 실질적 지도자인 달라이 라마의 수많은 가르침 가운데 현대인에게 필요해지고 있는 인내에 대해 문답형으로 풀어놓았다. 달라이 라마와 함께 풀어보는 인내에 대한 이야기.   국판 / 320쪽 / 9,000원

2진법 영어
이상도 지음

영어학습의 대혁명!!
2진법 영어의 비결을 통해서 기존 영어학습 방법의 단점을 말끔히 해소시켜 주는 최초로 공개되는 고효율 영어학습 방법. 적은 시간을 투자하여 영어의 모든 것을 획기적으로 향상시킬 수 있는 비법을 제시한다.   4 · 6배판 변형 / 328쪽 / 13,000원

한 방으로 끝내는 영어
고제윤 지음

일상생활에서의 이야기를 바탕으로 하는 영어강의로 영어문법은 재미없고 지루하다고 생각하는 이 땅의 모든 사람들의 상식을 깨면서 학습 효과를 높이기 위한 공부방법을 제시하는 새로운 영어학습서.
이 책으로 영어문법을 마스터하여 영어의 벽을 뛰어넘도록 하자.   신국판 / 316쪽 / 9,800원

한 방으로 끝내는 영단어
김승엽 지음 / 김수경 · 카렌다 감수

일상생활에서 우리가 무심코 던지는 영어 한마디가 당신의 영어수준을 드러낸다는 사실을 깨닫게 하는 영어 실용서. 풍부한 예문을 통해 참영어를 배우겠다는 사람, 무역업이나 관광 안내업에 종사하는 사람, 영어권 나라로 이민을 가려는 사람들에게 많은 도움을 줄 것이다.   4 · 6배판 변형 / 236쪽 / 9,800원

테마별 고사성어로 익히는 한자
김경익 지음

세글자, 네글자로 이루어진 고사성어를 통해 실용한자를 익히
고 성어 속에 담긴 의미도 오늘에 맞게 재해석 해보는 한자 학
습서   4 · 6배판 변형 / 248쪽 / 9,800원

해도해도 안 되던 영어회화 하루에 30분씩 90일이면 끝낸다
Carrot Korea 편집부 지음

온라인과 오프라인을 넘나들면서 영어학습자들의 각광을 받고
있는 린다의 현지 생활 영어 수록. 교과서에서 배울 수 없었던
생생한 실생활 영어를 90일 학습으로 모두 끝낼 수 있다.
4 · 6배판 변형 / 256쪽 / 11,000원

기초영어회화(김수경)   영어회화3000(강규형)
영어로 배우는 중국어(김승엽)

스포츠

수열이의 브라질 축구 탐방 삼바 축구, 그들은 강하다
이수열 지음

축구에 대한 관심만으로 각 나라의 축구팀, 특히 브라질 축구
팀에 애정을 가지고 브라질 축구팀의 전력 및 각 선수들의 장
단점을 나름대로 분석하고 연구하여 자신의 의견을 피력하고
있는 축구 길라잡이서.   신국판 / 280쪽 / 8,500원

마라톤, 그 아름다운 도전을 향하여
빌로저스 · 프리실라 웰치 · 조 핸더슨 공저/ 오인환 감수/ 지창
영 옮김

마라톤에 입문하고자 하는 초보 주자들을 위한 마라톤 가이드
서. 올바르게 달리는 법, 음식 조절법, 달리기 전 준비운동, 주
자에게 맞는 프로그램 짜기, 부상 예방법을 상세하게 설명하고
있다.   4 · 6배판 / 320쪽 / 15,000원